中小学教师培训课程指南丛书 | 总主编：钟祖荣

U0646215

小学科学、中学生物教师
培训课程指南

北京教育学院科学、生物教师培训课程指南项目组 编著

本册主编：胡玉华

XIAOXUE KEXUE
ZHONGXUE SHENGWU JIAOSHI
PEIXUN KECHENG ZHINAN

北京师范大学出版集团
BEIJING NORMAL UNIVERSITY PUBLISHING GROUP
北京师范大学出版社

图书在版编目(CIP)数据

小学科学、中学生物教师培训课程指南 /北京教育学院科学，生物教师培训课程指南项目组编著. —北京：北京师范大学出版社，2016.1(2021.7 重印)

（中小学教师培训课程指南丛书）

ISBN 978-7-303-19971-6

Ⅰ. ①小… Ⅱ. ①北… ②生… Ⅲ. ①科学知识－小学－师资培训－教学参考资料 ②生物课－初中－师资培训－教学参考资料 Ⅳ. ①G623.63 ②G633.913

中国版本图书馆 CIP 数据核字(2015)第 318122 号

营　销　中　心　电　话　010-58802135　010-58802786
北师大出版社教师教育分社微信公众号　京师教师教育

出版发行：北京师范大学出版社　www.bnupg.com
　　　　　北京市西城区新街口外大街 12-3 号
　　　　　邮政编码：100088
印　　刷：北京虎彩文化传播有限公司
经　　销：全国新华书店
开　　本：730 mm×980 mm　1/16
印　　张：17.25
字　　数：260 千字
版　　次：2016 年 1 月第 1 版
印　　次：2021 年 7 月第 2 次印刷
定　　价：40.00 元

策划编辑：路　娜　　　　　责任编辑：宋淑玉
美术编辑：高　霞　　　　　装帧设计：焦　丽
责任校对：陈　民　　　　　责任印制：马　洁

版权所有　侵权必究
反盗版、侵权举报电话：010-58800697
北京读者服务部电话：010-58808104
外埠邮购电话：010-58808083
本书如有印装质量问题，请与印制管理部联系调换。
印制管理部电话：010-58805079

中小学教师培训课程指南丛书
编 委 会

顾　　问　　线联平　何劲松　杨江林　李海燕

主　　编　　钟祖荣

编　　委（按姓氏笔画排序）

王　漫　　王永红　　王远美　　方美玲

巩　平　　汤丰林　　孙章华　　李宝荣

李慧芳　　余　新　　邸　磊　　陈　红

陈晓波　　陈　琳　　陈雁飞　　张　丹

张　芳　　张金秀　　张学君　　张素娟

周玉芝　　胡玉华　　赵　楚　　顿继安

韩　兵　　廖明华　　潘建芬

总　序

北京教育学院　钟祖荣

　　课程是教师培训的核心问题，因为人的素质实质是课程内容的内部转化，从某种意义上可以认为，课程的内容指向决定着人的素质的结构和水平。因此，对于教师培训工作而言，抓好课程建设是一项关键性工作。课程建设大致可以分为三个层面的工作：一是教师的专业标准研究，它是课程的基本依据，决定着课程的目标与内容结构；二是课程体系的设计，即课程的体系、结构设计，也可称之为培训课程标准（或指南）研制；三是某一具体课程的内容研究，即教材、资源建设。第一个层面的工作，教育部颁布了《幼儿园教师专业标准（试行）》《小学教师专业标准（试行）》《中学教师专业标准（试行）》，我们也在 2012 年出版了《中小学教师专业发展标准及指导丛书》（共 9 册），为研究、开发培训课程体系奠定了基础。第二个层面的工作，即课程体系建设或培训课程指南的研发，也属于上位的顶层设计工作，它对于培训者和受训者而言，都十分必要和重要。

　　我国对于教师教育课程建设历来重视，在新时期尤其加强了建设力度。2011 年教育部颁布了《教师教育课程标准（试行）》，其中对在职教师教育课程进行了基本的设计。2012 年又研制颁布了《"国培计划"课程标准》，结合各类项目、各个学科设计了比较翔实的课程标准，在"国培计划"实施过程中发挥了积极作用。北京市教委高度重视教师培训课程建设工作，在《北京市"十二五"时期中小学教师培训工作实施意见》中把"教师培训课程体系开发"作为教师培训基础工程建设计划之一。北京教育学院作为承担市级教师培训重点工作的主要院校，为了落实此工程，由我牵头于 2011 年申报了市级项目"北京市中小学教师培训课程体系开发"，组织学院及区县骨干培训力量，着力进行了教师培训课程体系的研究、开发工作，《中小学教师培训课程指南丛书》就是该项目的主要成果。

　　如何做好培训课程体系的设计？应该说，在职教师教育课程问题，既是个薄弱环节，也是个难点问题。钟启泉先生在《教师教育课程标准解读》一书中说："有专家提出，相比职前教师教育课程目标和课程设置，在职教师教育部分显得很薄弱，应有所强化。"他解释说："职前和在职教师教育课程需要分别探讨，在职教师教育课程目标和课程设置需要作为独立部分来呈现。""在职教师专业发展的需求多样而复杂，因此《教师教育课程标准（试行）》很难对不同层级、类型、指向的在职教师教育的课程目标和框架做出刚性规定，只能提出原则性的课程功能指向和课程设置的建议框架，表明需要特别关注的内容或方向。"我认为这些分析都是很符合实际的。我们在本指南研发过程中，努力借鉴教师专业发展理论、成人学习理论、培训课程理论，开展培训课程建设相关问题的研究，结合一线教师的培训需求，结合长期从事教师培训的经验，力求在培训课程的设计上有所发展、有所进步。

　　关于培训课程指南的设计，我认为，主要应解决三个问题：课程体系问题，课程结构问题，内容针对性和先进性问题。我们在整个研制过程中一直在探讨解决这几个问题。

　　本指南设计的课程体系，可以用"三分"表示，即分学科、分学段、分层次。前两个"分"比较容易，因为学段的培养目标、学科的课程标准都有明确的规定；后一个"分"，即把教师分出不同的层次或发展阶段，则不容易。因为，关于教师发展阶段的研究在国外时间也不长，在国内的研究则更短，且理论模型多，具有可操作性的模型少，再加上教师的专业维度多，不同专业维度的素质发展存在不平衡特点，有的高有的低，有的快有的慢，所以，分几个层次，怎么分，就是很复杂的问题。2009 年以来，我们在过去关于教师发展阶段研究的基础上又通过实证研究，提出了教师发展的六阶段理论模型，这为分层次培训的研究奠定了比较扎实的基础。考虑到最高层次（教育专家层次）在培训中很少涉及，我们就设计了五个层次的培训课程体系。所以，每个学科，各三个学段，五个层次，共计十五套课程指南。也有少数学科，考虑到特殊性和分层次的复杂性，简化为四个层次。我们共设计了语文、数学、英语、思想政治、历史、地理、物理、化学、生物、科学、通用技术、体育健康、美术、音乐、国际理解教育十五个学科的课程指南。

　　课程结构是课程体系的形态。如何设计课程体系组成要素与结构？我们考虑了四个结构：第一，内容结构，包括学科专业课程、教育类课程、通识类课程，具体分学科知识、学生知识、学科教学法知识、教师教学研究知识、教师专业发展知识等方面。各类课程之间又有一定的比例关系，针对目前的实际，以学科知识和学科教学法知识为重点。第二，性质结构，包括公共课、专业必修课、专业选修课三类，公共课单独设计，未在本指南中体现。本指南以专业必修为主，约占 80% 的课时；适当体现选修，约占 20% 的课时，以满足教师多方面个性化的需求。第三，层次结构，不同层次的教师，其培训课程结构、侧重点不同。这主要是根据教师发展各阶段的特点、发展任务和主要需求来设计课程的侧重点和内容的层次。层次结构大体上有两种情况，一种情况是递进的逻辑，在某一课程内容上随发展层次而不断深化、拓宽，比如对学科和学生的理解等；另一种情况是突出重点的逻辑，某个阶段有什么特定的需要，就设计什么样的课程，这个课程只有这个阶段有，别的阶段不涉及或很少涉及。当然，教师的各项素质能力并非都是由低到高的线性发展，个性也有较大差异，因此，还要考虑个性化需要，这主要通过选修课程来解决。第四，要素结构，作为一套课程指南，我们设计了培训目标、课程结构、实施与评价、专题与单元说明四部分。其中，专题与单元说明是主体部分，每个说明包括课程目标、课时安排、课程主要内容、培训方式要求、相关资源推荐等核心内容。在结构问题上，我们坚持突出重点和多元平衡的统一。突出重点，是使培训的课程能够增强针对性、实效性，解决教师发展的重点和难点问题；多元平衡，则有助于教师的全面发展和平衡发展，比如，教育思想与教学技术的平衡、价值理性和工具理性的平衡、整体性知识与局部难点知识的平衡。

　　内容的针对性和先进性，既反映在专题课程的设计上，又体现在专题说明的具体内容中。专题是否反映教师发展的困惑和需求，具体内容要点是否指向教师的困难点、困惑点及空白点，同时是否体现了本领域先进的理念、方法和技术，这是课程指南编写中更重要的问题。而这主要取决于编写者对教师发展实际、基础教育实际的把握程度，也取决于编写者对相关学术领域发展前沿动态的把握程度。应该说，我们的编写人员绝大多数是有培训经验、有学科专长的教师，这"两有"是长期积淀的基础。在良好基础上，又经过了项目组多次的培训和研讨，强调了编写过程中的研究和学习，并邀请本学科领域的专家特别是教研培训专家审定把关。正是基于以上条件，课程指南在培训内容的针对性和先进性方面是有较好保障的，体现得是比较好的。当然，由于教师培训的复杂性、基础教育的发展性、编写人员的差异性，在体现内容的针对性和先进性方面，也存在一定的不足和水平差异。

课程指南出台不易，因此我们期望能够得到大家的关注和应用。本指南至少有三方面用途：第一，培训院校、培训机构的同行在设计教师培训项目、培训课程时，无论培训项目大小，都可以参考本指南，这是课程指南最核心的功能；第二，中小学开展校本培训、加强队伍建设，也可以参考本指南，并且可以将其作为教师个人设计专业发展规划时的参考；第三，培训研究者，或者教师教育研究者，可以以本指南作为案例或素材，分析和探讨教师培训课程的理论问题和设计方法问题，从而改进我们的课程设计，推动教师培训事业的发展。

本指南的形成和修改完善，历经了三年多的时间，其中融合了近百位编写者和众多参加审核的学科专家、学科教育学专家的智慧与汗水，在此向他们表示衷心的感谢！教育部教师工作司在 2012 年委托我作为《"国培计划"课程标准》研制专家组组长，也给了我一个更大的平台和向全国同行学习的机会，这为我们完善课程指南提供了借鉴，在此向教师工作司的许涛司长等领导和全国各学科的专家表示感谢！本指南也是为北京市"十二五"及"十三五"教师培训提供参考的，研制过程中，北京市教育委员会罗洁委员、叶茂林副主任、吴武处长、李海燕主任等领导给予了大力支持和指导，借此书出版机会向他们表示衷心感谢！北京教育学院马宪平书记、李方院长等领导对学院重点学科和课程建设高度重视，对本项目的研制给予了有力的指导和支持，在此也向他们表示衷心的感谢！最后，还要感谢北京师范大学出版社的支持！

本指南必定有很多不足，恳请专家、培训同行和读者提出宝贵意见。

2014 年 5 月

前　言

　　《小学科学、中学生物教师培训课程指南》，汇集了北京教育学院多年来特别是"十二五"期间在小学科学、中学生物教师培训中的经验与成果，根据教师发展阶段的客观规律，按照适应期、熟练期、成熟期、发展期和创造期五个部分，有针对性地将培训课程进行归类、汇总与说明，为今后各级各类教师培训活动提供内容翔实、方法实用的课程指南。

　　小学科学课程是一门综合课程，能够最有效地综合自然科学各个领域（如物质科学、生命科学、地球与环境科学）和技术领域中最基础的知识和技能。小学科学课程也是一门具有活动性质的课程，能够最大限度地将科学探究活动过程呈现在课程内容中。因此在教学中强调感性的、直观的科学知识的积累，强调通过开展探究活动，使学生们在初步掌握实验基本技能与科研的基本方法的同时，较多地观察实验现象、获取科学知识，以拓展视野、提升科学素养。基于上述原因我们对小学科学教师的培训进行了总体设计，在兼顾师德、教育心理、学科知识、探究活动等各个方面的内容的同时，重点关注了探究活动的设计与组织，从探究活动出发，通过全面的培训，提高教师的业务水准，助推教师的专业发展。

　　初中生物是初中阶段理科教学的基础课程之一，在内容上与小学科学中的生命科学部分有着紧密的联系，同时又根据初中教学的客观规律，形成了一套完整的教学体系。根据初中生物教学的特点，我们在编写本培训课程指南的时候特别关注了初中学生的学习心理，尝试以教师培训课程体系为载体，通过为一线教师提供一系列针对性好、实效性强的课程，来提高教师的专业素养、进而提高一线教学的有效性。初中的理科教学，虽然

1

仍需要为学生提供大量的感性、直观材料，但是，这种质性的、描述性的学习与研究，显然已经不是本阶段学生的特点。在初中阶段，学生们开始形成严谨的逻辑思维，借用数据来对自然现象进行辩证、统一的研究与思考已经成为可能。因此，在本学段，我们强调教师科研能力的培养，不但要有过硬的生物学学科功底及研究能力，而且要关注教学、关注学生的发展，真正实现学生为主体、教师为主导的教学效果。

高中生物对学生的理科思维提出了更高的要求，也对教师的科研能力提出了更高的要求。在高中生物教师的课程体系编写过程中，我们特别强调了教师的基础知识与教育心理学知识，对教师驾驭课堂的能力提出了评价模式与相应的培训课程。高中阶段的生物探究实验具有实验原理深刻、操作过程复杂、分析方法专业等特点。这就要求教师有全面、过硬的学科与教学功底，胜任探究实验的教学。在课程说明当中，我们对这方面有着专门的阐述。与此同时，高中阶段的理科教学，不仅要教知识、教能力，而且要教思想、教方法。因此，我们提出了生物学核心概念及观念的教学，希望以课程指南为参照，为一线教师提供相应的课程，帮助一线教师从庞杂的生物学知识当中提炼核心概念，对生物学的基本观念与思想方法有更加深刻的认识。只有这样，才能更好地从事教学活动。

纵观本课程指南，虽然分为小学科学、初中生物和高中生物三个部分，但是，从学生认知、教师发展以及科学素养培养的角度上看，是一脉相承的。希望本指南能够为广大教师培训者和一线教师提供有力的参考，促进我国教师培训的可持续发展。

目　录

第一部分　小学科学教师培训课程指南

第一套　小学科学教师(适应期)培训课程指南

一、小学科学教师(适应期)的特征与培训目标

小学科学教师(适应期)是指本学科教龄在 3 年以下的小学科学教师。由于他们刚参加小学科学的教学工作，对小学科学的课程标准(以下简称课标)和教材都不够熟悉，不熟悉小学科学的课堂教学的基本方法，不熟悉小学科学教学中基本的实验教学技能，没有进行小学科学教学研究的经验和意识，对自己的专业发展方向方面还不够清晰，但是他们有学习的热情和学习的积极性，可塑性强。因此，该阶段培训的核心任务是帮助他们尽快进入角色，奠定坚实的发展基础。本期培训的侧重点是学科基础知识、学科教学知识和学科教学技能。

培训目标：

1. 明确课标的要求，能正确理解和把握课标的要求。

2. 学会分析小学科学教材内容，能分析小学科学教材所涉及的各个基本概念。

3. 在教学设计时能关注到学生的学习基础，学习怎样分析学情。

4. 初步掌握教学设计的一般过程，能独立撰写教学设计。

5. 初步掌握针对小学生的教学方法，能进行常规的教学。

二、小学科学教师(适应期)培训的课程体系结构及说明

问题模块	专题构成		单元内容	课程属性	课程形态	课时建议
	名称	总学时				
小学科学教师(适应期)应具备哪些相关的素养?	小学科学教师的人文素养	24	小学科学教师阅读习惯的养成	专限	讲座+案例分析	8
			科学故事及其蕴含的科学精神	专限	讲座+案例分析	16
	小学科学教师的艺术素养	8	科学教育中的美育	专任	讲座+案例分析	8
小学科学教师(适应期)必需的学科基础知识和基本概念知识有哪些?	小学科学学科基础知识及基本概念	72	物质科学专题	专必	讲座+研讨	16
			生命科学专题	专必	讲座+研讨	16
			地球与宇宙科学专题	专必	讲座+研讨	16
			设计和技术专题	专必	讲座+研讨	24
小学科学教师(适应期)如何正确理解、把握课标和教材?	小学科学课标与教材分析	48	小学科学课程标准的解读	专必	讲座+案例	16
			小学教材分析、理解与使用	专必	讲座+案例	24
			小学科学课程教学的发展与演变	专任	讲座+研讨	8
小学科学教师(适应期)应具备怎样的教学技能?	小学科学课堂教学技能和实践技能	56	小学科学课堂教学设计	专必	讲座+实践	16
			小学科学课堂教学评价	专必	讲座+实践	16
			小学科学实验操作技能	专任	实践+案例	16
			野外实践的观察与记录方法简介	专限	理论+实践	8
小学科学教师(适应期)怎样进行初步的教育研究?	教育研究方法	8	小学科学教师教育研究意识的培养	专必	讲座+案例分析	8

注:课程属性中"专必"为专业必修;"专限"为专业限选;"专任"为专业任选。

三、小学科学教师(适应期)培训的课程说明

专题名称：小学科学教师的人文素养

专题简要说明：

作为小学科学教师，除了给学生讲授科学知识外，还要在科学课程中体现出人文精神的培养，这也是科学课程的重要目标之一。从小学科学课程的培养目标可以看出，关注科学与人文、关注科学技术与社会的关系是科学课程的重要目标。科学对社会的贡献，并不单纯体现在科学成果的应用上，它也有关爱生命、激发创造力和塑造健康人格的价值功能。科学教育的目的不仅仅是教会学生懂得科学知识、掌握科学研究方法和技术应用的方法，还要把潜藏在科学教育中的人文精神转化（内化）为学生的科学素养。

单元内容	课时建议	课程属性
小学科学教师阅读习惯的养成	8	专业限选
科学故事及其蕴含的科学精神	16	专业限选

单元内容1：小学科学教师阅读习惯的养成

培训目标：

1. 通过理论学习，认识阅读素养对学生发展的意义同时认识到阅读是一个比较复杂的过程。

2. 学习阅读的方法，体验在阅读过程中积极建构意义、了解有效的阅读策略并反思所读的内容。

内容要点：

阅读是学生从小学开始就应掌握的最重要的能力。只有掌握了阅读的能力，孩子才能更好地学习其他知识，才能更自信地融入社会，满足生活、工作甚至生存的需要；只有学会了如何阅读，才能提高鉴赏能力，接受全方位的信息，满足个人精神世界发展的需求。阅读是阅读者为了达成个人目标、积累知识、开发个人潜力、参与社会等目的，理解、利用、反思和使用书面文章的能力。

本课程主要内容包括：(1)对阅读的认识，阅读是指"阅读者理解和运

用社会需要的或个人认为有价值的书面语言形式的能力"。（2）从各种形式的文章中构建意义。阅读需要调动人广泛的认知和元认知能力，形成对文章不同层次的理解。在阅读过程中，阅读者需要调动广泛的认知能力，诸如对所呈现材料的基本解码能力，调用词汇、语法、句法结构和语言学方面的知识储备，探索自身以外的世界，等等。（3）通过获得文章中的观点信息，来满足特定的目的需求。事实证明，有阅读素养的公民更容易融入各类社会、经济、文化和政治团体中。阅读者选择不同的文章进行阅读，正是因为文章中的特定情境能够满足阅读者的阅读目的。

培训方式建议：

针对小学科学教师（适应期）年纪轻、教龄短的特点，在本课程的教学中采取案例分析与课堂导读相结合的方式，通过对具体案例的分析，使教师认识阅读的价值，通过课堂导读使教师学会阅读的策略。

培训资源：

1.《中国文化的深层结构（精）》，孙隆基著，广西师范大学出版社出版。

2.《中国文化与世界文化》，许倬云著，广西师范大学出版社出版。

单元内容 2：科学故事及其蕴含的科学精神

培训目标：

1. 拓宽小学科学教师的知识视野，丰富小学科学教师的知识结构。

2. 深刻领悟科学精神的内涵。

内容要点：

小学科学教育是科学教育的启蒙阶段，培养学生对科学的兴趣至关重要，因此教师要有丰富的与生活联系的知识和科学故事，否则学生最感兴趣的生活性知识和科学故事就常在教学中被忽视，而且这种理性的极化会让丰富的精神世界萎缩，使学生失去学习的兴趣。科学故事将科学与迷人故事完美结合起来，通过科学故事，传递科学知识，让学生在快乐中轻松学习，是小学科学教育的一个重要策略。本课程涉及科学领域的方方面面，如地球科学、物理科学、生命科学等，剖析科学故事中蕴含的科学精神。

培训方式建议：

本课程采取教师讲授故事、学员剖析与领会其中的科学精神，以及学员讲授科学故事、学员剖析科学精神等方法，在学员的主动参与中进行学习。

培训资源：

1.《艺术哲学》，丹纳著，人民文学出版社出版。

2.《艺术中的精神》，康定斯基著，中国人民大学出版社出版。

专题名称：小学科学教师的艺术素养

专题简要说明：

为避免小学教育学科分工专门化带来的课程的隔离，小学科学课程除了要以培养小学生初步的科学素养为宗旨，也要在课程实施中有效落实情感态度价值观的目标。这就要求小学科学课程教师除了掌握相应的自然科学各门类的基础知识、科学探究的基本技能，理解科学的本质外，在人文、社会、艺术等领域也需具备相应基础，以促进在使用科学知识处理个人和社会问题的时候能够具备多视角，选择的处理方式更加和谐，艺术素养的培养就是途径之一。

单元内容：科学教育中的美育

培训目标：

1. 能认识到美育不仅是美术、音乐课的任务，也是学校中各门课程的任务。

2. 归纳三维目标和美育之间的关系。

3. 认同美育在科学课中的作用。

内容要点：

对适应期的小学科学教师，本课学习，侧重于在对教学实践中的"美育体会"的交流、总结与提升。基于传递科学概念的不同方式对科学教学会产生重要影响的理念，对以自然科学教育为背景的小学科学教师，有必要要求他们既要学会以严谨的科学态度去研究身边的世界，又要能够以欣赏的眼光去看待这个世界，该课程将帮助他们重建以"通识性"为表征的知识结构，以落实小学科学课程中美育的目标。授课主要内容如下：

1. 情感态度价值观目标与美育的关系。

2. 梳理已有的利用科学课进行美育的案例。

3. 通过对比有关案例，分析成败原因。

4. 寻找科学课进行美育的创新平台。

培训方式建议：

适应期教师面临的不仅是科学学科知识的梳理、巩固，还包括通识类知识的浅近学习，因此教学中应注重将深奥的美学知识和学员切身有感悟的课堂教学实践相结合，先从他人成功的案例中发现科学课进行美育的场合，再联系自身实际，以已有的课堂经历作为案例剖析，发现是否融入了美育或忽视了美育。

教学方法以讲授法和讨论法为主。教学形式以培训师讲授与小组讨论循环交替的形式组织教学，引领学员接近美学的领域。

培训资源：

1.《艺术哲学》，丹纳著，人民文学出版社出版。

2.《艺术中的精神》，康定斯基著，中国人民大学出版社出版。

专题名称：小学科学学科基础知识及基本概念

专题简要说明：

学科基础知识是小学科学教师必备的基础知识，是科学教学的基础。《小学课程标准》中将学科知识划分为物质科学、生命科学、地球与宇宙科学、设计和技术四个方面的内容。本专题从以上四个方面设置了相关的单元内容，最终目的是提高适应期教师的专业知识素养。

单元内容	课时建议	课程属性
物质科学专题	16	专业必修
生命科学专题	16	专业必修
地球与宇宙科学专题	16	专业必修
设计和技术专题	24	专业必修

单元内容 1：物质科学专题

培训目标：

1. 学习物质科学领域中的基本事实、概念与原理。了解物质的一些基本性质，认识常见的物质运动形态，理解物质运动及其相互作用过程中的基本概念和原理。初步建立关于物质运动和物质结构的观念，认识能量转化与守恒的意义，会运用简单的模型解释物质的运动和特性。

2. 提高综合科学知识水平，学习从科学主题"能量、演化、变化的形式、尺度与结构、稳定性、系统和相互作用"的角度来认识物质科学领域中的知识，对该部分知识有综合的统一的认识。

3. 学习科学探究的过程与方法，了解观察与理论的互动是科学的本质。

4. 关注科学的前沿，了解物质科学同社会的联系。

内容要点：

1. 物质的性质与特性

不同材料的特性：区分物理变化、化学变化；了解物理性质、化学性质；区分金属、非金属。

2. 水

水的组成、性质及特点。

3. 空气

空气的组成、性质及特点。

4. 物质的运动

物体在空间位置的变化叫机械运动。它是自然界最简单、最基本的一种运动形式。研究物体的运动情况首先要选择参照系。描述物体运动的物理量有位置、时间、位移、路程、速度。机械运动按运动轨迹可分为直线运动、曲线运动；按运动快慢是否变化可分为匀速运动、变速运动。

5. 力

力是物体间的相互作用。力有大小、方向、作用点三个要素，常见的力有重力、弹力、摩擦力。力不是产生运动的原因，物体的运动不需要力来维持，力是改变物体运动状态的原因。

6. 功与能量

功是力在空间的累积作用。功能决定能量的变化，功是能量转化的量度。任何系统若具有做功的本领，就说它具有能量。因为有多种做功的方式，所以有多种能量形式。能量既不会凭空产生，也不会凭空消失，它只能从一种形式转化为别的形式，或者从一个物体转移到别的物体，在转化或转移的过程中其总量不变。

7. 热

热是能量的一种形式，温度可以表示物体的冷热程度，热传递的方式有传导、对流和辐射三种。

8. 电与磁

电与磁都是能量的形式，电荷的定向移动产生电流，磁体有两个磁极，同极排斥、异极吸引，电和磁可以相互转化。

9. 声与光

声与光都具有能量，可以和其他形式的能量相互转化。声与光都具有波动性，声是机械振动的传播，光是电磁场振动的传播。

培训方式建议：

讲授、实验、课件演示、练习。

培训资源：

1.《科学启蒙·物质科学（套装共 3 册）》，［美］丹尼尔（L. H. Daniel）等著，浙江教育出版社出版。

2.《科学探索者：运动、力与能量》《科学探索者：声与光》《科学探索者：电与磁》《科学探索者：物质构成》，［美］帕迪利亚等著，浙江教育出版社出版。

3.《物理学讲义》（第一卷），R. P. 费曼、R. B. 莱登、M. 桑兹著，上海科学技术出版社出版。

单元内容 2：生命科学专题

培训目标：

1. 认识生命现象以及生命活动的本质、特征和发生、发展规律。

2. 了解生命体的基本结构及其功能。

3. 了解生物之间及生物与环境之间的关系。

4. 了解生物学的基本研究方法。

内容要点：

1. 生命现象十分复杂，生物个体数量庞大，但是具有共同的属性和特征，包括：化学成分的同一性、有序的结构、应激性、稳态、生长发育、遗传与进化、适应等。

2. 生物界是由多个层次结构组成的，每一个层次都有各自特定的结构和功能，它们的协调活动构成了复杂的生命系统。

3. 每一种生物都有自己特有的生活环境，它的结构和功能总是适应于在这种环境条件下生存和延续。

4. 生物学常用的研究方法包括科学观察、假说和实验、模型实验等。

培训方式建议：

讲授、实验、课件演示、练习。

培训资源：

《陈阅增普通生物学》，吴湘钰主编，高等教育出版社出版。

单元内容 3：地球与宇宙科学专题

培训目标：

1. 了解地球的主要系统、地球科学的主要内容和研究方法。

2. 了解地球的构成与地球的动态变化。

3. 认识地球的岩石圈、大气圈、水圈、生物圈，以及地球系统中发生的物质循环与能量流动。

4. 认识地球上的资源与能源，正确看待人与环境的关系。

5. 知道宇宙和星系，认识太阳—地球—月球系统。

内容要点：

1. 地球系统与地球科学

地球系统的概念、性质、组成以及地球系统科学的研究对象、研究内容和研究手段。

2. 地球的构成与地球的动态演化

地球的构成：矿物及三大岩石——火成岩、沉积岩、变质岩。

地球的动态演化：板块构造论、火山活动、地震与造山运动。

3. 地球的圈层及演化

地球上的四大圈层：岩石圈——风化、侵蚀、块体运动及土壤的形成；大气圈——天气、气候与气候变化；水圈——地表水与地下水、海洋、冰川；生物圈——生态系统及其与环境的关系；贯穿各大圈层中的生物地球化学循环、水循环和岩石圈循环；理解在三大循环基础上进行的物质交换与能量流动。

4. 资源与能源

地球资源：资源的概念；资源的分类（土地资源、大气资源、水资源）。

地球能源：传统能源、新能源；能源的保护。

人类与地球资源环境之间的关系。

5. 宇宙中的地球

星系与宇宙、恒星、太阳系及太阳—地球—月球系统对人类生存的地球的意义。

培训方式建议：

建议采用讲授与案例讨论相结合的方式进行教学。

培训资源：

1.《科学启蒙：地球科学》，丹尼尔著，姜允珍、万学等译，浙江教育出版社出版。

2.《地球系统科学》，坎普赫等著，高等教育出版社出版。

单元内容4：设计和技术专题

培训目标：

1. 理解小学科学修改课标中新设内容——设计和技术含义。

2. 具有"设计和技术"的基本意识。

3. 制作生物、建筑模型体验"设计和制作"的基本技能。

内容要点：

1. 关于设计和技术的理论知识

设计和技术部分课标解读；设计的思想方法；设计和制作的一般步骤；设计和制作与科学探究以及劳技课的区别。

2. 设计和技术实践活动

工具的使用

模型的制作

培训方式建议：

本课是为了配合小学科学修订课标中新增加的"设计和技术"内容而设计的。"设计和技术"是修订课标中新增加的内容，其目的是为了增加学生的实践能力和创新能力。由于这个内容是现行课标中和教材中都没有相关的内容，所以小学科学教师在实施这个内容时，会遇到很多困难。本课需要在学员亲自动手实践的基础上结合理论讲座进行教学。建议理论学习8课时，动手实践8课时。

培训资源：

1.《技术设计基础》，王凌诗主编，现代教育出版社出版。

2.《技术设计实践》，许琼主编，现代教育出版社出版。

专题名称：小学科学课标与教材分析

专题简要说明：

适应期的教师刚刚参加工作，对小学科学还不够了解，所以本阶段的课程设置包括小学科学教师需要了解的小学科学课程标准、小学科学现行教材的使用情况和小学科学课程的发展和演变过程。本专题设置的目的是让科学教师对科学教学最基本的情况有所了解，帮助他们理解科学教学的基本思想。

单元内容	课时建议	课程属性
小学科学课程标准的解读	16	专业必修
小学教材分析、理解与使用	24	专业必修
小学科学课程教学的发展与演变	8	专业任选

单元内容1：小学科学课程标准的解读

培训目标：

1. 了解课程标准的产生背景。

2. 理解课标的特点，并尝试在教学中应用。

内容要点：

1. 小学科学课标的产生背景

2. 小学科学课标的特点

(1)小学科学课标的性质是提高小学生的科学素质。(2)强调了探究式学习不是唯一的学习方式。(3)更加注重对科学态度的养成及对科学技术与社会关系的理解。

3. 小学科学课标的特色

为了让小学生更加全面地理解科学知识，学科知识内容以核心概念、主要概念和分解概念的形式呈现。教师要从核心概念→主要概念→分解概念这个层次来理解知识，而学生要从分解概念→主要概念→核心概念的层次来学习知识；另外增加了设计和技术的内容，主要的目的是增加小学生实践经验和提高解决问题与操作能力。

培训方式建议：

以讲授为主，适当结合课堂讨论。

培训资源：

http：//nsse. handsbrain. com/.

单元内容 2：小学教材分析、理解与使用

培训目标：

1. 了解现行多种版本教材的基本情况。

2. 知道自己使用教材的基本情况和内容。

3. 合理分析教材，并将分析情况应用于具体课堂教学。

内容要点：

1. 科学课程产生的背景

新的课程标准指导下的小学科学课程在小学三年级至六年级开设科学课，科学课具有实用性、趣味性和灵活性。为了更好地激发学生学科学、爱科学、做科学、用科学的学习动机，使之能自觉地将所学的知识技能应用于解决实际问题的过程中，培养学生勇于探索、崇尚创造性的思维模式和科学精神，新的小学科学课程更注重选择贴近学生日常生活、符合儿童兴趣和需要的学习内容，同时提倡并引导教师运用灵活多变、有利于发展学生探究能力的教学形式，从而使学生的知识、能力、科学态度方面得到全面的发展。

2. 科学教材的现状

现在科学教材的版本有很多，北京使用的教材有教科版、首师大版和北京版。

3. 分析各版本的特点及在使用过程中的注意问题

不同区县结合使用教材不同，重点分析两个版本的教材。

4. 科学教师要形成"用教材教"的教材观

现代教学观强调教学的目标是多样的。科学教育的目标包括了科学素养的诸多侧面：科学知识、科学方法、科学精神、科学态度情感价值观……后几者的教育在教材中的反映是有限的，它们更大程度上要靠亲历、体验各种与科学有关的活动达成；同时，又不能离开有关的知识单独进行。这势必要求教师从"用教材教"的立场——在教知识的过程中有机结合科学方法、科学态度的教育，以充分实现科学课程的育人功能。

培训方式建议：

本课程可采用讲授和教学实践反思和相结合的方式实施教学。教师对教材的基本情况、教材的特色进行重点讲授，以小组讨论、教学实践反思形式体会讲授的基本内容，激发学员主动分析教材，用教材教的能力。

建议讲授 16 课时＋教学实践 4 课时＋反思点评 4 课时。

培训资源：

《小学科学课程与教学》，刘德华主编，中国人民大学出版社出版。

单元内容 3：小学科学课程教学的发展与演变

培训目标：

1. 了解小学科学课程的发展，用历史的观点看问题。

2. 了解小学科学课程教学历史沿革。

内容要点：

1. 用历史的观点看小学科学课程的发展

(1)小学科学教育中值得重视的思维方法；(2)逻辑与历史的辩证统一。

2. 小学科学教学历史沿革

(1)中国小学科学教学历史久远；(2)小学科学课程设置沿革；(3)课程目标、内容、教材的演变。

3. 回顾教材引发的思考

(1)现行的科学教材应该怎样用；(2)科学教师应该具备哪些素养才能适应新的教学改革。

培训方式建议：

课堂讲授、讨论相结合，以激发学员的学习兴趣。共计 8 课时。

培训资源：

1. 小学自然课的改革与发展，李培实，课程·教材·教法，1993 年第 6 期。

2.《小学自然课改革探索》，刘默耕著，湖北教育出版社出版。

3. 九年义务教育小学自然教材说明，人民教育出版社生物自然室，课程·教材·教法，1992 年第 11 期。

4.《义务教育教材的研究与实验》，人民教育出版社生物自然室，人民教育出版社出版。

专题名称：小学科学课堂教学技能和实践技能

专题简要说明：

本专题主要是针对适应期的教师，增强其课堂教学能力而设定。主要是通过对课堂教学设计理论的学习对教学设计的内涵及特点有所了解；通过对具体课堂教学过程的学习并体验和实践一节课的教学设计学会用新的教学理念设计课堂教学。

单元内容	课时建议	课程属性
小学科学课堂教学设计	16	专业必修
小学科学课堂教学评价	16	专业必修
小学科学实验操作技能	16	专业任选
野外实践的观察与记录方法简介	8	专业限选

单元内容1：小学科学课堂教学设计

培训目标：

1. 掌握课堂教学设计的内涵和特点。

2. 掌握课堂教学设计的一般步骤。

3. 能设计实施并完善一节课的教学设计。

内容要点：

1. 小学科学课堂教学设计概述

(1)教学设计的内涵和特征；(2)课堂教学设计的一般过程。

2. 小学科学课堂教学目标的制定

(1)制定教学目标的依据；(2)对课标和教材的分析；(3)分析和研究学生；(4)教学目标的表述。

3. 小学科学课堂教学评价的设计

(1)课堂教学评价的目的；(2)课堂教学评价的类别；(3)课堂教学评价实例分析。

4. 小学科学课堂教学过程的设计

(1)教学过程体现的基本理念；(2)教学过程对教学目标把握；(3)教学过程的思路；(4)教学活动的时间分配。

5．教学设计的教学实践

6．修改教学设计撰写教学反思

培训方式建议：

其中理论讲座 8 课时，教学实践 4 课时，修改完善 4 课时。

培训资源：

1.《小学科学课程与教学》，刘德华主编，中国人民大学出版社出版。

2.《小学科学课堂教学设计》，李慎英等主编，同心出版社出版。

单元内容 2：小学科学课堂教学评价

培训目标：

对适应期的小学科学教师，培训的核心任务是帮助他们尽快进入角色，熟悉学科教学技能。教学评价技能是学科教学技能的主要组成部分，通过该课程的学习，帮助小学科学教师（适应期）：

1．准确把握小学科学教学测量与评价的概念，理解二者之间的区别和联系。

2．理解小学科学教学测量与评价的主要类型，初步明确认识小学科学教学测量与评价的主要内容。

3．学会小学科学测题的编制和方法来检测教学效果。

内容要点：

1．小学科学课堂评价内容概述

（1）小学科学教学测量与评价的概念；（2）小学科学教学测量与评价二者之间的区别和联系；（3）小学科学教学测量与评价的主要类型，如自我测量与评价，他人测量与评价，相对测量与评价与绝对测量与评价以及个体内差异测量与评价等；（4）小学科学教学测量与评价的作用和原则；（5）小学科学教学测量与评价一般包括的主要内容；（6）小学科学测题的种类、编写原则、编制的步骤和方法。

2．小学科学课堂评价的实际案例解析

3．小学科学课堂评价的实际操作注意事项

培训方式建议：

教学中应贯彻理论和教学实践相结合的原则，注意联系教学实际进行教学测量和评价的案例展示于分析，以课堂讲授、小组讨论、实际操作和案例研讨等形式组织教学，激发学员的自觉性、积极性，提高学员的自主学习能力。

培训资源：

1.《新课程学科发展性评估——科学》，张素娟著，首都师范大学出版社出版。

2.《走向发展性课程评价——谈新课程的评价改革》，周卫勇主编，北京大学出版社出版。

3.《有效的学生评价》，[美]Ellen Weber 著，中国轻工业出版社出版。

4.《促进教学的课堂评价》，[美]W. James Popham 著，中国轻工业出版社出版。

单元内容 3：小学科学实验操作技能

培训目标：

1. 掌握常规的小学科学实验仪器的操作技术。

2. 能够独立完成小学科学课标中要求的实验。

内容要点：

1. 对常规实验仪器的了解

初步了解显微镜、望远镜、风速仪、地动仪等小学科学常用教学仪器的功能与教学用途。

2. 基本实验仪器的操作

掌握滴管、载玻片、盖玻片、烧杯、培养皿、风向仪、雨量计、电表等常用器材的使用方法，做到操作规范、保养到位。

3. 结合课标要求进行实验操作

能够独立完成光合作用、生态球的制作、酵母的培养与发酵、颜色反应等小学科学实验，正确分析和处理实验数据。

培训方式建议：

采用讲授与操作练习结合的方式进行教学。

培训资源：

《科学实验》，新玉言主编，人民教育出版社出版。

单元内容 4：野外实践的观察与记录方法简介

培训目标：

1. 了解观察法的基本步骤。

2. 能够根据观察的步骤拟定观察实验。

3. 了解记录的基本内容。

4. 能够设计针对观察实验的记录方案。

内容要点：

要从实验设计的整体角度出发，分析观察法实验的目标，同时结合小学教学环境的具体情况有针对性地讲解观察内容。通过具体实验案例的解释和分析，帮助学员学会分析教材内容，能够根据教学要求设计适当的观察实验步骤。课程除了教师讲授，还要进行学员独立或分组练习，保证教学目标的达成。

1. 实验中对观察法的界定

（1）观察记录的主要内容；（2）观察记录的形式；（3）对观察记录的分析。

2. 观察法的使用方式

（1）观察法中的有序性原则；（2）观察法中的比较性原则；（3）观察法中知识的连接性。

3. 适宜使用观察法的相关实验

4. 有关保护学生安全的注意事项

（1）野外工作中的安全注意事项；（2）野外遇到的紧急情况及其应对方法。

培训方式建议：

讲授课 4 课时，练习课 4 课时。

讲授内容要清晰，有统摄性，注意利用案例的示范作用。结合多种形式教学。

培训资源：

《研究方法的第一本书》，乔纳森·格里斯著，东北财经大学出版社出版。

专题名称：教育研究方法

专题简要说明：

对适应期的小学科学教师，建立以下认识是非常重要的，即只有那些在工作中能够不断发现问题，提出问题，对自己的经验和困惑进行科学批判性思考，探求新思路、新方法，创造性地开展教育研究工作的一线教师，才能够真正在改革和发展教育的进程中，成为真正的优秀教师。

单元内容：小学科学教师教育研究意识的培养

培训目标：

1. 认识教育科研对教师专业发展的价值。

2. 学习教育科研的相关理论及基本方法。

3. 培养科研意识。

内容要点：

培养教师科研意识是教师从事教育科研工作的前提，因此适应期教师要有教育研究意识。在思想观念上，教师要重视教育科学研究。从理论上，需要加强教育学、心理学、教学论等课程内容学习，为教育科学研究提供理论基础。在实践上，需熟悉教育科研的一般方法，从科研意识的外延入手，通过问题意识、思考意识、责任意识、创新意识的培养，建立教师的科研意识。授课主要内容如下：

1. 介绍相关优秀教师的成长经历。

2. 归纳优秀教师成功的不同模式。

3. 认同教育科研在优秀教师成长中的重要作用。

培训方式建议：

教学方法以讲授法和案例教学法为主。教学形式以讲授、案例分析之后全体交流与小组讨论循环交替的形式组织教学。

培训资源：

1.《教育学》，王道俊、王汉澜主编，人民教育出版社出版。

2.《教育学》，王彦才、郭翠菊主编，北京师范大学出版社出版。

3.《教育学概论》，金林祥主编，华东师范大学出版社出版。

四、小学科学教师（适应期）培训的课程实施建议

由于小学科学教师（适应期）从事生物教学在1~3年内，缺乏小学科学教学的经验，开始适应小学科学教学的工作。因此，在课程实施中要将理论学习与学员的教学实践结合起来，将专题讲座与交流研讨结合起来，激发学员从事生物教学研究的兴趣，充分发挥学员的主动性和主体作用。

要注重培训方式的创新，采取案例式、参与式、情境式等多种培训方

式开展培训，增强培训的吸引力和感染力。

要充分利用现代教育技术手段，加强对学员学习期间的网络学习的指导和培训后的实践跟踪指导。

授课教师要为学员提供学习讲义、参考资料等培训课程资源，并为学员搭建经验分享的交流平台，为学员的后续学习提供有效支持。

五、评价建议

采取定性与定量评价相结合、学员与专家评价相结合、过程与后续实践评价相结合、自评与他评相结合的多种评价方式，对学员的学习情况进行评价。

第二套　小学科学教师(熟练期)培训课程指南

一、小学科学教师(熟练期)的特征与培训目标

小学科学教师(熟练期)一般是指本学科教龄在3~6年的小学科学教师，大多已经取得中级职称。他们对小学课程标准和教材有了一定的了解。对小学科学教材中涉及的概念形成了一定的认识，但是对概念之间的联系还没有建立起来。对科学教学中较重要的教学方式——探究式科学教学还不是很熟悉。对小学科学教学中常用的实验技能不能熟练掌握；有小学科学教学研究意识，但对基本的研究方法还没有掌握。本期培训的侧重点是建立良好的知识结构，在此基础上发展学科教学技能，并规划自己的职业生涯。

培训目标：

1. 能从单元角度整体把握小学科学教材内容。

2. 能分析小学科学教材中的基本概念，并能初步描述概念之间的纵向及横向联系。

3. 在教学中有意识分析对学生新知识形成过程中可能遇到的困难。

4. 初步掌握探究式教学的基本技能，能独立设计并组织探究活动。

5. 学会规划自己的职业生涯。

二、小学科学教师(熟练期)培训的课程体系结构及说明

问题模块	专题构成		单元内容	课程属性	课程形态	课时建议
	名称	总学时				
小学科学教师(熟练期)应具备哪些相关的素养？	小学科学教师的人文素养	16	科学教育中的审美	专限	讲座＋案例分析	16
	小学科学教师的艺术素养	8	科学教育中的美感	专任	讲座＋案例分析	8
小学科学教师(熟练期)应该具备怎样的学科基础知识？	学科基础知识	80	设计和技术	专必	讲座＋操作	16
			基于单元的知识结构的分析	专必	讲座＋案例	40
			科学概念及其联系	专必	讲座＋案例	24

续表

问题模块	专题构成		单元内容	课程属性	课程形态	课时建议
	名称	总学时				
小学科学教师(熟练期)应具备哪些基本的教学技能?	探究式教学的理论与实践	16	探究教学技能	专必	讲座＋研讨	16
	教学设计技能	40	基于学生学习的小学科学课堂教学设计	专必	讲座＋研讨	24
			小学科学探究式教学的设计策略	专必	讲座＋研讨	16
	教学评价技能	16	小学科学课堂教学评价	专必	讲座＋研讨	16
	实验操作技能	24	小学科学实验的规范操作	专任	操作＋讲解	16
			在实验中发展学生的思维能力	专任	操作＋分析	8
	野外考察技能	8	标本的搜集、制作与鉴别	专限	讲座＋案例	8
小学科学教师(熟练期)如何开展教育研究?	教育科研方法	8	教育科研课题的选择	专限	讲座＋案例	8

注：课程属性中"专必"为专业必修；"专限"为专业限选；"专任"为专业任选。

三、小学科学教师(熟练期)培训的课程说明

专题名称：小学科学教师的人文素养

专题简要说明：

从小学科学课程的培养目标可以看出，关注科学与人文、关注科学技术与社会的关系是科学课程的重要目标。科学对社会的贡献，并不单纯体现在科学成果的应用上，它也有关爱生命、激发创造力和塑造健康人格的价值功能。科学教育的目的不仅仅是教会学生懂得科学知识，掌握科学研究方法和技术应用的方法，还要把潜藏在科学教育中的人文精神转化(内化)为学生的科学素养。人文素养内涵丰富，熟练期的小学科学教师应该对

人文素养的诸多方面有所了解，本专题主要介绍"科学教育中的审美"内容。

单元内容：科学教育中的审美

培训目标：

科学教育是使人类创造的科学文化不断传承的手段。科学教育追求将科学的本质渗透在教育过程中，通过教育体现以科学价值为核心，并建立在科学与人文精神相互融合基础上的科学人文主义教育观。

1. 认识到科学审美是人类智慧的结晶。

2. 认识到科学是对未知的自然规律的探索。

3. 体验科学发展过程中的真善美。

内容要点：

1. 科学审美是人类智慧的结晶，在小学科学教学过程中学生可以体验到：支配宇宙的自然规律是充满魅力的；科学，像一座神奇的宫殿，吸引人们不断探索其中的奥秘，科学，像一个巨大的磁场，让我们不得不走近它；科学的精神价值在于其博大；科学的精神价值还体现在探索科学、揭示自然规律的过程中；科学的精神价值在于它的真实。为了求真，有的人付出毕生的精力，有的人甚至献出了宝贵的生命。追求真理的精神，并不一定只在取得惊天动地的成就中才出现；科学的精神价值还在于科学技术一旦与人类社会发生关系，也是多彩多姿的。

2. 科学是对未知的自然规律的探索。现代技术是为了满足人类的需要，应用科学原理所给出的解决问题的方法。二者相辅相成，技术手段的进步，提高了人类探索自然规律的能力，而科学原理又为技术发明提供基础。

3. 体验科学发展过程中的真善美，科学发展过程是人类对自然界物质运动规律的不断探索不断认识。科学探索是一代一代的人，以自己有限的内在主观能力去认知无限的外在客观存在的永无止境的过程；同时，在这个过程中，科学认知又总是以后人发现前人认识的偏差、不足，乃至错误，予以补充、纠正，乃至推翻错误结论而不断前进、不断发展的。

4. 体验科学发现中的诚信和责任，科学的社会使命是在于使人们的生活与劳动变得轻松，扩大社会对自然力的支配能力，促进社会关系的改善。造福人类，是自然科学的宗旨。

培训方式建议：

采取研讨与案例分析、学员体验相结合的方式进行教学。

培训资源：

1.《中国文化的深层结构（精）》，孙隆基著，广西师范大学出版社出版。

2.《中国文化与世界文化》，许倬云著，广西师范大学出版社出版。

专题名称：小学科学教师的艺术素养

专题简要说明：

对熟练期的小学科学教师，在学习通识类模块时，以学习《艺术素养》主题下的"美感经验"为课程内容。通过本课学习培养对"美感经验"领悟、判断、识别的一般能力。尤其对自然科学领域中涉及的事实、事件、现象，进行直观感悟，发现产生美感的情感动机、识别产生美感的要素。

单元内容：科学教育中的美感

培训目标：

1. 认同美感是一种心理过程。

2. 认同美感的产生通过形象思维。

3. 认同美感的产生需要感性材料。

内容要点：

如同清晰地思考能力一样，一个人的想象力也必须得到发展，因为它不仅是艺术创造的源泉，也是科学发现的源泉。在熟练期开设艺术素养的专题，旨在通过调动学员潜在的对美的内心感受，促进学员的美感经验的获得，这种素养的形成不单是使学员学会关注艺术活动的成果，而且还能够有目地关注自然界美好事物以及由美好事物升华出的艺术作品所带给人们的良性感受，进而产生对探索自然界奥秘积极向上的兴趣和爱好。授课主要内容：

1. 美感是一种心理活动过程。

2. 形象思维能力的训练有助于美感的产生。

3. 美感的产生需要丰富的感性材料。

4. 产生美感的感性材料可以是美或丑的任何刺激。

培训方式建议：

教学中应注意以人本主义的学习观为中心，注意从科学课程传授的知识点中涉及的事实、事件、现象入手，找到容易产生美感的实例，以课堂讲授为主，伴随大量视频和图片，同时进行适量的课堂练习，必要时进行小组讨论等组织教学的形式，引导学员跨进美学领域大门。

培训资源：

1.《美学》，黑格尔著，薛富兴导读，天津人民出版社出版。

2.《美学原理》，王旭晓著，上海人民出版社出版。

专题名称：学科基础知识

专题简要说明：

学科基础知识是小学科学教师必备的基础知识，是科学教学的基础。由于小学科学修订课标中增加了设计和技术专题的内容，这个内容是现行课标中和教材中都没有相关的内容，所以小学科学教师在实施这个内容时，会遇到很多困难。本专题中的设计和技术课就是为解决教师遇到的上述困难而设置的。主要目的是帮助教师建立设计和技术的基本思想，并进行教学实践活动。

处于熟练期的小学科学教师对课标和教材都有了一定的了解，对教材中涉及的概念也有了一定的认识，但是如何把握教学内容的整体性、发挥教学内容的价值，如何合理地构建出概念之间的关系还有一定的欠缺。本专题的主要目的就是帮助这部分教师从单元角度进行教学内容的整体分析，正确把握概念的内涵与外延以及概念之间的关系，构建出比较合理的、基于核心概念的知识结构体系。

单元内容	课时建议	课程属性
设计和技术	16	专业必修
基于单元的知识结构的分析	40	专业必修
科学概念及其联系	24	专业必修

单元内容 1：设计和技术

培训目标：

1. 理解小学科学修改课标中新设内容——设计和技术含义。

2. 以制作小车为例实践"设计和技术"的基本思想。

3. 学会"设计和技术"设计教学的基本思路。

内容要点：

1. 关于设计和技术的理论知识

(1)设计和技术部分课标解读；(2)设计和制作的一般步骤。

2. 设计和技术实践活动

(1)制作手动小车；(2)制作电动小车；(3)自己设计和制作小车。

3. 制作小车教学实践

(1)设计和制作课教学设计的特点；(2)制作小车教学实践。

培训方式建议：

理论学习 4 课时，动手实践 4 课时，教学实践 6 课时，交流反思 2 课时。

培训资源：

1. http：//teacher. ci123. com/moodle/default/subject-id-6. html.

2.《技术设计基础》，王凌诗主编，现代教育出版社出版。

3.《技术设计实践》，许琼主编，现代教育出版社出版。

单元内容 2：基于单元的知识结构的分析

培训目标：

1. 了解课程的设计思想、内容选择及呈现方式。

2. 了解进行单元知识结构分析的重要意义。

3. 掌握进行单元知识结构分析的基本原则。

4. 了解科学核心概念体系，能够构建出比较合理的单元知识层级结构。

内容要点：

1. 小学科学课程、教材的设计思想、内容选择及其呈现方式

小学科学课程以科学事实(知识点)作为载体，潜移默化地渗透自然科学的核心概念，为学生奠定良好的自然科学学习基础。

2. 进行单元知识结构分析的重要意义

围绕单元主题进行教学知识结构分析，能够体现知识的完整性和系统性，能够比较容易地帮助学生构建知识的层级结构，并且在教学中围绕主题组织和选择教学资源也为教师的教学带来便利。

3. 单元知识结构分析的基本原则

进行单元知识结构分析要遵循一定的原则，即单元知识结构分析要有

整体性，要体现单元知识的核心内容，要考虑知识的内在联系和外在联系，要考虑单元知识的逻辑顺序和层次性，要围绕单元主题整合教学资源。

4. 构建基于单元的知识层级结构

合理的单元知识结构是具有层级的，从下到上具体包括事实性知识、基本理解、核心概念、学科观念等。事实性知识处在层级结构的最底层，是其他知识的基础，但是人们的学习不能仅仅局限于占有大量的事实性知识，而应进行超越事实的学习，建构完善的知识层级结构，发展对事实性知识的深层次理解。

培训方式建议：

主要以讲授为主。教师在教学过程中要注意充分利用教学案例进行分析，帮助学员构建合理的单元知识结构；教师要设计科学合理的评价方式对学员的学习过程和学习效果进行全面评价。

培训资源：

1. Science Framework for California Public Schools Kindergarten through Grade Twelve，California Department of Education，Marilyn Butts and Stephanie Prescott.

2. 对生物学核心概念及其内涵的研究，胡玉华，生物学通报，2011 年第 10 期。

单元内容 3：科学概念及其联系

培训目标：

1. 能够正确把握教材中的关键概念，理解概念的内涵与外延。

2. 了解具体科学概念的形成过程。

3. 能够用网络图构建科学概念之间的关系。

4. 掌握具体科学概念在不同学习阶段的呈现方式和教学价值。

内容要点：

1. 科学概念的内涵与外延

了解概念的内涵与外延是正确理解科学概念和寻找科学概念之间关系的前提。前概念和迷失概念是学生学习科学概念的两大障碍，教师要了解这两种概念。

2. 科学概念的形成过程

科学概念具有抽象性，概念在人脑中的形成需要一个过程，而不是机械的死记硬背。了解科学概念的形成过程，利用实验、问题、活动等多样化的教学方式把抽象的问题具体化，从而在教学过程中为学生的理解降低难度。

3. 科学概念之间的关系

概念之间的关系可以是层级的、交叉的和平行的，可以使用概念网络图和思维导图进行表示。正确理解科学概念之间的关系是构建概念知识结构的核心环节。

4. 科学概念的阶段性和教学价值

核心概念是科学概念体系中最为核心的、能够揭示学科本质的概念，构建基于核心概念的知识结构体系有利于发展学生对事实的深层次理解。学生对核心概念的学习具有阶段性，教师必须了解核心概念在不同学习阶段的呈现形式和教学价值。

培训方式建议：

主要以讲授为主。教师在教学过程中要注意充分利用教学案例进行分析，避免泛泛地进行说教。

培训资源：

1.《概念为本的课程与教学》，H. Lynn Erickson 著，兰英译，中国轻工业出版社出版。

2. 对生物学核心概念及其内涵的研究，胡玉华，生物学通报，2011 年第 10 期。

3.《概念转变的科学教学》，蔡铁权、姜旭英等著，教育科学出版社出版。

专题名称：探究式教学的，理论与实践

专题简要说明：

从脑科学研究对教育的启示方面介绍科学探究式教学理论；对科学探究、科学探究的本质及科学探究式教学的基本特征的含义的说明；为加强科学探究式教学的可操作性，针对在落实课程标准中提出的科学探究实施中出现的问题提出了科学探究式教学的八个环节，并对科学探究式教学的八个环节的实践提出了实施建议。

单元内容：探究教学技能

培训目标：

1. 从整体认识科学探究。

2. 通过具体课例及实验体验科学探究教学。

3. 了解美国、日本科学探究的案例。

内容要点：

从脑科学研究对教育的启示方面介绍科学探究式教学理论；对科学探究、科学探究的本质及科学探究式教学的基本特征的含义的说明；为加强科学探究式教学的可操作性，针对在落实课程标准中提出的科学探究实施中出现的问题提出了科学探究式教学的八个环节，并对科学探究式教学的八个环节的实践提出了实施建议。

针对《科学探究式教学》课程中提出的科学探究式教学的八个环节设计了电磁铁实验，通过探究影响电磁铁磁性强弱的因素体验科学、食品研究等探究式教学的八个环节的具体应用。

针对《科学探究式教学》课程中提出的科学探究式教学的八个环节，通过杠杆探究实验课例，具体分析科学探究式教学的八个环节的运用。

通过介绍美国的科学探究式教学活动，开阔视野，有利于借鉴和开发适合我国的科学探究式教学活动课例。

培训方式建议：

讲授、练习、实践。

培训资源：

1.《探究——小学科学教学的思想、观点与策略》，美国国家科学基金会等著，罗星凯等译，人民教育出版社出版。

2.《科学探究与国家科学教育标准》，[美]国家研究理事会科学等著，罗星凯等译，科学普及出版社出版。

3.《科学探究》，Padilla，M.J. 主编，华曦译，浙江教育出版社出版。

4. 日本探究式科学教学的特点及其对我国的启示，孟令红，当代教育科学，2009 年第 12 期。

5.《脑与学习》，[美]David A. Sousa 著，"认知神经科学与学习"国家重点实验室脑与教育应用研究中心译，中国轻工业出版社出版。

专题名称：教学设计技能

专题简要说明：

本专题内容主要是针对熟练期的教师已经有了一定的课堂教学设计能力基础而设置的。此时期的学员已经明确了教学设计的基本步骤，知道了教学设计中教学目标和评价的基本原则。本专题主要设计了两门课："基于学生学习的小学科学课堂教学设计"和"小学科学探究式教学的设计策略"。通过这两门课的学习，学员在教学设计中能够体现以学生学习为主体的新的教学理念，在课堂教学设计中注重分析学生；学会在新课标准特别强调的，在以前的自然课中涉及不多的"探究式教学"的教学设计的策略，全面提升学员的课堂教学设计能力。本专题下设两个单元内容：基于学生学习的小学科学课堂教学设计和小学科学探究式教学的设计策略。

单元内容	课时建议	课程属性
基于学生学习的小学科学课堂教学设计	24	专业必修
小学科学探究式教学的设计策略	16	专业必修

单元内容 1：基于学生学习的小学科学课堂教学设计

培训目标：

1. 了解小学生学习的基本特点。

2. 掌握分析学生学习的一般方法。

3. 熟悉课堂教学设计的一般步骤。

4. 学会设计实施并完善一节关注学生学习的课堂的教学设计。

内容要点：

1. 小学科学课堂教学设计概述

(1)教学设计的内涵和特征；(2)课堂教学设计需要关注的问题。

2. 小学生学习心理分析

(1)关于学习心理的一般理论；(2)应用学习心理分析学生的一般方法。

3. 了解小学生学习情况的一般方法

(1)案例分析；(2)学生前测。

4. 教学设计的教学实践

5. 修改教学设计撰写教学反思

培训方式建议：

理论讲座 8 课时，教学实践 8 课时，修改完善 8 课时。

培训资源：

1.《小学科学课程与教学》，刘德华主编，中国人民大学出版社出版。

2.《小学科学课堂教学设计》，李慎英主编，同心出版社出版。

3.《教学设计》，P. L. 史密斯著，华东师范大学出版社出版。

单元内容 2：小学科学探究式教学的设计策略

培训目标：

1. 认识小学科学探究式教学设计的特点。

2. 掌握小学科学探究式教学设计的一般方法。

3. 能设计实施并完善一节探究式教学的课堂的教学设计。

内容要点：

1. 小学科学探究式教学设计的特点

(1)探究式教学的特点；(2)探究式教学设计需要关注的问题。

2. 探究式教学设计策略分析

(1)提出问题环节的设计策略；(2)制订和实施计划教学设计策略；
(3)表达交流教学设计策略。

3. 教学设计的教学实践

4. 修改教学设计撰写教学反思

培训方式建议：

建议以教学理论和实践相结合、专家指导和同伴互助学习共存的原则
进行。通过理论讲座熟悉小学生的学生心理，练习基于"探究式教学"的教
学设计写出自己的教学设计，然后学员到课堂中去实践自己的教学设计，
通过专家指导和同伴研讨，根据课堂教学情况修改完善教学设计，最终达
到提高课堂教学效果的目的。

培训资源：

1.《探究——小学科学教学的思想、观点与策略》，美国国家科学基金
会教育与人力资源部中小学教育及校外教育处，人民教育出版社出版。

2.《探究式教学教育指南》，韦钰著，教育科学出版社出版。

专题名称：教学评价技能

专题简要说明：

对熟练期的小学科学教师，培训的核心任务是在已有经验的基础上进一步发展他们的教学评价能力。该课程的学习，帮助小学科学教师(熟练期)准确把握小学科学教学测量与评价的概念，理解二者之间的区别和联系；能灵活运用小学科学教学测量与评价的主要类型，进一步明确认识小学科学教学测量与评价的主要内容；学会编制小学科学检测题，运用合适的方法来检测教学效果。

单元内容：小学科学课堂教学评价

培训目标：

1. 明确小学科学课堂教学评价的目的。

2. 掌握小学科学教学测量与评价的主要类型和方法。

3. 学会小学科学测题的编制，运用合适的方法来检测教学效果。

内容要点：

1. 课堂教学评价的目的和意义

2. 小学科学教学测量与评价的主要类型和方法

(1)小学科学教学测量与评价二者之间的区别和联系；(2)小学科学教学测量与评价的主要类型。包括自我测量与评价，他人测量与评价，相对测量与评价与绝对测量与评价以及个体内差异测量与评价等；(3)小学科学教学测量与评价的作用和原则；(4)小学科学教学测量与评价一般包括的主要内容；(5)小学科学测题的种类、编写原则、编制的步骤和方法。

3. 课堂教学评价实例分析与实际操作中需要注意的问题

培训方式建议：

以课堂讲授、小组讨论、实际操作和案例研讨等形式组织教学，建议课堂讲授与小组讨论，案例展示分析8课时、实际操作演练8课时。

培训资源：

1.《新课程学科发展性评估——科学》，张素娟著，首都师范大学出版社出版。

2.《走向发展性课程评价——谈新课程的评价改革》，周卫勇主编，北京大学出版社出版。

专题名称：实验操作技能

专题简要说明：

科学的进步离不开实验，而实验操作技能是科学教师素养的基本体现之一。实验技能是否扎实、决定了科学教师能否将课本上的理论知识转化为实际的、可观察的结果。本专题在适应期的培训基础上，对小学科学教师(熟练期)的试验方法和操作进行进一步规范，同时强调在实验中培养学生科学思维的方法。

单元内容	课时建议	课程属性
小学科学实验的规范操作	16	专业任选
在实验中发展学生的思维能力	8	专业任选

单元内容1：小学科学实验的规范操作

培训目标：

1. 掌握小学科学实验的操作规范。

2. 能对实验中的现象进行科学分析。

内容要点：

小学科学中涉及了物理、化学、生物各个学科的一些基本实验，小学科学教师多数都不是全面学习了理科各个学科的内容，尤其实验操作方面，各个学科差异很大，因此本单元内容选择物理、化学、生物各个学科有代表性的实验各2个进行实验规范操作训练，并对实验中可能出现的问题进行分析，使小学科学教师(熟练期)尽快掌握要领，帮助学生在实验中发展能力。

培训方式建议：

采取操作练习与讲解相结合的方式进行教学。

培训资源：

《科学实验教学与研究》，蔡铁权、臧文彧、姜旭英著，华东师范大学出版社出版。

单元内容2：在实验中发展学生的思维能力

培训目标：

1. 理解在实验中发展学生思维的重要性。

2. 体验实验中发展学生思维的方法。

内容要点：

提高学业标准更多的是要求思维能力的提升，本单元在介绍发展学生思维重要性的基础上，通过具体的实验活动强调实验要有恰当的学习目标定向，将实验活动与其背后的领域知识（如基本原理、概念、方法等）联系起来，促使学生进行聚焦性、反思性的探究，把学生引导到其中的基本关系的理解上，而不是盲目尝试，或只图好玩。为此，教师要制定帮助学生发展思维能力的学习目标，并在教学目标中表现出来。这个时期的教师培训，需要抓住使用检索表和标本制作的学习重点。主要针对已有材料的分析和制作。同时以案例分析的方式交给教师在实验中发展学生思维的方法。

培训方式建议：

采取理论讲授结合实验实施的方式进行教学。

培训资源：

《科学技术哲学》，孟庆伟主编，哈尔滨工业大学出版社出版。

专题名称：野外考察技能

专题简要说明：

野外考察是小学科学课堂教学的延伸，本专题从不同角度介绍野外考察的基本技能，适应期教师主要是观察技能，熟练期教师重点是标本的搜集、制作与鉴别。

单元内容：标本的搜集、制作与鉴别

培训目标：

1. 学会生物检索表的使用，能够进行简单的动植物鉴定。

2. 学会植物标本的采集和制作方法。

3. 能够制作简单的植物标本。

4. 了解动物标本的采集方法。

5. 能够制作简单的动物标本。

内容要点：

标本是保持生物实物原样或经过整理，供学习、研究时参考用的标样。标本数据库为后续科学研究提供基础资料，也有助于标本信息管理和数字化建设。

教学内容包括：

1. 检索表鉴定生物物种

(1) 鉴定生物物种的依据；(2) 如何使用检索表。

2. 生物标本的制作与管理

(1)标本的作用和应用；(2)种子植物的采集和干制标本；(3)昆虫的采集和干制标本及浸制制作；(4)常用药品及配制；(5)常用工具及其他材料；(6)采集前的准备工作；(7)采集时的注意事项；(8)标本的保养与管理等内容。

3. 具体种子植物和昆虫标本的制作

在此阶段学员在掌握理论的同时，要能够检索和会做标本，通过观看和练习进行实践体验。要求课程的实施过程中加强教师的观摩和练习，亲自做出简单的植物和动物标本，并用检索结果标志做好的标本。

培训方式建议：

讲授课 4 课时，练习课 4 课时。

讲授内容清楚，重点突出；注意观摩体验。

培训资源：

《野生动植物标本制作》，肖方著，科学普及出版社出版。

专题名称：教育科研方法

专题简要说明：

进行教育科研，信息索取能力的提高至关重要。成熟期的科学教师应理解信息及信息技术的概念与特征。了解及利用信息技术的发展历史和发展趋势。确定所需信息的类型和来源，能评价信息的真实性、准确性和相关性。学会鉴别信息与评价信息。初步掌握信息的获取、加工、管理、表达与交流的基本方法。

在所进行的论文写作中，知道论文是信息加工后的创作。除了亲自实践获得直接信息，还必须广泛、全面地收集相关间接信息。要对信息进行分辨、整理。正确利用信息，尊重知识产权。

单位内容：教育科研课题的选择

培训目标：

1. 知道信息和信息技术的区别。

2. 熟练掌握收集信息的方法。

3. 初步掌握信息的加工、管理、表达与交流的基本方法。

内容要点：

信息检索或者称为查阅资料，是顺利进行教育科研的前提，可以避免与他人选题重复，可以发现需要研究问题的进展情况，也可以找到那些当前尚未被研究的课题。查阅资料有利于沟通交流，节省时间精力，在较短时间内获得大量资源，经过筛选、鉴别，发现问题，找出新的创新突破点。

培训方式建议：

教学方法以讲授法和阅读法为主。教学形式以讲授、阅读后交流与小组讨论循环交替的形式组织教学，引领学员认识到信息能力的重要性。

培训资源：

1.《心理与教育测量》，顾海根主编，北京大学出版社出版。

2.《生物学教育测量与评价》，项伯衡、郑春和著，广西教育出版社出版。

四、小学科学教师(熟练期)培训的课程实施建议

第一，由于小学科学教师(熟练期)已经从事小学科学教学 3～6 年，具备一定的教学经验，对小学科学教学有了一些自己的认识，因此在课程实施中要将理论学习与学员的教学实践结合起来，将专题讲座与交流研讨结合起来，充分发挥学员的主体作用。

第二，既要重视培训方式的多样性，又要注意培训内容的创新性。培训者可采取案例式、互动式、情境式等多种培训方式开展培训，增强培训的吸引力和实效性。在创新性方面，可开动脑筋，找出适于学科特色、针对性强的培训内容。

第三，要充分利用现代教育技术手段，加强对学员学习期间的网络学习指导和培训后的跟踪指导。

第四，授课教师要为学员提供学习讲义、参考资料等资源并为学员搭建经验分享平台，为学员的后续学习提供有效支持。

第五，授课教师要能及时听取学员们的反馈信息及建议，并能及时调整授课内容，使授课内容成为广大学员喜欢的课程。

五、评价建议

授课教师和有关部门对学员学习情况的评价，可以采取定性与定量评

价相结合、学员与专家评价相结合、即时与后续评价相结合、自我评价与他人评价相结合等多种评价方式，旨在对学员学习情况进行较为全面和客观的评价。

第三套 小学科学教师(成熟期)培训课程指南

一、小学科学教师(成熟期)的特征与培训目标

小学科学教师(成熟期)一般是指本学科教龄在6～10年的小学科学教师,他们基本都具备中级职称,有些已经具备高级职称。对小学课程标准和教材有了系统的了解。对小学科学涉及的科学概念及相互联系有了一定的认识,但一般还不能从科学观念和核心概念角度理解小学科学教学。熟练掌握了小学科学教学中常用的实验技能,但对一些特殊实验方法还不能熟练掌握;有了一定的学科教学经验和教学研究方法,但还没有进行过专门、系统的课题研究。本期培训侧重于对学科观念和思想方法的把握,在此基础上,促进自身教学能力的进一步提升,并促进自身的专业发展。

培训目标:

1.能把握小学科学知识的体系,具有清晰的学科知识结构。

2.能关注科学主题与核心概念在教学中的重要地位,并在教学中进行渗透。

3.关注学生的学习心理,能根据学生的学习心理,选择有效的教学载体。

4.能灵活、恰当地运用探究教学策略,进行小学科学的教学。

5.有意识地进行教学经验的提炼,并有意识地进行教学研究。

二、小学科学教师(成熟期)培训的课程体系结构及说明

问题模块	专题构成		单元内容	课程属性	课程形态	课时建议
	名称	总学时				
小学科学教师(成熟期)应具备哪些相关的素养?	小学科学教师的人文素养	8	科学审美	专任	讲座＋案例分析	8
小学科学教师(成熟期)怎样理解科学主题与核心概念?	科学主题与核心概念	56	科学主题统摄下的核心概念	专必	讲座	8
			小学科学教学中的核心概念	专必	讲座＋实践	48

续表

问题模块	专题构成		单元内容	课程属性	课程形态	课时建议
	名称	总学时				
小学科学教师（成熟期）应该具有怎样的学科教学知识和学科教学技能？	学科教学知识	32	科学核心概念的形成与应用	专必	讲座＋研讨＋实践操作	24
			国际科学教学案例的剖析	专限	案例分析	8
	教学设计技能	64	基于单元的小学科学教学设计	专必	讲座＋案例分析	24
			基于单元的小学科学教学评价	专任	讲座＋研讨	16
			小学科学课堂分析技术	专必	案例分析＋实践	16
			综合观察能力的培养	专任	实践＋讲解	8
小学科学教师（成熟期）怎样自我发展？	教育科研方法	56	教师专业发展	专限	讲座＋案例分析	16
			教师的自我反思	专限	实践＋讲解	24
			专业发展路径	专任	讲座＋案例分析＋实践	16

注：课程属性中"专必"为专业必修；"专限"为专业限选；"专任"为专业任选。

三、小学科学教师（成熟期）培训的课程说明

专题名称：小学科学教师的人文素养

专题简要说明：

对成熟期的小学科学教师，在学习通识类知识时，以学习《艺术素养》主题下的"审美心理学"为课程内容。认同美学研究的理论基础是心理学研究的成果。知道自然科学研究领域中存在影响人类审美心理结构、审美态度的事物，正是这些促进人类的心智趋于成熟和完善。

单元内容：科学审美

培训目标：

1. 知道人类的审美与人的心理结构有关。

2. 梳理审美心理学不同派别的观点。

3. 认同人类的审美情趣和审美标准是逐步形成的。

内容要点：

成熟期教师要知道美育是通过传授美的知识，通过反复的审美实践活动来提高人们的审美能力的。在这个过程中逐步形成人的世界观、人生观。审美实践活动反映了一个人如何看待这个世界、如何看待人生的态度。审美能力就是指人们从审美的角度对客观事物的一种判断和评价，包括审美标准、审美情趣和审美理想。审美标准一般以对社会具有普遍有效性的一定尺度为依据的，它会受到社会实践的检验，在科学研究领域——脉搏的律动性、生长的周期性、季节的循环性都具有审美的要素。在整个审美活动中审美主体所持的态度和方法具有一定的民族性和时代性。审美心理结构最终促成美的人格与美的世界观形成。授课主要内容要点：

1. 审美标准。

2. 审美想象。

3. 审美情趣。

4. 审美理想。

培训方式建议：

教学中应注意以建构主义的学习观为中心，注意从学员已有的心理学和美学基础入手，找到易于同化和顺应的途径，以课堂讲授为主，伴随大量案例和名家观点，适时进行课堂练习，必要时结合小组讨论等形式组织教学，引领学员逐步接近美学研究的核心理论。

培训资源：

1.《艺术哲学》，丹纳著，人民文学出版社出版。

2.《艺术中的精神》，康定斯基著，中国人民大学出版社出版。

专题名称：科学主题与核心概念

专题简要说明：

本专题以物理、化学、生物、地理各学科中相互关联的基础知识和实验方法为载体，阐释科学主题与核心概念。在补充知识、训练科学实验方法的过程中，使学员理解科学主题与核心概念，领悟综合的基础与方法。本专题下设两个单元内容：科学主题统摄下的核心概念和小学科学教学中的核心概念。

单元内容	课时建议	课程属性
科学主题统摄下的核心概念	8	专业必修
小学科学教学中的核心概念	48	专业必修

单元内容1：科学主题统摄下的核心概念

培训目标：

1. 初步领会科学主题与核心概念的内涵。

2. 初步理解科学主题与核心概念的关系以及科学主题对核心概念的统摄作用。

内容要点：

以系统、综合的方式提炼出的一些跨越学科界限，将各分支学科统一起来的观念，我们称之为科学主题。从科学主题视角来认识小学科学的教学内容能更科学、本质地看待小学科学教学。本单元主要包括以下内容：

1. 对各个主题的诠释：尺度与结构、系统与相互作用、变化的形式、能量、稳定性、演化。

2. 从地球科学、生命科学、物质科学中选取实例，阐释科学主题与核心概念的关系。

培训方式建议：

1. 主要以讲授为主，辅助课堂讨论。由于课时的限制，六个科学主题只是概括地介绍，重点突出对科学主题统摄下的核心概念的讲解。

2. 在教学过程中要充分利用多媒体素材使教学变得生动活泼。

培训资源：

1.《科学新课程与科学素质教育》，叶禹卿主编，中国纺织出版社出版。

2.《科学主题与核心概念》，贾晓春主编，东北师范大学出版社出版。

单元内容 2：小学科学教学中的核心概念

培训目标：

1. 明确核心概念的内涵及其教育价值。

2. 整体把握每个学段的核心概念。

3. 从科学主题的视角出发，分析生命科学、物质科学或地球科学领域的某一个或某几个核心概念在小学科学中的具体体现，做出知识结构框架图。

内容要点：

1. 明确核心概念的内涵

核心概念是居于学科中心的具有迁移应用价值的概念，与事实性知识相比，核心概念具有更高的概括性。人们对核心概念的理解可以较长久地保存在记忆中，有助于人形成较好的知识框架，掌握更多知识。所以在教学中在引导学生了解现象和事实之后要更加重视学生对核心概念的形成和理解，而不只是对事实的记忆。

2. 整体把握每一学段的核心概念，以生命科学为例

一年级　动植物体通过不同的途径满足各自的需要。

二年级　动植物都有各自明确的生命周期。

三年级　生命体结构或行为的改变能增加其存活的概率。

四年级　所有的生物都需要能量和物质满足自身的生存和生长；生命体需要依赖其他生物或者周围环境得以生存。

五年级　动植物都具有完成呼吸、消化、产生废物以及运输物质等功能的结构。

六年级　生态系统中的生命体会相互影响以及与周围环境进行能量物质交换。

3. 站在科学主题的视角，分析生命科学、物质科学或地球科学领域的某一个或某几个核心概念在小学科学中的具体体现，做出知识结构框架图

培训方式建议：

1. 以讲授和课堂研讨相结合。

2. 对核心概念的分析不必求多求全，结合课标教材，以分析深入透彻为主。

3. 结合案例进行教学，把理论与教学实际相结合，注意教学的针对性

和实效性。

培训资源：

《科学主题与核心概念》，贾晓春主编，东北师范大学出版社出版。

专题名称：学科教学知识

专题简要说明：

成熟期教师对小学课程标准和教材有了系统的了解。对小学科学涉及的科学概念及相互联系有了一定的认识，但还不善于从科学观念和核心概念角度理解小学科学教学。因此本专题首先，讲授具体的几个科学核心概念的形成和应用；然后，对具体的几个科学概念进行教学设计并进行研讨与交流；最后，与其具体的几个科学概念相对应的美国、日本等国家的教学案例进行介绍，并与我国的教学情况进行比较交流。

单元内容	课时建议	课程属性
科学核心概念的形成与应用	24	专业必修
国际科学教学案例的剖析	8	专业限选

单元内容1：科学核心概念的形成与应用

培训目标：

1. 明确小学科学课程中涉及的科学概念及科学概念之间的联系。

2. 掌握如何围绕核心概念组织教学。

内容要点：

1. 选取某一单元，对该单元具体的科学概念的形成与应用进行介绍。

2. 介绍科学概念的形成过程及应用时注意的具体情况。

3. 对单元的核心概念进行解读，明确核心概念的教育价值。

培训方式建议：

采取理论讲授结合学员实践操作的方式进行教学。

培训资源：

1.《科学新课程与科学素质教育》，叶禹卿主编，中国纺织出版社出版。

2.《科学主题与核心概念》，贾晓春主编，东北师范大学出版社出版。

单元内容 2：国际科学教学案例的剖析

培训目标：

通过对美国、日本等国际科学教学中科学概念的形成与应用的具体案例进行剖析，借鉴和指导实际教学。

内容要点：

介绍美国、日本等如何进行围绕科学核心概念的形成与应用的教学案例。重点介绍核心概念教学的程序，同时以小学科学教材的某一单元为例，让学员实践该程序，从中体验核心概念教学的真谛。

培训方式建议：

采取讲授、练习、研讨交流相结合的方式进行教学。讲授时需要联系小学科学课程内容及实际教学，针对讲授内容进行研讨，留有时间进行练习、交流。

培训资源：

1. http：//www.fossweb.com/.

2. 日本小学科学课程的一体化教学特征及改革的系统性，孟令红，外国中小学教育，2009 年第 2 期。

3. 日本探究式科学教学的特点及其对我国的启示，孟令红，当代教育科学，2009 年第 12 期。

4. 日本小学科学教学的特点，孟令红，科学课，2007 年第 8 期。

5. 日本小学新理科课程改革的一个课例，孟令红，科学课，2002 年第 12 期。

6.《日本小学科学课的学习、指导与评价》，角屋重树著，孟令红译，江苏教育出版社出版。

专题名称：教学设计技能

专题简要说明：

本专题主要是针对成熟期的教师，增强其单元教学设计能力而设定。本专题是在学员已经熟悉了课堂教学设计能力基础上设置的。本专题主要目的是要学员从单元的角度进行教学设计，学会从整体、相关、阶梯和综合的角度进行教学设计，使学员形成单元课堂教学设计的理念和能力。

单元内容	课时建议	课程属性
基于单元的小学科学教学设计	24	专业必修
基于单元的小学科学教学评价	16	专业任选
小学科学课堂分析技术	16	专业必修
综合观察能力的培养	8	专业任选

单元内容1：基于单元的小学科学教学设计

培训目标：

1. 知道单元教学设计的内涵和特点。

2. 知道单元教学设计与课堂教学设计的区别。

3. 设计实施并完善一个单元的教学设计。

内容要点：

1. 小学科学单元教学设计概述

(1)单元教学设计的内涵和特征；(2)单元教学设计的一般过程；(3)单元教学设计和课堂教学设计的区别。

2. 小学科学单元教学目标的制定

(1)制定教学目标的依据；(2)对课标和教材的分析；(3)分析和研究学生；(4)教学目标的表述。

3. 小学科学单元教学评价的设计

(1)单元教学评价的目的；(2)单元教学评价的类别；(3)单元教学评价实例分析。

4. 小学科学单元教学过程的设计

(1)教学过程体现的基本理念；(2)教学过程对教学目标把握；(3)教学过程的思路；(4)单元中不同内容的重新编排。

5. 单元教学设计的教学实践

6. 修改单元教学设计撰写教学反思

培训方式建议：

本课程为教学理论和实践相结合、专家指导和同伴互助学习共存的课程。首先通过理论讲座熟悉单元教学设计的基本思路、明确单元教学设计和课堂教学设计的区别。最好是小组合作写出单元教学设计，结合理论讲座内容，修改单元教学设计的教学目标、教学评价和整体内容编排，学会从整体、相关、阶梯和综合的角度进行单元教学设计。然后小组成员分别到课堂中去实践小组的单元教学设计，通过专家指导和同伴研讨，修改完善单元教学设计，最终达到提高课堂教学效果的目的。

培训资源：

1.《学习论》，施良方著，人民教育出版社出版。

2.《学习的条件与教学论》，［美］加涅著，华东师范大学出版社出版。

3.《教育心理学》，冯忠良、伍新春、姚梅林、王健敏编著，人民教育出版社出版。

单元内容2：基于单元的小学科学教学评价

培训目标：

对成熟期的小学科学教师，培训的核心任务是帮助他们通过学科教学技能的进一步提升促进专业发展。教学评价技能是学科教学技能的主要组成部分，通过该课程的学习，帮助成熟期学员准确把握形成性评价、诊断性评价和终结性评价在小学科学教学中的应用和方法。

内容要点：

1.小学科学教学形成性评价的含义、作用和功能。

2.获得形成性评价信息的常用方法。

3.小学生科学学习过程的形成性评价。

4.小学科学教学诊断性评价的概念、作用和功能。

5.诊断性评价中的测试。

6.小学生科学学习过程的单元诊断性评价。

7.小学科学教学单元终结性评价的含义、特点与功能。

8.获得终结性评价信息的常用方法。

9.小学生科学学习过程中非认知因素的终结性评价。

10.终结性测试的信度和效度。

培训方式建议：

教学中应贯彻理论和教学实践相结合的原则，用案例分析的方法，以课堂讲授、小组讨论、实际操作和案例研讨等形式组织教学，激发学员的自觉性、积极性，提高学员的自主学习能力。建议8课时讲授与案例分析，8课时用于小组讨论与实际操作。

培训资源：

1.《新课程学科发展性评估——科学》，张素娟著，首都师范大学出版社出版。

2.《走向发展性课程评价——谈新课程的评价改革》，周卫勇主编，北京大学出版社出版。

单元内容3：小学科学课堂分析技术

培训目标：

1. 了解小学科学课堂分析的基本过程。

2. 掌握小学科学课堂分析的方法。

3. 理解小学科学课堂分析的价值。

内容要点：

1. 课堂分析必要性的介绍：课堂分析是教师参与校本教研的专业视角和有效途径，通过课堂分析能帮助教师获得系统而细致的信息，有利于分析解决教学问题。

2. 目前课堂分析中存在的问题，"强调合作、证据、研究"的专业的课堂分析(听评课)和课堂教学研究。

3. 介绍课堂分析的一般程序和方法。

培训方式建议：

本单元内容适宜采取临堂学习的方式，即在学习中体验，在体验中内化。

培训资源：

1.《新课程学科发展性评估——科学》，张素娟著，首都师范大学出版社出版。

2.《走向发展性课程评价——谈新课程的评价改革》，周卫勇主编，北京大学出版社出版。

单元内容4：综合观察能力的培养

培训目标：

1. 学会结合教材中需要解决的问题，运用观察法确定观察活动的主题。

2. 能够在观察活动开始前，明确观察目的、确定观察方法、做出观察计划。

3. 分析教材列出 1～6 年级能够进行观察的教学内容。

内容要点：

观察法必须根据课题研究的需要，为解决某一问题而进行。在观察开始前要有明确的观察目的、观察计划、观察方法。

学会观察，首先要明确观察的目的。观察计划包括：观察的对象选择、观察的时间、地点、方式范围确定，观察时使用的仪器，观察步骤程序安排，观察时要搜集的材料和观察材料记录的方法。观察方法包括：全面观察与重点观察，比较观察与解剖观察，顺序观察与侧面观察，长期观察与短期观察，直接观察与间接观察，自然观察和实验观察六个方面。

进行教材分析，梳理出在小学科学教材中能够进行观察活动的内容，并进行小组讨论整理。

培训方式建议：

讲授课 4 课时，练习课 2 课时，实践 2 课时。

1. 讲授内容注重案例。这部分知识比较抽象和枯燥，理论内容不容易分析清楚，利用较完整的活动案例，既能够把知识内容具象化，又有指导的作用。

2. 突出设计观察实验方法解决教学问题的重点。要求熟练期的教师要能够根据课标要求，进行教材分析，归纳出教材能够进行观察实验的内容。

3. 理论知识讲授注意理念引领。在新课标的背景下进行教学活动，需要有教育理念的引领，例如：对观察课程设计中的基本理念、解决的核心问题与课标的关系解读。

4. 注意实践体验。制订观察活动计划需要经过模拟实施才能够进行验证其可行性，因此采用进行自我实践和讨论交流等形式，为教师提供情景化、现场化的学习资源，有效地把理论知识和实践活动有机的结合，同时是对培训效果的校验。

培训资源：

1.《参与观察法》，丹尼·L. 乔金森著，重庆大学出版社出版。

2.《科学的观察者——小学与中学科学教育新取向》，［美］本特利等著，洪秀敏等译，北京师范大学出版社出版。

专题名称：教育科研方法

专题简要说明：

成熟期教师有了一定的学科教学经验和教学研究方法，但没有进行过专门、系统的课题研究。基于这个特点，成熟期教师的本专题培训，首先要选择适于研究的课题，这就要在大量现存问题中筛选。问题筛选的一般方法，深入课堂进行调查研究，针对发现的问题和教研组同事开展教育理论学习，在校本研修过程中培养"问题意识"和概括能力，以及一定的理论提升能力。目的是建构新理论、指导教育实践、增强教育决策的科学性。

单元内容	课时建议	课程属性
教师专业发展	16	专业限选
教师的自我反思	24	专业限选
专业发展路径	16	专业任选

单元内容1：教师专业发展

培训目标：

1. 学习教师专业发展的一般理论。

2. 诊断自我的专业发展状态。

3. 制订自我专业发展的路径和计划。

内容要点：

教师职业具有自己独特的职业条件和培养体制，有相应的管理制度和措施。教师的专业性表现在有规定的学历要求，必要的教育知识和教育能力，特定的职业道德和人格品质，相应的制度保证等方面。因此成熟期教师的专业发展需要有教育知识和教育能力的支撑。本单元内容主要介绍两方面的内容：一是教师专业发展阶段问题；二是特定人群专业发展的内涵问题。教师根据发展阶段的特点进行自我诊断，在此基础上，制订自我专业发展路径和计划。

培训方式建议：

理论讲授为主，同时进行研讨和交流，以内化理论。

培训资源：

1.《改善学生课堂表现的50个方法》，安奈特·布鲁肖、托德·威特克著，于涵译，中国青年出版社出版。

2.《透视名师课堂管理》，赵国忠主编，江苏人民出版社出版。

3.《课堂教学应变：案例与指导》，李冲锋著，教育科学出版社出版。

单元内容 2：教师的自我反思

培训目标：

1. 了解什么是自我反思及自我反思的意义。

2. 学习自我反思的方法。

3. 能正确进行自我反思。

内容要点：

成熟期教师具有丰富的教学经验的积累，如果能按照正确的方法进行自我反思，总结教学经验，提升教学经验的科研含金量，定会在教育教学中取得长足进展。本单元内容介绍什么是教师的自我反思，自我反思的理论基础是什么，怎样进行自我反思等内容，在此基础上，指导学员实践自我反思的方法，掌握自我反思的路径。

培训方式建议：

采取理论结合实践的方法进行教学。

培训资源：

1.《反思性教学》，熊川武主编，华东师范大学出版社出版。

2.《我们如何思维》，约翰·杜威著，新华出版社出版。

3.《教师反思的方法》，吕洪波著，教育科学出版社出版。

单元内容 3：专业发展路径

培训目标：

1. 了解行动研究的意义和使用方法。

2. 学会筛选问题，并试着使之成为研究的课题。

3. 认同校本研修在教师成长中的作用。

内容要点：

教育科学研究是运用适当的研究方法对教育现象及其规律进行探索的过程。目的是建构新理论、指导教育实践、增强教育决策的科学性。一般在中小学的教师从事的基本都是行动研究，即以解决教育教学实践问题为主的微观研究，针对成熟期教师，本专题的培训，旨在提示和指导学员学会选择适于个人研究的课题，面对大量现存问题，了解正确筛选问题的一般方法。针对发现的问题和在教研组中开展教育理论学习，结合深入课堂进行广泛调查，立足校本研修，在校本研修过程中形成"问题意识"和提升概括能力，并具有用相关理论初步解释的能力。本单元主要内容如下：

1. 什么是行动研究

2. 如何教研组组建

3. 开展校本研究的方法和路径

培训方式建议：

教学方法以讲授法和阅读法为主。教学形式以讲授、阅读后交流与小组讨论循环交替的形式组织教学，引领学员走近名师。

培训资源：

《现代教育理论》，扈中平主编，高等教育出版社出版。

四、小学科学教师（成熟期）培训的课程实施建议

小学科学教师（成熟期）是指从事生物教学 6～10 年，具备较为丰富的教学经验，同时也积累了大量的有关教学教育方面的问题和难题的一类教师。因此在课程实施中要将理论学习与学员的教学实践结合起来，将专题讲座与交流研讨结合起来，充分发挥学员的主题作用，让学员成为培训的主体，对他们的需求进行"点餐"式培训，将过去的"有什么给什么"变成"要什么给什么"的培训模式，活化培训内容和培训形式。

要注重培训方式的创新，采取案例式、参与式、情境式等多种培训方式开展培训，增强培训的吸引力和感染力。培训过程中还需活化培训载体，同时活化专业引领，将培训变成学员主动参与式，同时利用"问题驱动"的模式进行。

授课教师要为学员提供学习讲义、参考资料等资源并为学员搭建经验分享平台，为学员的后续学习提供有效支持。

五、评价建议

采取定性与定量评价相结合、学员与专家评价相结合、即时与后续评价相结合、自评与他评相结合的多种评价方式，对学员的学习情况进行评价。

第四套　小学科学教师(发展期)培训课程指南

一、小学科学教师(发展期)的特征与培训目标

小学科学教师(发展期)一般是指本学科教龄在 10 年以上的小学科学教师,他们多数具有高级职称。他们熟悉小学课程标准和教材。能从单元的角度理解科学学科的概念和教材,但对整体把握学科概念和教材能力和教学设计和实施的能力还有待提高。熟练掌握小学科学教学中的实验技能,但还不能从培养学生创新能力的角度设计实验;有了一定课题研究的经验,但在固化成果方面还有待提高。本期培训侧重点是从学科思想方法的视角看待小学科学及其教学,在此基础上促进他们教学水平的进一步提升,同时帮助他们积极提炼教学经验,在教学研究上有所突破。

培训目标:

1. 提高对学科本质和学科思想的理解。

2. 理解教材内容的教育价值,学会挖掘教材内容的教育价值。

3. 教学设计能基于对学科知识的整体思考。

4. 开展教育研究实验,总结反思教学经验,提炼教学特色。

二、小学科学教师(发展期)培训的课程体系结构及说明

问题模块	专题构成		单元内容	课程属性	课程形态	课时建议
	名称	总学时				
小学科学教师(发展期)应具备哪些相关的素养?	小学科学教师的艺术素养	8	审美原理	专任	讲座＋案例分析	8
如何理解学科本质和学科思想?	科学、技术与社会	16	科学、技术与社会	专任	讲座＋研讨	16
	学科观念与核心概念	64	科学发展中的思想方法	专必	讲座＋研讨	16
			科学主题视野下的小学科学核心概念体系	专必	讲座＋研讨	48

续表

问题模块	专题构成		单元内容	课程属性	课程形态	课时建议
	名称	总学时				
如何提升发展期小学科学教师的教育教学能力？	学科教学能力	24	问题连续体理论在教学中的应用	专必	讲座＋实践操作	24
	教学设计技能	32	基于学科内容特点的小学科学教学设计	专必	讲座＋实践	24
			概念图教学设计策略	专任	实践＋讲解	8
	教学评价技能	8	教学评价技能	专必	讲座＋研讨	8
	野外考察技能	8	进行课外考察设计、组织与实施	专任	实践＋讲解	8
如何提升小学科学教师（发展期）的教育教学研究能力？	教育科研方法	56	小学科学教育科研方法与选题	专限	讲座＋案例分析	16
			论文写作	专限	理论＋实践	40

注：课程属性中"专必"为专业必修；"专限"为专业限选；"专任"为专业任选。

三、小学科学教师（发展期）培训的课程说明

专题名称：小学科学教师的艺术素养

专题简要说明：

对发展期的小学科学教师，在学习通识类模块时，以学习《艺术素养》主题下的"审美原理"为课程主要内容。通过进一步熟悉审美研究的观点，把握审美原理中的概念、方法、规律、手段，有目的地搜集应用审美原理进行科学课教学的教学资源。

单元内容：审美原理

培训目标：

1. 了解审美原理的一般常用知识。

2. 按年级或学科梳理渗入审美原理的课堂案例。

3. 体会"美到处存在，只是缺少发现美的眼睛"的名家观点。

内容要点：

生活审美、自然审美和艺术审美是互动互渗的，优美的自然环境能引

起人和谐、平静、松弛的感受，使人感到纯净的愉快和美好。自然风光之美会激发起人们对大自然深深的爱恋之情，这种感情还会很自然地扩展为对生活、对家乡、对祖国、对地球的深深的热爱。发展期教师的艺术素养培训应更关注自然审美的内涵与特点，课程设计包含对自然界中事物的形态美、结构美、功能美、秩序美的梳理和解读。力图影响学员和青少年审美趣味的发展，引导他们审美发展的方向。

培训方式建议：

教学中课堂讲授、小组讨论，4 课时。网络和图书馆资料查询，4 课时。

培训资源：

1.《美学》，黑格尔著，薛富兴导读，天津人民出版社出版。

2.《美学原理》，王旭晓著，上海人民出版社出版。

专题名称：科学、技术与社会

专题简要说明：

科学、技术与社会（简称 STS）教育是科学教育改革中兴起的一种新的科学教育构想，其宗旨是培养具有科学素养的公民。它强调理解科学、技术和社会三者的关系；重视科学、技术在社会生产、人们生活中的应用；重视科学的价值取向，要求人们在从事任何科学发现、技术发明创造时，都要考虑社会效果，并能为科技发展带来的不良后果承担社会责任。STS教育是小学科学教育的重要组成部分，作为科学教师要学会如何在小学科学教育中进行 STS 教育。

单元内容：科学、技术与社会

培训目标：

1. 理解科学技术与社会的关系。

2. 理解 STS 教育理念。

3. 学习在小学科学教学中进行 STS 教育。

内容要点：

1. 科学技术与社会的关系

科学产生于人类的社会活动中，科学推动社会进步；技术是对科学知识应用的表现形式，技术推动社会生产力水平的提高。

科学技术对社会存在正反两方面的作用。

2.STS教育理念与教育方法

STS教育的发展历史

STS教育突出了对科学的文化解读、对科学的社会价值与人生意义的理解

STS教育在内容构成上，倾向综合化

STS重在唤醒主体的自我意识及情感体验

在教学方式上，更加注重探究与体验

3.STS教学案例分析与实践

案例1：餐桌上的基因工程

案例2：空气污染源自何方

案例3：我们将如何处置核废料

培训方式建议：

专家引领与案例分析相结合，让学员深入STS教育理念与作用；以问题讨论、角色扮演等教学方式，充分发挥学员的主体作用，进行"真实"问题的学习，学会如何在自己的教学中设计与实施STS教学。

培训资源：

1.《科学技术与社会概论》，刘啸霆主编，高等教育出版社出版。

2.《现代文明的基石：科学、技术与社会》，袁正光主编，中国协和医科大学出版社出版。

专题名称：学科观念与核心概念

专题简要说明：

学科观念是指学生通过对学科中某一领域的学习，对某一学科对象或科学过程的本原和本体的见解和意识，是通过对事物整体考察而获得领悟的结果，是与"学科核心概念或知识"密切联系的，是对该学科的本质、特征、价值的基本认识，它能广泛支配知识的应用。而核心概念(有时也可称为核心知识)则反映某学科最基本、最本质的内涵，或者说，是学科中最重要，赖以支持其存在的那一部分最基本的原理和概念。

本专题引导学生自己把原有的单学科的、结构化、细化的知识和分立的方法，按照"知识与技能"—"学科观念与方法"—"统摄学科的主题"—"辩

证唯物主义哲学"的层次形成对自然科学的综合性认识。

单元内容	课时建议	课程属性
科学发展中的思想方法	16	专业必修
科学主题视野下的小学科学核心概念体系	48	专业必修

单元内容1：科学发展中的思想方法

培训目标：

1. 以自然科学基础知识为载体，了解科学探索的过程。

2. 对已经了解的知识进行更深层次的理解，挖掘其中能够提高认识水平的因素，领悟其中的思想、方法。

3. 以一些典型的科学探索的过程为案例，掌握其中所蕴含的重要的科学思想和方法。

内容要点：

1. 牛顿经典力学体系的建立——利用科学实验方法和数学方法研究自然规律(一)

2. 电磁理论的研究与进展——利用科学实验方法和数学方法研究自然规律(二)

3. 狭义相对论的建立——逻辑推理法在科学研究中的应用

4. 从理想气体到卡诺循环——科学探索中的理想化方法

5. 对原子结构的探索——模型法在科学研究中的重要作用

6. 孟德尔遗传定律的发现——数学推理方法在科学研究中的应用

7. 探索生命活动——比较与分类方法在科学研究中的应用

8. 人类对生命起源的探索——科学研究中的模拟方法

9. 免疫与人体健康——观察法在科学研究中的应用

10. 天体运动研究——美学原理在科学探索中的重要作用

11. 探索大地构造——科学假说及其检验

12. 有机物化学结构的发现——直觉与灵感在科学探索中的作用

13. 基本粒子探索——科学想象比知识更重要

14. 对光的本性的探索——失败反思法在科学研究中的作用

培训方式建议：

1. 不宜向学员简单地灌输某种思想方法，而是应当通过对典型的科学探索过程、科学家的思考过程以及相关文献史料等进行深入、细致地分析，使学员感悟和理解在科学研究过程中所体现出来的思想方法。

2. 针对我国绝大多数小学科学教师没有系统学习过自然科学专科及本科课程的现状，在讲述方法的同时可适当深入浅出地弥补其知识缺陷。

培训资源：

1.《科学新课程与科学素质教育》，叶禹卿主编，中国纺织出版社出版。

2.《科学主题与核心概念》，贾晓春主编，东北师范大学出版社出版。

单元内容2：科学主题视野下的小学科学核心概念体系

培训目标：

1. 以统摄自然科学的主题与核心概念来重新认识学科知识与方法。

2. 初步建立起科学主题视野下的小学科学核心概念体系。

内容要点：

科学主题与核心概念概述；六个科学主题(能量、演化、变化的形式、尺度与结构、稳定性、系统与相互作用)介绍；在科学主题视野下以课标及教材为依据从物质科学、生命科学、地球科学方面分别对小学科学核心概念体系进行解析；建构科学主题视野下的小学科学核心概念体系。

培训方式建议：

1. 采用教授和课堂研讨方式进行教学，教师在教学过程中要注意分析学员的实际情况，把课堂教学建立在学员已有的知识和经验基础之上，注意教学的针对性和实效性。

2. 对核心概念的分析要结合课标进行。

3. 加强课堂的交流与研讨活动。

4. 教师要设计科学合理的评价方式对学员的学习过程和学习效果进行全面评价，实现以评促学。

培训资源：

1.《科学新课程与科学素质教育》，叶禹卿主编，中国纺织出版社出版。

2.《科学主题与核心概念》，贾晓春主编，东北师范大学出版社出版。

专题名称：学科教学能力

专题简要说明：

学科教学知识是关于学科特定主题的知识；它是教师独有的知识；它通过表述传达给学生以促进学生自我建构知识的知识体系。发展期已经具有了基本的学科教学知识，可以学习一些新的教学理论指导其学科知识体系的建立。本专题设置的目的是为了让科学教师学会利用新的教学理论指导其科学教学的基本思想。主要是运用问题连续体理论设计教学，提出处理具有上、下位关系的内容时可以采取五类学生思维空间递增的问题设计教学，以培养学生的创造思维能力。

单元内容：问题连续体理论在教学中的应用

培训目标：

1. 理解问题连续体理论的基本含义。

2. 学会将问题连续体理论应用于小学科学教学。

内容要点：

1. 问题连续体理论的基本含义

2. 问题连续体的五类问题及五类问题之间的关系

3. 教学案例分析

4. 问题连续体理论在小学教学中的重要意义

5. 运用问题连续体设计教学时应注意的问题

培训方式建议：

理论讲座、案例讨论和教学实践相结合。其中理论讲座 8 课时，案例讨论 8 课时，教学实践 8 课时。

本专题主要采用课堂讲授和教学实践相结合的方式实施教学。教师对一些基本问题进行重点讲授，以小组讨论、教学实践等形式组织教学，激发学员的积极性，结合教学实践，提高学员将理论知识应用于教学实践的能力。

培训资源：

1.《探究——小学科学教学的思想、观点与策略》，美国国家科学基金会教育与人力资源部中小学教育及校外教育处，人民教育出版社出版。

2.《探究式教学教育指南》，韦钰著，教育科学出版社出版。

专题名称：教学设计技能

专题简要说明：

本专题是在学员已经具备了单元教学设计能力基础上设置的。《小学科学课标》中内容标准包括物质科学领域知识、生命科学领域知识和地球与空间科学领域知识以及设计和技术，每个内容都有各自的特点。学员学会分析以上内容的不同特点并进行教学设计。同时学习利用信息技术工具进行教学设计，提高学员自如进行教学设计的能力。本专题下设两个单元内容：基于学科内容特点的小学科学教学设计和概念图教学设计策略。

单元内容	课时建议	课程属性
基于学科内容特点的小学科学教学设计	24	专业必修
概念图教学设计策略	8	专业任选

单元内容 1：基于学科内容特点的小学科学教学设计

培训目标：

1. 知道小学科学学科内容设计的特点。

2. 知道基于学科内容特点教学设计的特点。

3. 设计实施并完善一个基于学科内容设计的教学设计。

内容要点：

1. 小学科学学科内容设计的特点

(1)物质科学内容设计的特点；(2)生命科学内容设计的特点；(3)地球与空间科学内容设计的特点；(4)设计和技术内容设计的特点。

2. 基于学科内容教学设计的特点

(1)教学目标设计的特点；(2)教学评价设计的特点；(3)教学过程设计的特点。

3. 基于学科内容教学设计的教学实践

4. 修改教学设计撰写教学反思

培训方式建议：

其中理论讲座 4 课时，教学实践 8 课时，修改完善 4 课时。

培训资源：

1.《小学科学课程与教学》，刘德华主编，中国人民大学出版社出版。

2.《小学科学课堂教学设计》，李慎英主编，同心出版社出版。

3.《科学新课程教学与教师成长》，李晶主编，中国人民大学出版社出版。

单元内容 2：概念图教学设计策略

培训目标：

1. 理解概念图和思维导图的一般概念。

2. 了解概念图和思维导图的区别。

3. 学会易思——认知软件的使用方法，能用此软件画出教学设计的流程图。

4. 熟悉 Mind Manager 软件，能用此软件画出本课的思维导图。

5. 具有使用概念图和思维导图进行教学设计的意识。

内容要点：

1. 对概念图的认识

(1)概念图可以帮助学习理论基础；(2)构成概念图的四要素；(3)小学科学常用的概念图。

2. 概念图的绘制

(1)画出概念图的步骤；(2)绘制概念图的一般原则。

3. 思维导图

(1)思维导图的概念；(2)思维导图和概念图的区别。

4. 常用软件的使用

(1)易思——认知软件；(2)Mind Manager 软件。

培训方式建议：

理论学习 1 课时；实践操作 6 课时；交流展示 1 课时。需要在计算机房进行教学。

本内容为教学理论和实践相结合、专家指导和同伴互助学习共存、充分利用现代信息技术全面提高学员素养的课程。首先结合课标中学科教学内容特点进行教学设计，然后结合现代信息技术学会新的设计手段和理念，最后结合理论和技术修改完善教学设计。最终达到自主教学设计提高教学能力的目的。

培训资源：

1. 关于概念图与思维导图的辨析，赵国庆、陆志坚，中国电化教育，

2004 年第 4 期。

2. 概念地图在中小学教学中的应用，齐伟，信息技术教育，2003 年第 9 期。

3.《概念图教学实训教程》，胡小勇主编，南京师范大学出版社出版。

专题名称：教学评价技能

专题简要说明：

对发展期的小学科学教师，培训的核心任务是帮助他们在对学科思想方法把握和理解的基础上，通过学科教学技能的进一步提升促进专业发展。教学评价技能是学科教学技能的主要组成部分，该课程的学习，帮助发展期学员构建发展性的小学科学学习评价体系，确立开放的小学科学学习评价内容，运用多样化的小学科学学习评价方法，实现多元化的小学科学学习评价方法。

单元内容：教学评价技能

培训目标：

1. 学习小学科学学习评价的新理念。

2. 确立开放的小学科学学习评价内容。

3. 学习多样化的小学科学学习评价方法。

内容要点：

1. 构建发展性的小学科学学习评价体系

主要介绍小学科学学习评价的新理念，发展性的小学科学学习评价的意义、特点；确立开放的小学科学学习评价内容包括小学科学学习评价的要求、主要内容；运用多样化的小学科学学习评价方法包括书面测验法、观察法、谈话法、问卷调查法、作业法；实现多元化的小学科学学习评价方法包括学生自评、同学互评、家长评价。

2. 发展性的小学科学学习评价案例分析

以案例为载体，分析发展性的小学科学学习评价体系，使学员能领会其实质。

培训方式建议：

教学中应贯彻理论和教学实践相结合的原则，用案例分析的方法，以课堂讲授、小组讨论、实际操作和案例研讨等形式组织教学，激发学员的自觉性、积极性，提高学员的自主学习能力。

培训资源：

1.《新课程学科发展性评估——科学》，张素娟著，首都师范大学出版社出版。

2.《走向发展性课程评价——谈新课程的评价改革》，周卫勇主编，北京大学出版社出版。

专题名称：野外考察技能

专题简要说明：

小学科学教师(发展期)的野外考察技能主要是如何设计考察内容，制订考察方案及组织考察活动。这个时期的教师具有丰富的学科知识基础和很强的组织学生能力，培训主要针对野外环境的分析和指导学生分组研究，在教学中加强教师对学科知识的结合使用和考察实施技能的比重。这些内容属于野外考察的综合技能。本专题针对如何进行野外考察的设计、组织和实施进行介绍。

单元内容：进行课外考察设计、组织与实施

培训目标：

1. 学会结合教材内容，制定小学生野外主题考察活动设计。

2. 学会根据教学要求选择适宜的野外环境。

3. 能够根据考察主题研究需求对小学生进行活动分组。

4. 学会野外安全知识及应急对策。

内容要点：

1. 野外考察活动的设计

(1)确定考察项目和考察地点；(2)考察前准备：搜集并整理地图、统计数据、历史记录等资料，老师对考察地作踏勘，对当地环境做到心中有数；(3)实地考察与走访；(4)撰写考察报告；(5)成果交流与展览。

2. 野外安全知识及应急对策

3. 小学生野外活动的组织策略

4. 案例介绍

5. 野外模拟实践与交流研讨

此阶段的培训重要的是验证野外活动计划可行性，通过练习、模拟和讨论交流等形式进行实践体验。

培训方式建议：

讲授课 2 课时，练习课 2 课时，实践 4 课时。

注意知识内容间的融合，还要注意理论与实践的结合。

培训资源：

1.《生物学野外实习》，鲍毅新著，浙江大学出版社出版。

2.《生物学野外实习课程》，暨南大学"创新项目"网络课程。

专题名称：教育科研方法

专题简要说明：

在前面培训的基础上，发展期教师可以根据筛选出的问题寻找理论背景，通过自己查询有关资料优选出针对问题的、新颖的理论内容。在培训班、教研组或学校，以非正式的学术论坛形式与同行进行交流。分享阶段性研究成果。

单元内容	课时建议	课程属性
小学科学教育科研方法与选题	16	专业限选
论文写作	40	专业限选

单元内容 1：小学科学教育科研方法与选题

培训目标：

1. 认同教育教学研究的意义。

2. 知道教育研究的特征和内容。

3. 知道生物教学研究的类型和基本步骤。

4. 掌握一些基本教学研究方法及研究成果的表达。

内容要点：

1. 认同教育教学研究的意义：研究即是一种活动过程。生物教学研究是随着生物学教育的普及而产生和发展的，是与生物学教育实践紧密联系的。根据目前小学科学教学现状和对教师专业发展需要，认同开展教育教学研究对促进教师专业发展的重要意义。

2. 教育研究的特征和内容：通过学习有关的理论或论著，知道教育研究的特征和内容。认同科学研究就是寻求问题解释、解决的过程。科学研究在任何领域都是由方法、理论和发现三者之间的相互作用来支撑的连续、严格的逻辑过程，它通过建立可检验的模型或理论的方法来理解事物。

3. 生物教学研究的类型和基本步骤：在知道教育研究的特征和内容的基础上，进一步了解生物教学研究有哪些基本类型，开展教学研究基本步骤。

4. 教学研究方法及研究成果的表达：根据研究要解决的问题和研究策略，教育教学研究可以分为历史研究、描述研究和实验研究。在此基础上，掌握一些最基本的教学研究方法及研究成果的表达。

培训方式建议：

以讲授为主，在讲授的过程中可以结合案例说明进行教育科研的一般方法；也可以组织教师们讨论，在中学可以开展哪些科研活动。

培训资源：

1.《中小学教师科研方法与论文写作》，王德胜主编，天津出版社出版。

2.《教育科研论文写作引导》，王工一编著，水利水电出版社出版。

单元内容 2：论文写作

培训目标：

掌握进行小学科学论文写作方法。

内容要点：

一线教师的论文的选题要直接指向教学实践，课题的研究成果要有助于提高教学质量或教学效率。目前，许多选题还要应对新课程所提出的挑战。举例说明：一个老师会想到"怎样提高学生的生物科学素养？"这个选题方向很好，但题目太大了。应该进一步明确要研究的任务，如，"如何提高学生的探究能力？"这个改进就使问题明确了许多，但研究的工作量还很大，还要进一步缩小研究的范围，如，"如何在课堂教学中培养学生提出问题的能力？"这个任务就更加明确，研究的思路和方法也更容易，选定研究成果的判定也会更加明确。这就是如何从一个最初的研究构想变成一个任务明确的研究选题的过程。一篇论文的基本要求就是要有自己的观点，同时要有尽可能多的证据支持自己的观点，这些证据可以包括两个方面：第一个也是最重要的一个，是自己在教育实践中所获得的证据，如，教学设计、课堂时间中的情况、学生的表现记录等；另一个方面是来自文献中的间接证据，也就是别人已有的研究成果。一个好的论文会有两个方面的证据，作为一般的教师工作，可以没有第二个证据，但是不能没有第一个证据。

培训方式建议：

建议采取学员课前准备科研选题和论文，教师课上结合理论进行点拨的方式，使学员在理论——实践——再理论——再实践的过程中学会撰写教育科研论文。

培训资源：

《生物学教育科研方法集》，刘铭、张文华主编，华东师范大学出版社出版。

四、小学科学教师（发展期）培训的课程实施建议

由于小学科学教师（发展期）已经从事小学科学 10 年以上，熟悉小学科学课程标准和教材，能从单元的角度理解小学科学学科的概念和教材，具备一定的教学经验，因此在课程实施中要将理论学习与学员的教学实践结合起来，将专题讲座与交流研讨结合起来，充分发挥学员的主体作用。

要注重培训方式的研讨与产出，通过案例分析、情境创建、小组讨论、跟踪指导、交流互评等多种方式开展培训，保证培训后形成具有一定推广性的研究成果。

授课教师要为学员提供学习讲义、参考资料等资源并为学员搭建经验分享平台，为学员的后续学习提供有效支持。

五、评价建议

采取定性与定量评价相结合、学员与专家评价相结合、即时与后续评价相结合、自评与他评相结合的多种评价方式，对学员的学习情况进行评价。

第五套 小学科学教师(创造期)培训课程指南

一、小学科学教师(创造期)的特征与培训目标

小学科学教师(创造期)包括北京市认定的小学科学学科带头人和骨干教师以及其他一些在小学科学教育教学领域具有影响力的教师。他们的学科基础理论和技能扎实,对小学科学课程标准和学科内容理解,精通教材。有教学经验和教学研究成果,但研究成果不系统,需要找到一个途径使自己的研究系统化,提升自己的专业化发展能力,另外教师间缺乏深层次交流,没有形成比较明显的群体优势,示范引领作用没有充分发挥。需要在形成研修共同体的基础上进行个性化的研修培训,将实践和研究结合起来,在交流和发挥作用中激发继续成长和主动思考的动力,形成具有一定教学领导力的教学研究型的骨干教师团队。

培训目标:

1. 提高对学科本质和学科思想的理解。
2. 理解教材内容的教育价值,引导他们总结教学经验。
3. 提升教学改革能力和教学领导力。
4. 发挥辐射作用,带动其他教师的成长。

二、小学科学教师(创造期)培训的课程体系结构及说明

问题模块	专题构成		单元内容	课程属性	课程形态	课时建议
	名称	总学时				
小学科学教师(创造期)应具备哪些相关的素养?	小学科学教师的艺术素养	8	科学审美观的养成	专任	讲座＋案例分析	8
小学科学教师(创造期)如何理解科学本质和科学思想?	科学热点及前沿问题	24	科学热点及前沿问题	专任	讲座＋案例分析	24
	学科思想、科学主题与核心概念	40	科学主题视野下的小学科学核心概念体系的建构	专任	讲座＋研讨＋实践	16
			科学思想史	专必	讲座＋研讨	24

问题模块	专题构成		单元内容	课程属性	课程形态	课时建议
	名称	总学时				
小学科学教师（创造期）应该具有怎样的学科教学技能？	学科教学知识	24	基于 PCK 的教学实践诊断	专必	讲座＋案例分析	24
	教学设计技能	24	教材内容及其教育价值的分析	专必	讲座＋案例分析	24
	教学评价技能及其价值取向	16	小学科学课堂教学评价技能的理论及价值取向	专限	讲座＋研讨	16
	野外考察技能	8	独立进行野外考察的设计、组织与实施	专任	实践＋讲解	8
小学科学教师（创造期）的专业发展路径是什么？	教育科研方法	72	小学科学教育科研方法及其价值取向	专必	讲座＋研讨	16
			论文写作专题训练	专必	讲座＋研讨＋实践	56

注：课程属性中"专必"为专业必修；"专限"为专业限选；"专任"为专业任选。

三、小学科学教师（创造期）培训的课程说明

专题名称：小学科学教师的艺术素养

专题简要说明：

对创造期的小学科学教师，以学习《艺术素养》主题下的"科学审美观的养成"为课程主要内容。通过学习学员能够对一节课的教学设计有目的的渗入美学理念，并通过课堂教学实践将这种理念有效传递给学生。

单元内容：科学审美观的养成

培训目标：

1. 用审美理念编写科学课的教案。

2. 将审美理念在科学课堂上有效实施。

3. 用审美眼光评价一节课的成败。

内容要点：

基础教育肩负着提高文化品位和审美情趣，培养学生高尚的道德和健康的审美情趣的重要任务。学员要充分意识到：审美观就是人识别美、欣赏美、评价美、创造美的能力。形成审美观的基本条件是审美感知。没有审美感知就没有审美能力，没有审美能力便没有审美活动。审美活动既是主体发现、发掘审美对象的美的素质的过程，也是主体内心品赏、评价美的对象或对象的美，体验美在自身反映的过程。审美感知并不是天生就有的，而是在有意或无意的审美实践活动中发展起来。创造期的教师在同行中有一定的影响，更应该以审美的视角来欣赏一节课，设计一节课，这样才能激励和引领年轻教师的专业发展。本单元内容包括：

1. 科学审美的内涵

2. 融入审美原理的教学设计

3. 追踪听课，好课欣赏

培训方式建议：

在前面一系列的培训讲座之后，本阶段的学员需要将理论有效地转化为课堂教学实践，因此可以适时组织听课互评、观课、指导教师点评的方式，达到学以致用的目的。

培训资源：

1.《美学》，黑格尔著，薛富兴导读，天津人民出版社出版。

2.《美学原理》，王旭晓著，上海人民出版社出版。

专题名称：科学热点及前沿问题

专题简要说明：

科学教育既要解决一个人能自如地融入现代社会生活，能驾驭和享受各种高新科技的成果，具有使用日常科技新产品，参与科技新技术的能力；又要有科学创造与发明的能力，能参与各种有意义的科技问题的研究与探索，为科学技术的发展做贡献；还要有正确认识科学技术与社会发展关系的意识与观点，能积极参与各种科学技术与社会有关问题的讨论与行动，如环保、人口、健康、科普等。对有损于人类与社会健康发展的有关科学技术的种种负面效应能自觉抵制，正确对待科技发展与社会进步的关系。要实现上述目的，小学科学教育的内容当然要符合科学技术发展的趋势，站在当代科技发展的最前沿，把一些最新的科技发现与发明的成果融入小学科学教学之中，本专题帮助教师跟踪科学的前沿进展，改变自己已有的知识结构，以适应新形势的要求。

单元内容：科学热点及前沿问题

培训目标：

1. 了解目前国际国内科学与技术的现状及发展趋势，更新自身知识结构。

2. 加强科学思想、科学方法和科学精神的启迪，提高学员提出问题、分析问题和解决问题的能力。

内容要点：

1. 现代生物学与生物技术

DNA 与遗传的概念、现代生物技术与传统生物技术的联系与区别、基因工程的概念及其应用。

2. 现代化学与新材料技术

新型金属材料、陶瓷材料、高分子材料三大工程材料的最新进展情况，陶瓷的分类，高温超导材料的主要发展方向，复合材料的特点及分类，材料科学与工程的发展方向。

3. 能源新技术

能源的概念及其特点，能源的分类，能源及其能源技术，核能的概念，核聚变和核裂变及核电站的一些重要技术，知道二次核电站事故，太阳能新技术及一些节能新技术。

4. 计算机科学与现代信息技术

现代信息技术的主要内容及其与人类的关系，几种新颖的现代信息业务，电信网的分类方式，卫星通信系统的组成，未来电信技术的发展趋势。

5. 现代宇宙学与空间技术

宇宙概观与人类宇宙观的演变，大爆炸宇宙学、宇宙的演化与未来，星系、恒星、太阳系的特征和演化，地球的特征和演化，空间技术的发展与人类对宇宙的探索。

培训方式建议：

采取课堂讲授、讨论，多媒体课件的应用、科教影像资料的穿插播演等方式，以激发学员的学习兴趣并增强课堂教学容量。

本课程可采用自学和辅导相结合的方式实施教学。教师对涉及学科基本概念、原理知识进行重点辅导，以小组讨论、提供参考资料等形式，组织教学，激发学员的自觉性、积极性，提高学员的自学能力。注重科学与技术前沿与当前社会热点问题的联系，激发学生学习科学的兴趣，建立科学的思维方式，树立创新意识，提高科学素养。

培训资源：

《陈阅增普通生物学》，吴湘玉主编，高等教育出版社出版。

专题名称：学科思想、科学主题与核心概念

专题简要说明：

本专题是在学习了科学主题与核心概念的基础上，对学科本质和学科思想的进一步认识。本专题引导创造期的教师构建一个反映内在发展逻辑、符合学生认知规律的小学科学核心概念、思想方法结构体系，并使核心概念、思想方法在课堂中得到落实，以此促进他们教学水平有更大的提升。

单元内容	课时建议	课程属性
科学主题视野下的小学科学核心概念体系的建构	16	专业任选
科学思想史	24	专业必修

单元内容 1：科学主题视野下的小学科学核心概念体系的建构

培训目标：

改变审视教材的视角，以统摄自然科学的主题与核心概念来重新认识学科知识与方法，领悟综合的基础与方法，建立起科学主题视野下的小学科学核心概念体系。

内容要点：

科学主题与核心概念概述；六个科学主题（能量、演化、变化的形式、尺度与结构、稳定性、系统与相互作用）介绍；在科学主题视野下以课标及教材为依据从物质科学、生命科学、地球科学方面分别对小学科学核心概念和思想方法体系进行建构，同时使这些核心概念和思想方法体系在教学中得到落实。

培训方式建议：

采取讲授、分组研讨等方式进行教学。

培训资源：

1.《探究——小学科学教学的思想、观点与策略》，美国国家科学基金会教育与人力资源部中小学教育及校外教育处，人民教育出版社出版。

2.《科学主题与核心概念》，贾晓春主编，东北师范大学出版社出版。

单元内容 2：科学思想史

培训目标：

1. 了解科学思想史研究的对象、内容、目的和在思想史研究中的地位。

2. 掌握人类探索自然的历程中科学思想演化和发展的基本过程。

3. 了解科学思想史研究的基本方法。

内容要点：

1. 古代的科学思想

科学的发生、古代的宇宙理论、物质观、亚里士多德的思想、地理学思想、医学生理学思想、中世纪的中国科学和欧洲科学、古代科学思想的基本特征。

2.16～18 世纪的科学思想

天文学的发展（哥白尼、开普勒）、伽利略、牛顿的科学思想、近现代化学的建立、17～18 世纪的电学思想、17～18 世纪的生物学思想、16～18 世纪科学思想的基本特征。

3.19 世纪的科学思想

物理学的发展、法拉第与麦克斯韦的电磁学理论、近现代化学的发展、达尔文的物种进化论、生命科学的进展、19 世纪科学思想的基本特征。

4.20 世纪的科学思想

量子力学理论思想的发展、爱因斯坦的相对论、现代宇宙学、从大陆漂移说到板块构造学说、分子生物学的发展、探索复杂性的道路、追求统一的历程、20 世纪科学思想的基本特征。

培训方式建议：

采取讲授、练习、实践等方式结合起来进行教学。

1. 教学时应注重于历史上科学概念及其基础的诠释，注重于这些概念及其系统的演变等。

2. 史论结合。在教学过程中，重在从整个人类历史发展历程的角度认识科学方法论思想的演变过程，使学员了解科学传统、科学精神、科学方法的成长过程及其曲折性，以及科学方法创新与科学精神价值对科学发展的影响等内容。

3. 教学过程中力图把科学精神教育和人文精神教育融为一体，把握科学精神与人文精神的统一。

培训资源：

《概念转变的科学教学》，蔡铁权、姜旭英、胡玫著，科学教育丛书出版社出版。

专题名称：学科教学知识

专题简要说明：

众多研究者研究表明：专家和新手的最大差别在于 PCK。PCK 是学科教学知识或教学内容知识（Pedagogical Content Knowledge）的简称。专家的共同特点在于他们知道学科中最有价值的知识是什么；知道这些知识之间的联系；了解学生可能出现的问题；具备帮助学生解决问题的策略。

对小学科学教师（创造期），通过基于 PCK 的教学实践诊断研修活动，突破小学科学教师自身对学科知识的理解这个"瓶颈"，提高自身学科教学知识水平，并发挥骨干教师的辐射作用，促进其他科学教师学科教学知识水平的提升。

单元内容：基于 PCK 的教学实践诊断

培训目标：

1. 了解 PCK 的内涵和意义。

2. 能运用 PCK 理论框架进行文本分析和教学实践诊断。

3. 能运用 PCK 理论进行教学设计，并实施该教学设计。

内容要点：

1. 小学科学教师的 PCK

PCK 的要点是：第一，教师必须拥有所教学科的具体知识，即事实、概念、规律、原理等；第二，教师应具有将自己拥有的学科知识转化成易于学生理解的表征形式的知识。

我们认为，PCK 的内涵包括以下四个方面：

(1)学科中最核心的内容及其教育价值；(2)这些内容之间的联系；

(3)学生在学习这些内容时可能出现的问题；(4)帮助学生学会的教学策略。

2. PCK 的运用

(1)运用 PCK 理论框架进行小学科学课堂教学设计；（2）运用 PCK 理论框架进行文本分析和教学实践诊断。

培训方式建议：

教学中应以讲座(含小组讨论、案例研究)、课例研修(含教学实施、教学观摩与分析)等形式组织教学，激发学员的积极性、创造性，提高学员的学科教学知识水平。

通过讲座介绍小学科学教师的 PCK 及其运用，使学员了解 PCK 的内涵、意义及其教学实践诊断策略和手段；通过基于模块内容的专题研修和基于课堂教学实践的课例研究，使学员能够运用所学的 PCK 相关理论分析具体模块内容学科最有价值的知识、知识之间的联系，并基于实践教学环节了解学生可能出现的问题，据此设计帮助学生解决问题的策略，并进行教学实施。

培训资源：

1.《新课程学科发展性评估——科学》，张素娟著，首都师范大学出版社出版。

2.《走向发展性课程评价——谈新课程的评价改革》，周卫勇主编，北京大学出版社出版。

专题名称：教学设计技能

专题简要说明：

本专题的主要对象是市级评定的学科带头人和骨干教师。学员已经具有多方面进行教学设计的能力。本课程是让学员学会对教材进行分析，并体会教材编写者的编写意图。学会从多方面修改并完善教材，进行教学设计，并将这些设计推广的其他教师，对普通教师起到引领作用。

单元内容：教材内容及其教育价值的分析

培训目标：

1. 学会根据课标分析教材，并体会教材编写者的意图。

2. 训练指导一般教师进行教学设计的能力。

内容要点：

1. 理解《小学科学课程标准》的含义

2. 熟悉科学主题的基本内容

3. 对相关教材教学具体分析

4. 学习指导教学设计的方法

5. 指导非骨干教师进行教学设计并展示推广

培训方式建议：

本单元内容在 24 课时内完成，其中理论学习 4 课时，教学实践 10 课时，推广展示 10 课时。

本单元内容以理论学习和教学实践相结合、专家指导和骨干引领共存的原则进行。通过理论学习和教学实践，分析教材并写相关的教学设计，并考虑学生的特点及学科内容去实践自己的教学设计，通过专家指导和同伴研讨，实践并推广教学设计，最终达到提高学生科学素养的目的。

培训资源：

1.《教育心理学》，陈琦、刘儒德主编，高等教育出版社出版。

2.《概念转变的科学教学》，蔡铁权、姜旭英、胡玫著，科学教育丛书出版社出版。

专题名称：教学评价技能及其价值取向

专题简要说明：

对创造期的小学科学教师，培训的核心任务是帮助他们在提炼教学经验，通过学科教学技能的反思促进专业发展。教学评价技能是学科教学技能的主要组成部分，该课程的学习，帮助创造期学员理解新型教学评价方式及其价值取向，理解小学科学教学评价内容的多元化和小学科学教学评价方式的多样化。

单元内容：小学科学课堂教学评价技能的理论及价值取向

培训目标：

1. 了解现代教育教学评价制度的发展历程及价值取向。

2. 通过透视新课程小学科学教学评价，能辨析传统评价的误区。

3. 尝试开发一些小学科学课堂教学评价工具。

内容要点：

1. 运用案例分析的方式学习现代教育教学评价制度的发展历程及其价值取向

2. 新课程小学科学教学评价的历史反思与现实透视

3. 新课程小学科学教学评价的理性分析与方法透视

4. 新课程小学科学教学评价的理性分析和方法设计

5. 新课程小学科学教学评价工具的开发

培训方式建议：

教学中应贯彻理论和教学实践相结合的原则，用案例分析的方法，以课堂讲授、小组讨论、实际操作和案例研讨等形式组织教学，激发学员的自觉性、积极性，提高学员的自主学习能力。建议理论讲授 4 课时，课堂交流 4 课时，小组研讨、实际操作与案例分析 8 课时。

培训资源：

《走进中小学科学课——建构主义教学方法》，［美］大卫·杰纳·马丁著，长春出版社出版。

专题名称：野外考察技能

专题简要说明：

创造期的小学科学教师在野外考察技能方面主要是借助野外考察获得研究数据和证据，同时带领团队一起进行野外考察的实践活动。这个时期的教师培训主要针对科研与科学实验检验的研究，在教学中加强教师对学科知识的独立性考察和科学研究之间关系的内容。因此将本专题的单元内容确定为独立进行课外考察设计、组织和实施。

单元内容：独立进行野外考察的设计、组织与实施

培训目标：

1. 学会结合教学内容，制定野外科研考察设计。

2. 能够根据研究需求组织考察团队。

3. 能够按照计划顺利实施野外科研考察。

4. 学会利用考察进行教学研究。

内容要点：

科学研究是这个阶段的教师的重要工作之一，野外考察是科研的重要

手段。此阶段的培训不能停留在掌握理论的层次，重要的是验证野外考察计划与科研相关性和野外考察计划可行性，通过练习、模拟和讨论交流等形式进行实践体验。选择好观察手段，制订观察计划，组建科学研究的团队，保障野外考察研究的实施和预期成果等，是独立野外考察面临的要解决的问题。骨干教师正确处理好这些问题，才能发挥带动学科带头人的作用，撰写的观察研究报告，对教育实践提出有意义的建议。内容包括：

1. 科学研究与野外考察的联系

（1）科学研究的方法与类型；（2）野外考察论证与结果分析。

2. 科学研究的团队的人员组成

3. 野外考察研究的实施保障

4. 成功案例的介绍

5. 野外实践与交流研讨

培训方式建议：

讲授课 2 课时，练习课 2 课时，实践 4 课时。

注意知识的融合，注意实践体验。

培训资源：

1.《生物学野外实习》，鲍毅新著，浙江大学出版社出版。

2.《新课标下如何开展生物课外活动初探》，中国期刊网。

专题名称：教育科研方法

专题简要说明：

对创造期的小学科学教师，将自己的基于教学经验进行理论提升即进行教育教学研究是专业持续发展的一条必经之路。本专题继续对小学科学教师（创造期）的教育研究方法进行学习训练，以此促进他们的继续成长。

单元内容	课时建议	课程属性
小学科学教育科研方法及其价值取向	16	专业必修
论文写作专题训练	56	专业必修

单元内容 1：小学科学教育科研方法及其价值取向

培训目标：

1. 了解创造期教师进行教育教学研究的价值取向。

2. 掌握创造期教师进行教育教学研究的路径和方法。

内容要点：

创造期教师要走出教学的"去研究化"和教师研究的"去教学化"误区，要将多年的教学经验与研究结合起来，将理论与实践结合起来，只有两者的辩证运动才能推动创造期教师研究乃至教师的专业发展。因此，让教学和研究相互促进，即"教研相长"是创造期教师研究应然的价值取向。遵循"教研相长"的价值取向。我们要从研究对象、研究视角与方法等多维视角对教师研究给予再认识，走"在教学中研究"之路。本单元内容包括创造期教师进行教育教学研究的价值取向、创造期教师进行教育教学研究的路径和方法两个内容。

培训方式建议：

在前面一系列的培训讲座之后，本阶段的学员需要将理论有效地转化为实践，因此可以适时将有关主题的研究课题的写作成果整理、指导教师团队评阅，并将成果汇集成册。教学方法除必要的讲座外，以自主学习和自我教育为主。

培训资源：

1.《教育科研方法》，周家骥主编，上海教育出版社出版。

2.《生物教育科研概论：研究的内容方法与写作》，胡继飞、陈学梅著，浙江大学出版社出版。

单元内容2：论文写作专题训练

培训目标：

1. 了解教育科研论文的特点及教育科研论文的类型。

2. 掌握教育科研论文的规范格式和要求。

3. 能规范、有质量地完成一篇教育科研论文。

内容要点：

本单元内容对创造期学员进行关于论文写作的专题训练，内容包括：

1. 教育科研论文的特点：教育论文应较系统和专门地讨论与研究教育科学领域中某种现象或问题，思考和动笔都是从科学研究这个目的出发的，比一般论说文更富理论色彩和专门性。它涉及的范围较广，在教育科学这个辽阔的领域中，站在一定的理论高度观察和分析有重要价值的现象和问题。它不像一般论说文那样，可以就具体事件议论得失，评定是非。它的生命力及其价值，是在于科学研究的新成果，内容上的创新意义。它比一般论说文更强调新意（即新见解、新成果、新思想）。

2. 教育科研论文的类型及各个类型的规范格式。

3. 论文写作各个环节的专题训练。

4. 论文写作的实践。

培训方式建议：

本单元内容以实际操作和指导为主，理论讲授为辅的方式进行教学。

培训资源：

《生物科学文献信息获取与论文写作》，蒋悟生著，高等教育出版社出版。

四、小学科学教师（创造期）培训的课程实施建议

小学科学教师（创造期）基本都是市级学科带头人或者学科骨干教师，具备丰富的教学经验和扎实的教学功底，并且对小学科学教学形成了自己独到的见解，不仅能在自己的课堂教学中很好实施，同时能较好地发挥名师带头作用和影响力，让身边更多的教师同仁一起成长和发展。

创造期教师的基础很好，对他们的培训不能仅仅局限于提高课堂质量，在培训课程设置前一定要认真，谨慎调研他们的真正需求和想法，这样在培训过程中才能有的放矢的高质量进行。要注重培训方式的创新，采取案例式、参与式、情境式等多种培训方式开展培训，增强培训的吸引力和感染力。

作为培训者，我们还要关注到每个骨干学员的优势，给学员提供共同研讨共同学习的平台和机会，让大家充分展示自己的优点和想法，这样有助于骨干教师们在头脑风暴中寻求自己需要的资源。

五、评价建议

采取定性与定量评价相结合、学员与专家评价相结合、即时与后续评价相结合、自评与他评相结合的多种评价方式，对学员的学习情况进行评价。

第二部分　初中生物教师培训课程指南

第一套　初中生物教师(适应期)培训课程指南

一、初中生物教师(适应期)的特征与培训目标

初中生物教师(适应期)是指本学科教龄在 3 年以下的初中生物教师。由于他们刚参加生物学的教学工作,对在生物教学中怎样贯彻育人为本的教育思想和素质教育的理念理解不够透彻,对初中生物的课程标准(以下简称课标)和教材都不够熟悉,不熟悉初中生物的课堂教学的基本方法,不熟悉初中生物教学中基本的实验教学技能,没有进行初中生物教学研究的经验和意识,对自己的专业发展方向还不够清晰。但是他们有学习的热情和学习的积极性,可塑性强。因此,该阶段培训的核心任务是帮助他们尽快进入角色,奠定坚实的发展基础。本期培训的侧重点是生物学科教学知识以及生物学科教学技能。

培训目标:

1. 明确育人为本的教育思想和素质教育的理念。

2. 明确课标的要求,能正确理解和把握课标的要求。

3. 学会分析初中生物教材内容,能分析初中生物教材所涉及的一般概念和重要概念。

4. 在教学设计时能关注到学生的学习基础,学习怎样分析学情。

5. 初步掌握教学设计的一般过程,能独立撰写教学设计。

6. 初步掌握针对初中学生的教学方法,能进行常规的教学。

二、初中生物教师(适应期)培训的课程体系结构及说明

问题模块	专题构成		单元内容	课程属性	课程形态	课时建议
	名称	总学时				
怎样在初中生物教学中贯彻育人为本的教育思想和素质教育理念?	初中生物教师的师德规范及教育理念	12	初中生物教师的师德规范	专任	讲座	4
			初中生物教学中育人为本的教育思想内涵	专任	讲座	4
			初中生物教学中落实素质教育理念的方法和途径	专任	讲座＋案例分析	4
初中生物教材包括哪些内容?	初中生物教学知识解析	100	初中生物课程的发展与演变	专任	讲座＋案例	4
			初中生物课程标准的解读	专限	讲座＋行动研究	12
			初中生物教材内容分析	专必	讲座＋案例分析＋小组讨论	60
			生物学科基础知识难点解析	专限	讲座＋网络交流	24
初中生物有哪些教育方法?	初中学生的学习特点与教育方法分析	20	初中生物教学中学情分析	专任	讲座＋案例分析	4
			建构主义理论与初中生物教学	专任	讲座＋网络交流	8
			初中生物学教育方法概述	专限	讲座＋案例分析	8

续表

问题模块	专题构成		单元内容	课程属性	课程形态	课时建议
	名称	总学时				
初中生物有效的教学技能有哪些？	初中生物教学特点及教学技能	108	初中生物学教学特点概述	专限	分组研讨＋集中汇报	4
			初中生物学教学设计技能解析	专必	实践＋诊断＋讲座	24
			初中生物学教学实施技能解析	专必	实践＋诊断＋讲座	44
			初中生物学教学评价技能解析	专限	实践＋诊断＋讲座	12
			初中生物学实验操作技能解析	专任	实践＋讲座	16
			生物学课外（野外）考察技能解析	专任	实践	8

注：课程属性中"专必"为专业必修；"专限"为专业限选；"专任"为专业任选。

三、初中生物教师(适应期)培训的课程说明

专题名称：初中生物教师的师德规范及教育理念

专题简要说明：

"学高为师，身正为范"，良好的职业道德是教师职业活动最基本的要求。教师队伍师德素养的高低，直接关系到素质教育的顺利实施，直接关系到青少年的身心健康，直接关系到全面建设小康社会和中华民族伟大复兴宏伟目标的实现，直接关系到祖国的未来。培训是否达成目标还需要学员在促进学生增长知识，引导学生成长进步的教育教学实践中不断内化和认同。

本专题下设三个单元内容：初中生物教师的师德规范、初中生物教学中育人为本的教育思想内涵、初中生物教学中落实素质教育理念的方法和途径。

单元内容	课时建议	课程属性
初中生物教师的师德规范	4	专业任选
初中生物教学中育人为本的教育思想内涵	4	专业任选
初中生物教学中落实素质教育理念的方法和途径	4	专业任选

单元内容1：初中生物教师的师德规范

培训目标：

1. 知道教师的师德规范。

2. 理解强化生物教师的师德规范的重要性。

内容要点：

1. 师德规范修改的内容

学习《中共中央关于加强社会主义精神文明建设若干重要问题的决议》、《中共中央关于进一步加强和改进学校德育工作的若干意见》和《中华人民共和国教师法》，了解1991年国家教委和全国教育工会联合颁发的《中小学教师职业道德规范》的修订内容。

2. 教师的师德规范

师德规范包括：爱国守法，爱岗敬业，教书育人，为人师表，终身学习。每项师德规范强调了教师职业的特殊性，作为教师应深入了解师德规范的内涵。

3. 师德规范的重要性

教师是从事教育的，要服务于人的发展和成长。因此教师师德规范的水平，决定着教育的质量。让学员明确强调师德规范的重要性，有意识地在教育教学中，在与学生接触中，贯彻师德规范的要求，追求高质量有实效的教育教学活动。

培训方式建议：

本单元内容以理论讲授为主，在理论讲授的同时建议用案例做支撑，适当安排学员之间的交流。

培训资源：

《给教师的100条建议》，苏霍姆林斯基著，北京师范大学出版社出版。

单元内容2：初中生物教学中育人为本的教育思想内涵

培训目标：

1. 知道育人为本教育思想的内涵。

2. 理解在生物教学中落实育人为本教育思想的意义。

内容要点：

1. 育人为本的教育思想及其内涵

《国家中长期教育改革和发展规划纲要（2010—2020 年）》（简称《教育规划纲要》）是 21 世纪我国第一个中长期教育改革和发展规划，是今后一个时期指导全国教育改革和发展的纲领性文件。国家中长期教育规划纲要突出"育人为本"的根本要求，把提高质量作为教育发展改革的核心任务。

"育人为本"是教育的生命和灵魂，是教育的本质要求和价值诉求。育人为本的教育思想，要求教育不仅要关注人的当前发展，还要关注人的长远发展，更要关注人的全面发展；不仅要关注被育之人、育人之人，还要关注所服务之对象——国家和人民，为国家服务、为人民服务，不断满足国家和人民群众的需要。

"育人为本"教育思想的内涵包括：坚持以人为本，全面实施素质教育；坚持以人的全面进步和发展为本；坚持以满足人民群众的需要为本；关注人人接受教育机会的公平性；满足每个人接受教育的个性需要和期望。

2. 落实"育人为本"教育思想的意义

教师要意识到教育是民族振兴、社会进步的基石，是提高国民素质、促进人的全面发展的根本途径，寄托着亿万家庭对美好生活的期盼。强国必先强教。中国未来发展、中华民族伟大复兴，关键靠人才，基础在教育。教师要明确国家制定并实施《教育规划纲要》，优先发展教育，提高教育现代化水平，对满足人民群众接受良好教育需求，实现全面建设小康社会奋斗目标，建设富强、民主、文明、和谐的社会主义现代化国家具有决定性意义。

培训方式建议：

本单元内容主要以讲授为主，在讲授中穿插案例分析并以具体问题解决的形式与学员互动交流。

培训资源：

1. 初中生物学课堂教学中思想素质教育浅谈，李为民，《教师》，2009年第 11 期。

2.《是什么让教师不断进步》，［美］玛丽·伦克·贾隆格等著，张涛译，中国青年出版社出版。

单元内容 3：初中生物教学中落实素质教育理念的方法和途径

培训目标：

1. 了解素质教育。

2. 知道落实素质教育理念的价值。

3. 理解初中生物教学中落实素质教育理念的方法和途径。

内容要点：

1. 什么是素质教育

学员要明确素质教育是指一种以提高受教育者诸方面素质为目标的教育模式，它重视人的思想道德素质、能力培养、个性发展、身体健康和心理健康教育。而且要知道素质教育区别于应试教育的特点。

2. 如何落实素质教育理念

素质教育最根本的要求是让学生在德、智、体、美、劳等方面全面发展。新中国成立以来，党和政府历来都高度重视教育、特别强调要全面提高学生综合素质。学员要知道 1999 年 6 月，党中央和国务院召开了改革开放以来第三次全国教育工作会议，发布了一个纲领性文件《关于深化教育改革全面推进素质教育的决定》，把全面推进素质教育作为迎接新世纪教育工作的战略重点，把提高创新能力摆到了关系民族复兴和国家兴旺的重要位置。

3. 初中生物教学中落实素质教育理念的方法和途径

学员要结合素质教育实施的具体情况，对应试教育的局面仍没有得到根本改观的现实有深刻认识，对教学中以重复训练、低效劳动为主要特征的学生过重的课业负担，影响素质教育的实施，有改进的意愿。

在生物课程标准中明确提出了："面向全体学生，提高生物科学素养，倡导探究性学习"的课程理念，与素质教育理念相吻合。因此，通过探讨有效的教学策略达到实施生物课程落实素质教育理念的目标。

培训方式建议：

本单元以具体的生物教学案例研究为主，在案例分析中使学员体会怎样在生物教学中落实素质教育的理念。

培训资源：

1.《我不原谅：一个"90 后"对中国教育的批评和反思》，钟道然著，三联书店出版。

2. 谈初中生物教学实施素质教育的途径，杨业发，《学周刊》，2011 年第 8 期。

专题名称：初中生物教学知识解析

专题简要说明：

在中国初中生物课程的设立经历了从无到有的过程，是从国外引进到逐渐本土化。因此让学员了解我国初中生物课程的发展历程，能够帮助他们深刻理解生物课程改革的意义。生物课程标准的学习是深入分析把握生物教材的基础，而学员坚实的生物学科基础知识，是实施生物课程的前提条件。

本专题下设四个单元内容：初中生物课程的发展与演变、初中生物课程标准的解读、初中生物教材内容分析、生物学科基础知识难点解析。

单元内容	课时建议	课程属性
初中生物课程的发展与演变	4	专业任选
初中生物课程标准的解读	12	专业限选
初中生物教材内容分析	60	专业必修
生物学科基础知识难点解析	24	专业限选

单元内容 1：初中生物课程的发展与演变

培训目标：

1. 了解我国初中生物课程的发展与演变。

2. 知道初中生物重要概念的变化与发展。

内容要点：

1. 初中生物课程的发展与演变

通过介绍生物课程在我国的发展过程，让学员了解到生物课程是从外国引入的课程。虽然我们的祖先在认识、利用动物、植物方面都有很多的积累，但是没有形成生物学的体系，随着外来生物课程的引入，我国才逐渐有了义务教育阶段的生物课程，特别是基础教育课程改革后，生物课程更是成为义务教育阶段不可或缺的科学课程之一。本部分教学要引导学员从生物课程发展史的角度认识在我国建设和完善生物课程的重要性。

2. 初中生物重要概念的变化

首先要让学员通过梳理我国的主要生物课程教材，了解初中生物课程中重要的概念有哪些。随着教育的发展、社会的进步、生命科学的进展，生物课程中的重要概念是怎样变化和发展的。使学员能够站在生物科学发展变化的基础上，把握初中生物课程的知识体系，以及重要概念在构建生物知识体系中的作用。

培训方式建议：

以文献研究和专题讲座为主。

培训资源：

1.《新课程实验教材精粹选评——生物卷》，教育部基础教育教材审定工作办公室编，人民教育出版社出版。

2. 生物学概念的教学，蒋建财，教学月刊（中学版），2002 年第 21 期。

单元内容 2：初中生物课程标准的解读

培训目标：

1. 了解我国生物教学大纲到现行生物课程标准的发展过程。

2. 理解生物课程课标的理念，并尝试在教学中应用。

内容要点：

1. 生物课程标准的内容

通过本内容的学习让学员了解到：生物课程标准是在知识、能力、态度等方面体现国家对学生在基础教育阶段学习生物学的基本要求；在生物课程内容的选择上体现基础性，有助于学生的终生发展，反映现代化与时代发展的要求，加强课程的综合化以及生物课程与学生现实生活的联系；生物课程标准的制定根据学习者的心理发展规律，有助于发展学习者的理解力和形成积极的学习态度；指导建立起促进学生发展的评价体系，有利于教师遵循教育的规律开展教育教学活动。

2. 生物课程标准与生物教学大纲的区别

生物教学大纲是在我国基础教育改革前指导生物教学的国家纲领性文件。生物课程标准是我国的课程专家在研究了西方发达国家的科学教育标准后结合我国生物教学的实际情况制定的生物教学标准，课程理念、课程目标及课程内容都发生了巨大的变化，学员要了解生物课程标准在课程理念、课程目标及课程内容上发生改变的原因。

3. 生物课程标准倡导的理念以及在生物教学中的应用

学员要全面研读生物课程标准，理解生物课程标准倡导"面向全体学生、提高生物科学素养、倡导探究性学习"理念的内涵，并尝试在生物教学中将生物课程标准倡导的理念转变为具体的教学行为。

培训方式建议：

以主题讲座与讨论交流为主。

培训资源：

1.《初中生物教学大纲研究》，伍贤进，《中学生物教学》，1995 年第 6 期。

2.《生物教育展望》，陆建身主编，华东师范大学出版社出版。

3.《生物学教学论》，张迎春、汪忠主编，陕西师范大学出版社出版。

单元内容 3：初中生物教材内容分析

培训目标：

1. 了解初中生物教材的编写意图及特点。

2. 知道初中生物知识内容。

3. 理解初中生物教材单元内容的特点，完成章节教学设计并在教学实践中完善教学设计。

内容要点：

1. 初中生物教材的编写意图及特点

初中生物教材是根据义务教育生物课程标准的设计思路而研制的。通过本课学习学员要了解到生物教材的编写要全面贯彻落实生物课程标准倡导的"面向全体学生、提高生物科学素养、倡导探究性学习"理念，促进生物课程目标的达成，有利于转变学生的学习方式。

2. 初中生物知识内容

初中生物课程标准在确定内容标准时，从学生发展需求、社会需求和生物科学发展三个方面考虑，生物课程确定了十个主题。应该让学员了解初中生物的知识体系是围绕"人与生物圈"的主线，突出生物圈中作用最大的两类生物：人和植物，以生物体的结构层次、生态系统、生物圈中的其他生物等内容构建起来的，其中包括了生物科学的研究方法、生物技术内容。

3. 初中生物每册教材的单元内容及特点以及章节教学设计应注意的问题

学员通过研究所使用的初中生物教材，明确每册教材中各个单元的内容，了解单元内容的特点，以便在进行教学设计时能够选择合适的教学内容。在进行章节教学设计时，学员能够依据生物课程标准中具体内容标准的要求，确定每个章节的教学目标及教学的重点难点，围绕教学目标选择教学内容及教学策略，运用适当的现代信息技术辅助教学，促进教学目标的达成，增强教学的有效性。

培训方式建议：

主要采用讲座与主题教学研究的方式，增强学员的教学实施能力。

培训资源：

1.《生物新课程教学设计与案例》，王永胜主编，高等教育出版社出版。

2. 初中生物教学案例，汪津洲，《中学生物学》，2010 年第 6 期。

3.《中学生物学新课程重点教学案例设计与分析》，孙敏、雷静主编，西南师范大学出版社出版。

单元内容 4：生物学科基础知识难点解析

培训目标：

1. 了解初中学生学习生物学基础知识的主要困难。

2. 掌握初中生物学基础知识中的难点内容。

内容要点：

1. 在生物课程的实施过程中，由于学生心智发展的特点，他们会在生物课程学习中遇到很多困难。为适应生物课程教学的需要，为满足学生成长发展的需要，学员要通过本单元的学习了解初中生物课程中的难点内容。

2. 在初中生物教学中，学员应掌握初中生物课程涉及的生物科学的各个领域基础知识，包括生态学、细胞学、植物学、动物学等内容。从初中学生学习特点及生物教材出发，围绕难点内容进行深化与拓展，以使学员能深刻理解难点内容，并能深入浅出地驾驭难点内容的教学。

培训方式建议：

采取讲座与研讨的培训方式。

培训资源：

1.《科学过程技能》，胡玉华主编，首都师范大学出版社出版。

2.《名师大讲堂——理化生》，胡玉华主编，北京教育出版社出版。

3. 陈阅增普通生物学（第3版），吴相钰、陈守良、葛明德著，高等教育出版社出版。

专题名称：初中学生的学习特点与教育方法分析

专题简要说明：

学科教学的目的是挖掘受教育者的潜能，开发智力，使他们获得终身学习的能力。生物学科教学同样如此。在初中生物教学中加强学情分析是开展有效教学的基础，而建构主义学习理论对学员完成教学设计是有利的指导。初中生物教育能够帮助初中学生形成积极的情感态度价值观，是生物学科价值的重要体现。

本专题下设三个单元内容：初中生物教学中学情分析、建构主义理论与初中生物教学、初中生物学教育方法概述。

单元内容	课时建议	课程属性
初中生物教学中学情分析	4	专业任选
建构主义理论与初中生物教学	8	专业任选
初中生物学教育方法概述	8	专业限选

单元内容1：初中生物教学中学情分析

培训目标：

1. 了解初中学生的生理与心理特点。

2. 知道学生学习生物学的主要障碍，在备课中有帮助学生克服学习困难的准备。

内容要点：

1. 青春期学生的生理与心理特点

初中的学生大多处于青春期，除了身体的快速生长，智力也在长足发展，情感更加丰富，世界观在形成和不断完善。通过本课学习，学员应该知道青春期学生的生理与心理特点，能够根据学生发展的需要开展生物学教学，促进青春期学生的健康成长。

2. 学生学习生物学的困难及解决的办法

学生在生活中会观察到很多生物学现象，在小学阶段也接触了相关的学科内容，应该说学生学习生物学有一定的知识基础，形成了很多前概念。这些前概念，既有科学的，也有错误的或模糊的，这给生物学基础知识的学习带来了一定的困难。通过本单元学习，让学员分析学生在哪些生物学主要概念的学习方面、生物学研究方法方面、实验技能方面存在困难，进而探索解决学生学习困难的方法，为顺利开展生物学教学做好准备。

培训方式建议：

采取讲座与实例分析的方式，落实章节备课中的学情分析。

培训资源：

1.《学习论》，施良方著，人民教育出版社出版。

2.《生物新课程教学与教师成长》，胡玉华主编，中国人民大学出版社出版。

3.《学习的条件与教学论》，[美]加涅，华东师范大学出版社出版。

4.《教育心理学》，冯忠良、伍新春、姚梅林、王健敏编著，人民教育出版社出版。

单元内容2：建构主义理论与初中生物教学

培训目标：

1. 了解建构主义理论的产生背景及其内涵。

2. 知道建构主义理论对生物教学的指导意义，并在教学设计中进行应用。

内容要点：

1. 建构主义理论的内涵

通过本课学习学员要知道建构主义理论的由来，主要的代表人物及观点，特别是建构主义学习理论、建构主义的教学思想、建构主义的教学原则、建构主义的教学模式和教学方法，建构主义学习环境下的教学设计原则等内容，同时也要正确理解建构主义理论的局限，为开展生物教学设计奠定理论基础。

2. 建构主义理论对生物教学的指导意义及教学实践

图式是建构主义理论一个重要概念。图式是指个体对世界的知觉理解和思考的方式，这也是概念学习的重要方式之一。通过学习，学员应该知道在生物概念的教学中，应以建构主义理论作为主要的指导思想，发挥学生在概念建构中的主体作用，提高概念学习的实效性。

培训方式建议：

主要采取讲座与实例研究的方式，落实建构主义理论指导教学设计思路。

培训资源：

1.《建构主义教育研究》，高文、徐斌艳、吴刚主编，教育科学出版社出版。

2.《变革课堂教学方式——建构主义学习理念及其在教学中的应用》，李志厚著，广东教育出版社出版。

3.《教什么知识——对教学的知识论基础的认识》，季苹著，教育科学出版社出版。

单元内容3：初中生物学教育方法概述

培训目标：

1. 了解初中生物学教育的现状。

2. 知道初中生物学教育的主要方法，并尝试在教学中应用。

内容要点：

1. 初中生物学教育的现状分析

通过本单元的学习，了解我国的生物学教育现状。分析生物学的课程理念及课程性质，提升初中学生的生物科学素养。

2. 初中生物学教育的方法和原则及在教学中的应用

根据初中生物学教材内容和初中学生的心理生理特点，明确初中生物学教育的原则，包括：理论联系实际原则、直观性原则、循序渐进原则、因材施教原则等。明确生物学教育的基本方法，包括：目标指引法、课堂渗透法、专题讲座法等。学员要在初中生物学教育中着力培养学生逐渐学会欣赏生命、珍惜生命、尊重生命、感恩生命的情感，不断认识自身的生命价值，形成积极的人生观、世界观和健全的人格。

培训方式建议：

采取讲座与案例分析的方式。

培训资源：

《生物学教育研究方法与案例》，刘恩山编著，高等教育出版社出版。

专题名称：初中生物教学特点及教学技能

专题简要说明：

掌握初中生物学教学特点及生物学教学技能是学员实施生物学课程的前提保证。在全面了解初中生物学教学特点的基础上，通过实践提高教学设计技能、教学实施技能、教学评价技能、实验操作技能及课外(野外)考察技能，实现从整体上提高学员实施生物学课程的能力。

本专题下设六个单元内容：初中生物学教学特点概述、初中生物学教学设计技能解析、初中生物学教学实施技能解析、初中生物学教学评价技能解析、初中生物学实验操作技能解析、生物学课外(野外)考察技能解析。

单元内容	课时建议	课程属性
初中生物学教学特点概述	4	专业限选
初中生物学教学设计技能解析	24	专业必修
初中生物学教学实施技能解析	44	专业必修
初中生物学教学评价技能解析	12	专业限选
初中生物学实验操作技能解析	16	专业任选
生物学课外(野外)考察技能解析	8	专业任选

单元内容1：初中生物学教学特点概述

培训目标：

1. 了解初中生物学教学特点。

2. 掌握突出学科特点开展生物学教学的方法。

内容要点：

1. 初中生物学教学特点

通过本单元的学习，了解初中生物学的教学特点。

2. 针对初中生物学课程开展生物学教学

从学生心理特点出发，强调生物教学中的直观和亲身体验，激发学习动机；重视概念的学习及判断和推理能力的形成；在不断巩固生物基础知识的同时，运用观察、实验等方法，引导学生应用知识解决问题；在生物科学史等内容的教学过程中加强情感价值观教育。

培训方式建议：

主要采取讲座与研讨的方式。

培训资源：

1.《基础教育教学基本功：中学生物卷》，陈坚编著，首都师范大学出版社出版。

2.《中学生物学教学论》，刘恩山主编，高等教育出版社出版。

3.《中学生物学实验教学论》，徐作英、王重力著，北京师范大学出版社出版。

单元内容2：初中生物学教学设计技能解析

培训目标：

1. 了解教学设计的概念及内涵。

2. 知道生物教学设计的程序，并尝试完成章节教学设计。

内容要点：

1. 教学设计及内容

教学设计是在学科课程标准指导下，运用系统方法分析教学问题和确定教学目标，建立解决教学问题的策略方案、确定教学过程、选择教学资源、确定教学评价的方式方法，在实施方案的基础上，对方案进行修改的过程。

学员应知道教学设计包括：教学基本信息、教学分析、教学目标及教学重点难点、教学策略及教学方法的确定、教学过程、板书设计、教学评价和教学反思。

2. 生物教学设计的程序

学员在进行章节生物教学设计时，应先进行教学分析，包括学习生物课程标准中的具体内容标准、学生情况分析、教材内容；在此基础上确定教学内容，制定教学目标及教学重点难点，确定教学策略及教学方法；筛选教学资源，确定教学过程，思考教学评价、板书设计，完成教学设计初稿。

培训方式建议：

主要采取讲座与撰写教学设计的方式。

培训资源：

1.《生物教学研究与案例》，刘恩山主编，高等教育出版社出版。

2.《创新生物教学方式》，胡继飞著，高等教育出版社出版。

3.《初中生物课堂教学设计》，胡玉华主编，同心出版社出版。

单元内容3：初中生物学教学实施技能解析

培训目标：

1. 了解教学实施技能包括的内容。

2. 在完成教学设计的基础上进行教学实施。

内容要点：

1. 教学实施技能

通过本课学习，学员应知道教学实施包括：激发动机、信息传达、提问追问、课堂变化、多向互动、及时强化、课堂调控、个体关注及学习指导，以及每个环节应注意的问题。

2. 教学设计与教学实施

在生物教学中，教学设计是教学实施的前提。再有创意的教学设计，没有教学实施就只能是纸上谈兵；而没有设计的教学实施，就是无源之水，教学效果也不会好。因此在完成教学设计的基础上，要通过教学实施实现教学设计的目的。同时，学员要特别重视教学实施后的反思。

培训方式建议：

主要采取教学实践与研讨的方式。

培训资源：

1.《新理念生物教学技能训练》，崔鸿主编，北京大学出版社出版。

2.《生物微格教学》，俞如旺著，厦门大学出版社出版。

3.《生物学课堂教学技能训练》，汪忠主编，华东师范大学出版社出版。

4.《生物课堂教学行为研究及案例》，郑晓蕙、胡继飞、夏志芳著，江西教育出版社出版。

单元内容4：初中生物学教学评价技能解析

培训目标：

1. 了解教学评价的内涵。

2. 知道教学评价在生物教学中的作用，并尝试在教学中应用。

内容要点：

1. 教学评价

通过本课学习，学员应知道评价与教学具有非常密切的关系，评价是达成教学目标的重要手段，通过评价的反馈作用，可以提高教学的成效。包括对学生学习的评价和对教学效果评价。可以采用观察、交流及纸笔测试的方式完成教学评价。

2. 教学评价在生物教学中的应用

学员应认识到评价是生物学教学中一个基本的反馈机制，是教学过程中不可缺少的环节，是教师了解教学过程，调控教学行为的重要手段。教学评价的目的不只是评定学生的学业成绩，更重要的作用是在教学过程中发现学生是否有错误概念和有什么学习困难，判断教学上可能存在的缺陷以及为改进教学设计提供依据。

培训方式建议：

主要采取教学实践与研讨的方式。

培训资源：

1.《生物学教育测量与评价》，项伯衡、郑春和著，广西教育出版社出版。

2.《生物新课程的评价与资源》，王重力、卢建筠著，高等教育出版社出版。

3.《中学生物教学评价》，卢文祥主编，东北师范大学出版社出版。

单元内容5：初中生物学实验操作技能解析

培训目标：

1. 了解实验操作的内容。

2. 知道初中生物课程中实验操作内容，并尝试在教学中实践。

内容要点：

1. 实验操作

初中生物实验操作包括：显微镜使用、临时装片制作与观察、生态环境调查、传统生物技术实践、扦插等内容。

2. 初中生物课程中实验操作内容及实践

学员应依据生物课程标准中的具体内容标准，确定生物教学中要完成的实验操作内容，结合生物教学的实际情况，充分利用学校生物实验教学资源进行实验操作的教学实践。

培训方式建议：

主要采取教学实践与研讨的方式。

培训资源：

1.《新课标初中生物实验手册》，李志丹主编，广西教育出版社出版。

2.《中学生物教师实验手册》，张春生编，人民教育出版社出版。

3.《中学生物学实验教学理论与实践》，胡兴昌著，科学出版社出版。

4.《美国初中主流理科教材·科学探索者》（套装共 17 册），帕迪利亚 (Padilla. M. J.)编，顾维颖、吉云松、王张华译，浙江教育出版社出版。

单元内容 6：生物学课外（野外）考察技能解析

培训目标：

1. 了解课外（野外）考察的内容。

2. 掌握结合生物教学内容开展课外（野外）考察的方法。

内容要点：

1. 课外（野外）考察

生物学科的课外（野外）考察包括生态环境考察、植物或昆虫识别、动物行为研究等内容。

2. 结合生物教学内容开展课外（野外）考察

由于组织学生外出受到很多因素的制约，因此学员应从生物课程内容整体去考虑课外（野外）考察活动的开展，结合生物教学内容及学校集体活动的开展，适时组织学生参加课外（野外）考察活动，提高实践活动的能力。

培训方式建议：

主要采取小组实践与交流的方式。

培训资源：

《生物学野外实习》，鲍毅新著，浙江大学出版社出版。

四、初中生物适应期教师培训的课程实施建议

由于初中生物适应期教师从事生物教学在 1～3 年内，缺乏生物教学的经验，开始适应初中生物教学的工作。因此，在课程实施中要将理论学习与学员的教学实践结合起来，将专题讲座与交流研讨结合起来，激发学员从事生物教学研究的兴趣，充分发挥学员的主动性和主体作用。

　　要注重培训方式的创新，采取案例式、参与式、情境式等多种培训方式开展培训，增强培训的吸引力和感染力。

　　要充分利用现代教育技术手段，加强对学员学习期间的网络学习的指导和培训后的实践跟踪指导。

　　授课教师要为学员提供学习讲义、参考资料等培训课程资源，并为学员搭建经验分享的交流平台，为学员的后续学习提供有效支持。

五、评价建议

　　采取定性与定量评价相结合、学员与专家评价相结合、过程与后续实践评价相结合、自评与他评相结合的多种评价方式，对学员的学习情况进行评价。

第二套　初中生物教师(熟练期)培训课程指南

一、初中生物教师(熟练期)的特征与培训目标

初中生物教师(熟练期)一般是指本学科教龄在 3～6 年的初中生物教师，他们大多已经取得中级职称，对课程标准和教学内容有了一定的了解和实践经验。对教材中涉及的一些核心问题也有了一定的认识，甚至在教育、教学中取得了一些成绩。但是，这个阶段教师，对学科知识的深层次理解还有待进一步提高，对生物学的核心概念及概念之间的联系还没有充分建立起来；对教学中较重要的教学方式——探究式的教学方式还不是很熟悉；他们的实验技能及应用程度，还有待进一步提高。这些教师有一定的研究意识，但一些基本研究方法及应用程度还不够熟练，此外，对教育对象——学生的研究还没有引起足够的重视。所以，对这个时期的教师而言，急需进一步进行系统地、有针对性地的培训，明确努力方向、提高对教育教学的认识、聚积动力，为尽快成长为合格的教师而努力。

基于上述的分析和说明，特制定本阶段的培训目标：

1. 能从单元角度整体把握初中生物教材内容。

2. 能基本解析初中生物教材中的基本概念，并能初步描述概念之间的纵向及横向联系。

3. 能在教学中有意识地培养学生形成生物学概念、知识迁移及应用的能力。

4. 初步掌握探究式教学的基本技能，能独立设计并组织探究活动。

5. 学习教育科研的基本方法，学会反思和规划自己的职业生涯。

二、初中生物教师(熟练期)培训的课程体系结构及说明

问题模块	专题构成		单元内容	课程属性	课程形态	课时建议
	名称	总学时				
如何正确熟练掌握初中生物教材内容,把握学科知识体系?	整体把握初中生物学知识体系	24	基于单元的初中生物学知识结构分析	专必	讲座+案例分析	8
			初中生物学单元知识之间的关系	专必	讲座+案例分析	16
	提升生物学学科知识素养的策略	24	生物学概念的形成及联系	专必	讲座+案例分析	8
			生物学知识的迁移和应用	专限	讲座+研讨	16
如何系统深入地了解学生学习特点,开展好教学活动?	教育学知识解析	16	生物教学的教育学原理	专限	讲座+研讨	16
	心理学知识选讲	24	初中生学习生物学的心理特点分析	专任	讲座+研讨	24
如何有效地利用多元评价体系,激发学生学习动机?	生物课堂教学评价及策略	24	多元评价的意义和方法	专必	讲座+研讨	8
			生物有效课堂教学评价策略的实施及分析	专必	讲座+研讨	16
如何提升初中生物教师教学技能?	初中生物课堂教学技能	56	探究教学技能的理论与实践	专必	讲座+实践	16
			初中生物探究式教学的设计与实践	专必	讲座+实践	16
			基于学生学习的初中生物课堂教学设计	专限	讲座+实践	16
			在实验中发展学生的思维能力	专任	讲座+实践	8

续表

问题模块	专题构成		单元内容	课程属性	课程形态	课时建议
	名称	总学时				
初中生物教师如何确定自我专业发展的途径?	生物教师教学反思的理论与方法	24	教学反思的方法与过程	专任	讲座＋实践	8
			生物教师教学反思的特点与实践	专任	讲座＋实践	16
	生物教育教学研究	16	生物教育科研方法和论文写作指导	专必	讲座和研讨	16

注：课程属性中"专必"为专业必修；"专限"为专业限选；"专任"为专业任选。

三、初中生物教师(熟练期)培训的课程说明

针对初中生物教师(熟练期)教育教学特点和继续教育的培训目标,本阶段安排的培训课程共包括五个问题模块、八个专题的学习内容。这些学习内容的安排,既考虑了熟练期教师成长特点和发展需要,又结合该阶段教师在教学中常遇到的一些想法和困惑,从宏观到微观、从整体到局部,较为系统地安排了有关的学习课程。力图通过本课程的学习,有助于使熟练期的教师,尽快发展和成长为合格的初中教师。

以下就该阶段所涉及的有关课程内容进行简要说明。

专题名称：整体把握初中生物学知识体系

专题简要说明：

初中生物学课程属于自然科学领域的学科课程,其精要是展示生物科学的基本内容,反映自然科学的本质。它既要让学生理解基础的生物学知识,又要让学生领悟生物学家在研究过程中所持有的观点以及解决问题的思路和方法。初中生物学课程期待学生主动地参与学习过程,在亲历提出问题、获取信息、寻找证据、检验假设、发现规律等过程中习得生物学知识,养成理性思维的习惯,形成积极的科学态度,发展终身学习的能力。作为从事教育教学工作不长的青年教师,虽然对初中生物学的知识体系有了一定的了解,但对一些概念的深入理解、概念之间的层次关系和教材中各单元知识之间关系掌控,还有一定的困难。通过本专题的学习,力争使青年教师们能在原有基础上有所提高,能更好地把握单元知识结构和结构

之间的关系，有效提升教学设计水平。

本专题下设两个单元内容：基于单元的初中生物学知识结构分析和初中生物学单元知识之间的关系。

单元内容	课时建议	课程属性
基于单元的初中生物学知识结构分析	8	专业必修
初中生物学单元知识之间的关系	16	专业必修

单元内容1：基于单元的初中生物学知识结构分析

培训目标：

1. 知道所用教材的知识结构特点，并能说明该结构特点的优势所在。

2. 能比较准确地对照初中生物课程标准确定单元教学的知识结构。

3. 能较好地说明现用初中教材所涉及的单元知识结构特点。

内容要点：

1. 多种版本的初中生物教材的介绍

目前，全国各地使用的初中生物教材，主要涉及的版本有：人教版、苏教版、北师大版等。当然，还有一些地方教材（北京版）。这些教材虽都是在《全日制义务教育生物课程标准》下编制的，但它们都有自己的框架特点，并都具有一定的地域性和文化特点。

2. 分析和说明现用教材知识结构特点

就目前全国初中使用的生物教材而言，人教版教材无论是使用人数，还是分布地域，都是排第一位的。所以，可以重点介绍该教材的知识结构特点及框架特点分析和说明。也可以对比北京版教材进行分析和说明。

3. 所用生物教材的单元设置情况

分析所用初中生物教材的单元设置特点，表述单元知识彼此间的关系。例如：人教版初中教材共分为8个单元，且都是围绕着"人与生物圈"展开的。整个知识体系，从"生物和生物圈"的宏观层面进入，以"生物和细胞"的微观层面为依托，依次展现生物圈中的作用最大的两类生物并兼顾其他生物，同时关注宏观和微观的结合，从"生物圈中生命的延续和发展"的共同规律上升到一个新高度，最后以"健康地生活"作结。在分析单元内容和知识结构特点的同时，注意分析和说明：教师在备课过程中，应如何整体把握教材特点，更好地落实生物学知识内容。

培训方式建议：

1. 主讲教师对本单元学习内容作重点介绍和说明。

2. 将教师分成小组，每小组重点讨论一个版本的初中生物教材（尽量找寻多版本的初中教材）的单元知识内容。

3. 小组成员之间交流。

培训资源：

1.《义务教育生物课程标准》，北京师范大学出版社出版。

2.《生物学》，赵占良、朱正威主编，人民教育出版社出版。

3.《中学生物学教学论》（第 2 版），刘恩山主编，高等教育出版社出版。

单元内容 2：初中生物学单元知识之间的关系

培训目标：

1. 了解现用教科书中单元知识之间的结构关系。

2. 尝试利用知识网络图表示某一单元的知识结构间的关系。

3. 评价单元知识网络图在教学设计中的作用。

内容要点：

1. 现用教科书的单元知识结构的设置（每个单元中的知识结构）情况

在知道所用教材的单元设置情况后，进一步对单元知识结构之间的关系进行分析，分析这种设置的优势和不足。选择 2～3 套初中生物教材，对比、分析同一内容的单元，它们各自知识结构特点，提出自己的看法（优点和不足）。

2. 用知识网络图的形式，表示单元知识间的结构关系

首先认识什么是知识网络图：知识网络图是由知识点和知识点之间的关系组成的图。构建知识网络图，一方面可以帮助学习者将学过的知识进行梳理，厘清知识间的关系；另一方面，也可以帮助学习者理解和记忆有关的知识内容。

其次学习利用网络图构建某一单元的知识间的关系。

3. 举例说明构建单元知识网络图的重要作用

包括：“知识网络图”和“概念图”是否是一样的？两者之间是什么关系；哪些类型的教学内容比较适于利用“知识网络图”，来帮助学生构建和理解知识间的关系；举例说明和评价。

培训方式建议：

选择2~3套初中生物教材，对比、分析同一内容的某单元的知识结构特点，提出看法(优点和不足)；构建单元知识网络图；交流和展示各自设计的知识网络图，提出修改建议。

培训资源：

1.《义务教育生物课程标准》，北京师范大学出版社出版。

2.《中学生物学教学论》(第2版)，刘恩山主编，高等教育出版社出版。

专题名称：提升生物学学科知识素养的策略

专题简要说明：

生物学素养主要是指参加社会生活、经济活动、生产实践和个人决策所需要的生物科学概念和科学探究能力。包括理解科学、技术和社会的相互关系，理解科学的本质，已经形成科学的态度和价值观。它反映一个人对生物科学领域中核心的基础内容的掌握和应用水平以及在已有的基础上，不断提高自己科学素养的能力。每位公民所具备的生物学素养，是与相关的学科知识、一定的能力水平和实用水平紧密结合的。

作为生物教师有责任、有义务，通过生物课堂教学，提高学生的生物科学素养。就初中阶段的生物学课程而言，其精要是展示生物科学的基本内容，反映自然科学的本质。作为熟练期的初中生物教师，要能够自觉地研究课堂教学；要逐渐学会利用有效的教学策略，开展课堂教学活动；要尽职尽责地帮助学生，学好生物学知识，并能有效地应用于生产生活实际；能利用所学的生物学知识简单解释一些生物学现象和生活中的问题。

本专题下设两个单元内容课程：生物学概念的形成及联系和生物学知识的迁移和应用。

单元内容	课时建议	课程属性
生物学概念的形成及联系	8	专业必修
生物学知识的迁移和应用	16	专业限选

单元内容1：生物学概念的形成及联系

培训目标：

1. 知道生物学概念形成的基本要点，认同概念教学在初中生物学教学中的重要意义。知道初中阶段生物学科中的重要概念。

2. 能够举例说出生物学科有关概念的形成及相关概念间的联系。理解生物学概念的形成，是受到原认知水平和个体差异限制的。

3. 认同课堂教学是提高学生生物学素养的重要途径，有效地课堂教学是学生获取新知，逐渐提高生物学素养的可靠保障。

内容要点：

1. 知道什么是概念、什么是概念教学、生物学概念形成的基本要点。

概念是事物本质属性的反映。在概念形成过程中，人们以感觉、知觉和表象为基础，通过分析综合、抽象概括等思维活动，从个别到一般，从具体到抽象，逐步把握一类事物的本质。这个过程实质上是一个学习过程，也是一种重要的思维活动。在生物学教学中，要积极引导学生从事物的表象入手，学会透过现象看本质，在思维对比中，提炼出对事物本质的认识，并形成相关的概念，这就是概念教学。概念教学对提高学生逻辑思维、分析比较、综合归纳能力的提高，有着非常积极的作用。

2. 知道初中阶段生物学科中的重要概念。

随着年龄的增长，对某一重要概念的认识和理解在发生着变化。这就需要教师在不断的教学实践中，逐步提高对生物学概念的认识，逐步增强初中生物教学的概念教学意识。

3. 学生在学习和认识相关概念时，是会受到原有知识（原概念）、个人经历等因素影响，教师应注意学生学习的个体差异，并在引导学生学习的过程中，设计与学生认知水平相一致的活动，积极帮助他们掌握生物学科重要概念形成过程一般规律和各个相关概念之间的关系，是提升学生生物学学科知识素养的主要途径。

培训方式建议：

理论讲解与熟练期教师实际教学情况相结合，理论联系实际，结合案例分析和初中生物现用教材，讲解一般概念和重要概念的形成过程及关系。也可以在理论讲授的基础上，布置熟练期教师上一节概念教学的研究课。

培训资源：

1. 对生物学核心概念及其内涵的研究，胡玉华，《生物学通报》，2011 年第 10 期。

2. 中小学生物学课程中生态学重要概念的筛选及其表达，李红菊，

《生物学通报》，2010 年第 10 期。

3. 课堂教学中的生物学概念及其表述方式，刘恩山、张颖之，《生物学通报》，2010 年第 7 期。

4. 围绕生物学核心概念的教学设计——以"遗传信息的传递"为例，佘建云、安军，《生物学通报》，2010 年第 10 期。

单元内容2：生物学知识的迁移和应用

培训目标：

1. 描述知识迁移在初中生物教学过程中的重要性。

2. 举例说明学科知识的迁移过程和应用过程。

3. 收集生物教材中与人们日常生活联系紧密的素材；收集能够用初中生物学知识解答的环境问题。

内容要点：

1. 说明"知识迁移"的概念及其在学习过程中的重要意义。

知识迁移是"一种学习对另一种学习的影响"。在学习这个连续过程中，任何学习都是在学习者已经具有的知识经验和认知结构、已获得的动作技能、习得的态度等基础上进行的。这种原有的知识结构对新的学习的影响就形成了知识的迁移。研究发现学生对原理、原则等方面的知识掌握得越好，越有可能在新情境中产生迁移。

知识迁移能力的高低，决定着学习者获取知识的效率高低。

2. 结合教材内容，举例说明知识迁移的过程。

(1)培养学生知识迁移能力的有效途径和方法。

(2)举例说明在初中生物教学中，有哪些案例能够充分体现学生在新情境下发挥知识迁移的能力，提高学习效率。

(3)分析初中教材，有哪些内容可以和其他领域结合的地方。

3. 初中生物教学与"德育"的结合。生物教学应该做到有目的、有计划、有系统地对学生施加思想、政治和道德等方面的影响，并通过教师们积极的认识、体验与实践，使学生形成一定的社会与阶级所需要的品德的教育活动。此外，还能使学生更好地领会和掌握学科知识，很好地感悟生物学知识与社会、社区、学校和家庭等方面有着不可分割联系。

培训方式建议：

第一部分的培训内容以授课为主；第二、第三部分可以引导教师们研讨、分析，最后达成共识——生物教学与"德育"。

培训资源：

《教育心理学纲要》(第二版)，韩进之主编，人民教育出版社出版。

专题名称：教育学知识解析

专题简要说明：

本专题主要是从理论上就初中生物学教学理论进行比较系统、全面和深入地论述。旨在使青年教师，在具有一段教学经历后，重温教育学原理知识，是一个再认识、再提高的过程。这种形式的再学习过程，对青年教师而言，要比在学生期的学习更具有真实性、更具体和更容易接受。

通过本专题的学习，教师们可以进一步理解初中生物学课程的性质和价值；理解生物科学和技术的本质和特性；掌握学生的学习规律和学习特点；学习使用多样化的教学方法设计教学过程；能够利用多种评价方式来反映学生的进步。

单元内容：生物教学的教育学原理

培训目标：

1. 理解初中生物学课程的性质和价值。

2. 理解生物科学和技术的本质和特性。

3. 掌握初中学生的学习规律和学习特点。

4. 学习使用多样化的教学方法设计教学过程。

内容要点：

1. 理解初中生物学课程的性质和价值

初中生物教师只有很好地理解了生物课程的性质和价值，才能明确努力方向和教育工作的重点及任务。与此同时，生物教师还要与时俱进，不断提高自己的专业素养和教学水平。

2. 理解生物科学和技术的本质和特性

生物教师对科学技术本质的认识，有助于教师在教学工作中根据学科特点有针对性地组织教学活动，有效地培养学生的生物科学和技术的素养。

3. 掌握初中学生的学习规律和学习特点

生物教师如果能很好地掌握了学生的学习规律，可以减少教学中的盲目性，提高教学的实效性，并能及时解决学生在学习过程中遇到的问题。

4. 学习使用多样化的教学方法设计教学过程

教师选用什么样的教学方式设计自己的教学过程，这和教学内容、教学对象、教学环境和教师自己的个性有关。但是，无论选用哪种教学方法，衡量的标准一定要以学生为本。

培训方式建议：

结合初中标准及课程设置情况，说明初中生物课程的性质、价值及特征；利用有关案例分析初中学生的学习特点，帮助教师们理解初中生物教学的规律和学生的学习特点，认同多种教学方式或手段，有助于提高教学过程的实效性。

培训资源：

1.《义务教育生物课程标准》，北京师范大学出版社出版。

2.《新编生物学教学论》，华东师范大学出版社出版。

3.《课程资源开发与利用——原理与策略》，段兆兵著，安徽师范大学出版社出版。

专题名称：心理学知识选讲

专题简要说明：

作为一名生物教师，既要具有雄厚的学科知识功底，还要学习教育学知识和教育心理学知识，从而更好地运用教育手段帮助学生们完成教学任务。

"教育心理学"是研究学与教的基本心理规律的科学。它属于应用心理学的一种，是心理学与教育学的交叉科学。教育心理学具有自己独特的研究课题，那就是学的过程和教的过程以及学与教之间的相互作用。

单元内容：初中生学习生物学的心理特点分析

培训目标：

1. 知道学习动机的含义及相关理论。

2. 知道影响初中学生学习动机的个体因素。

3. 了解影响初中学生学习动机的环境因素。

内容要点：

1. 作为一名初中生物教师，学习教育心理学的意义。

2. 教育心理学主要研究的内容。

(1)学习动机及其理论；

(2)学习动机的个体因素；

(3)学习动机的环境因素。

3. 从教育心理学角度分析初中学生学习心理及个体差异，说明解决心理问题及克服个体差异的有效方法和策略。

培训方式建议：

培训的第一、第二部分以讲授为主，第三部分的内容，可以引导教师们根据学习的理论，结合自己的教学经历，先列举一些比较典型的事例，然后大家分析，找出帮助学生克服个体差异、提高学习效率的有效方法和教学策略。

培训资源：

1.《生物教育心理学》，赵锡鑫主编，东北师范大学出版社出版。

2.《实验心理学》，朱滢主编，北京大学出版社出版。

专题名称：生物课堂教学评价及策略

专题简要说明：

新课程改革明确指出，要建立促进学生、教师和课程不断发展的评价体系。对学生学业成绩的评价，提倡多元化的评价体系，即重视学生综合素质的考查，不仅关注学业成绩，而且关注学生创新精神和实践能力的发展，以及良好的心理素质、学习兴趣与积极情感体验等方面的发展；尊重个体差异，注重对个体发展独特性的认可，给予积极评价，发挥学生多方面潜能，激发学生的学习动机。

在初中生物教学中，评价始终是伴随着教学而进行的。多元化的评价体系是相对于单一的传统的评价体系而言的。两者的最大区别是前者不论是从形式上，还是内容上，都能从有利于学生的发展出发，多方面、多角度地对学生进行评价，摒弃以考分论高低，"以成败论英雄"的现象。

现阶段，初中生物课堂教学有效评价的落实及实施情况的说明，以及对存在主要问题及需要的建议。

本专题下设两个单元内容：多元评价的意义和方法、生物有效课堂教学评价策略的实施及分析。

单元内容	课时建议	课程属性
多元评价的意义和方法	8	专业必修
生物有效课堂教学评价策略的实施及分析	16	专业必修

单元内容1：多元评价的意义和方法

培训目标：

1. 知道多元评价的含义，它与传统评价的不同。

2. 理解多元评价对促进学生全面发展的意义。

3. 多元评价的方法和评价标准。

内容要点：

1. 知道多元评价的含义，和与传统的评价方式相比有哪些不同之处；知道什么是多元评价及多元评价体系；多元评价体系的建立与哪些因素有关；一般的生物教师如何对学生实施多元评价？

2. 理解多元评价对促进初中学生智力发展、培养学生探究、创新及实践能力的意义。知道如何利用多元评价体系，促进初中学生全面发展。

3. 多元评价体系的内容和方法：能够利用多种评价方式来反映学生的进步。使用多种评价方式，可以更加全面地认识学生在知识、能力和情感等方面的发展和进步。此外，教师还要不断地加强专业进修和教学研究能力，以此适应不断发展和健全的评价体系。

培训方式建议：

讲授为主、引导讨论为辅，结合初中生物学的教学内容引导讨论，对学生进行多元评价的内容和方法，使教师们能够真正理解多元评价对学生成长的意义，掌握多元评价的方法。

培训资源：

1.《教学评价方法与设计》，万军等著，北京教育科学出版社出版。

2.《教学设计》，盛群力著，高等教育出版社出版。

单元内容2：生物有效课堂教学评价策略的实施及分析

培训目标：

1. 知道初中生物课堂教学评价的常用策略。

2. 在生物课堂教学实践中能有效地实施课堂教学评价。

3. 能正确分析课堂教学评价在课堂教学中的作用。

内容要点：

生物学教学评价是指依据教学目标，运用可行的测量技术对生物教学活动中所涉及的主要因素及其教学效果做出科学判定或给出价值判断。初中生物教学评价的依据和标准是初中生物教学目标，初中生物教学评价的对象是初中生学习生物课程的过程及其结果。生物教学评价的目的是为了改进生物教育教学，促进学生的学业进步和全面发展，实现生物教学目标。

1. 生物教学评价的类型：教学评价分为诊断性评价、形成性评价和总结性评价。

2. 生物课堂教学评价的实施策略：科学地评价学生的学习效果，需要借助一定的评价方法。不同的评价类型需要借助不同的评价工具。评价工具是指收集评价对象的信息、对评价对象进行价值判断时所采用的一些器具和手段。评价工具的种类很多，初中生物教学中常用的评价工具有7种。

3. 生物课堂教学评价的作用。

通过课堂教学评价，教师可以了解学生的生物学知识、技能、能力达到的水平、科学态度、情感、价值观发展的状况以及学习中存在的问题。也可以使教师和学生了解教和学中的各方面的情况，为调整教学提供方向。

通过课堂教学评价，会给学生以肯定或否定的反馈信息。肯定的评价会对学生的学习产生激励的作用，强化其学习的积极性。否定的评价会使学生产生一定的紧张和焦虑，而适度的紧张和焦虑会成为学生努力学习的动因。

有研究表明，学生的学习时间分配和学习力量上的分配，往往受评价标准和评价内容的引导。反映初中生物课程教学目标的评价标准和评价内容，会对学生的学习发挥积极的导向作用，从而有利于学生的学习，有利于教学目标的实现。

教育评价本身就是一种教育活动，这种活动可以促进学生对所学的内容进行复习、巩固、综合、归纳，从而得到认知的提升。在这个过程中学生的基本技能得到训练，分析问题、解决问题能力得到提高，更有利于养成严谨、认真的学习品质。同时也可促进学生学会对事、对人进行评价的方式并最终学会自我评价。

培训方式建议：

以初中生物教学案例为基础，组织教师分析、讨论，对初中生物课堂教学评价的主要类型和方法达成共识，研究有效地课堂教学评价的策略。

培训资源：

1. PISA科学素养评价方式对生物教学评价的启示，胡玉华，《北京教育学院教师学报》，2012年第1期。

2.《生物学教育测量与评价》，叶佩珉主编，广西教育出版社出版。

专题名称：初中生物课堂教学技能

专题简要说明：

1. 阐明教学技能对教学的影响。教学既是一门科学又是一门艺术。而教学的科学和艺术是建立在教学具有广博的专业知识和熟练的教学技能基础之上的。作为教师如果没有广博深厚的专业基础知识，他的教学只能是照本宣科的生搬硬套；如果没有熟练的教学技能，也谈不上教学的艺术，更不能把教学搞得生动活泼和能有效地促进学生的学习。

2. 说明教学技能在教学过程中的作用。教学技能是指在课堂教学过程中，能顺利完成各项教学任务的系列教学行为方式或心智活动方式。教师的教学技能是影响教学质量、促进学生学习的主要方面，它具有可描述性、可观察性和可操作性。

3. 举例说明教学技能的基本类型及提高教学技能的方法和策略。教学技能主要分为导入技能、教学语言技能、板书技能、教态变化技能、教学演示技能、讲解技能、提问技能、反馈强化技能、结束技能和组织教学的技能。教学技能是可通过训练而获得及提高的。

本专题下设四个单元内容的课程：探究教学技能的理论与实践、初中生物探究式教学的设计与实践、基于学生学习的初中生物课堂教学设计、在实践中发展学生的思维能力。

单元内容	课时建议	课程属性
探究教学技能的理论与实践	16	专业必修
初中生物探究式教学的设计与实践	16	专业必修
基于学生学习的初中生物课堂教学设计	16	专业限选
在实验中发展学生的思维能力	8	专业任选

单元内容1：探究教学技能的理论与实践

培训目标：

1. 认同建构主义理论在生物学教学中的理论指导作用。

2. 知道探究教学技能在生物教学中的地位和意义。

3. 掌握和提高探究教学技能的方法与实践。

内容要点：

1. 教师教学技能的高低对初中生物教学的意义。中学生物教师的任务是发展学生的生物学和生物技术素养，使他们能够在生物科学技术上占主导地位的21世纪中更加富有成果的、有效的生活。生物教师要努力满足学生在现实生活中渴求生物科学知识和一些生物技术的需要，使学生们了解生物科学、技术的迅猛发展并能领略这些领域的工作和成就。生物教师要能胜任这个工作，不仅要有坚实的生物学专业知识和实验技能，同时还要具有和不断提高教学技能的能力，只有这样才能使义务教育《全日制义务教育生物课程标准》的要求成为教师课堂中的教学行为。

2. 学习建构主义理论，认同该理论在初中生物教学中的作用。在了解建构主义的知识观、学生观的基础上，逐渐认同建构主义的教学观及对生物教学的启示。

3. 知道探究教学技能在生物教学中的地位和意义。简述探究教学技能的概念、意义和发展；知道探究教学技能在初中生物教学中的地位、作用及其价值；掌握和提高探究教学技能的方法与实践水平。

培训方式建议：

理论讲授、案例分析以及与教师课堂教学的实践相结合，从理论上认同教学技能在教学过程中的重要作用；组织培训教师，开展教学技能的实践与研究。

培训资源：

1.《中学生物学教学论》（第2版），刘恩山主编，高等教育出版社出版。

2.《新编生物学教学论》，汪忠主编，华东师范大学出版社出版。

3.《生物学教育研究方法与案例》，刘恩山主编，高等教育出版社出版。

4.《新理念生物教学技能训练》，崔泓主编，北京大学出版社出版。

单元内容2：初中生物探究式教学的设计与实践

培训目标：

1. 知道探究式教学的提出、内容及实施过程。

2. 理解运用探究式教学方式实施初中生物教学的意义。

3. 尝试利用探究式教学方式，设计和实施初中生物教学。

内容要点：

1. "探究式教学方式"的提出以及对"探究式教学"重要性的认识。

"以学生发展为本"是新课程理念的最高境界，要发展学生智力、培养学生能力，教师在教学过程中，要始终把学生放在主体地位，并要积极提供机会让学生亲自尝试和实践，并将科学探究的内容标准尽可能渗透到教学活动中。教师在引导学生参与科学探究活动时不仅应让学生参加科学探究的某些方面的活动，也应该注意让学生有机会参与若干完整的探究活动。

2. 理解运用探究式教学方式实施初中生物教学的意义。

探究是一种积极的学习过程，让学生自己思考做什么和怎么做，而不是接受教师事先做好的结论。

3. 尝试利用探究式教学方式，设计和实施初中生物教学。

探究式教学是针对过去的课堂过程中过于强调接受式学习的弊端，从而提出的一种教学模式，它的目的是构建一种适合学生学习的探究模式，使教与学都能交融在探究教学的活动中。

培训方式建议：

采取边讲授、边实践的培训策略。在讲授中，可以通过分析案例，进一步说明探究式教学的方法和模式，并能在教学实践中加以实施。

培训资源：

1.《生物学教育研究方法与案例》，刘恩山主编，高等教育出版社出版。

2.《教师教学技能》，白蓝编著，首都师范大学出版社出版。

单元内容 3：基于学生学习的初中生物课堂教学设计

培训目标：

1. 学会初中生物课堂教学设计的一般方法，掌握教学设计应包括的内容。

2. 理解基于学生学习的初中生物课堂教学设计的有效途径。

3. 能较好地进行基于学生学习的初中生物课堂教学设计。

内容要点：

1. 掌握初中生物课堂教学设计的一般方法和所包括的内容。

教学设计是教学活动的起点，是对整个教学过程的教学任务、教学流程的规划和教学实施的设想、方案，有了整体规划，教学活动就可以按照预期的程序和目标有条不紊地进行。教学设计要求教师认真研读课程标准和教材并深入分析学习者的学习基础和心理行为后，有针对性地进行教学设计。

一般的教学设计应该包括：设计思想、教学背景分析（教材分析、学生情况分析、教学手段等）、教学目标的设定、教学过程、板书设计、课后反思。

2. 对教学对象学生的分析。在现代教学中，学生是学习的主体，他们是以自己的特点来进行独立学习的，因此，要取得好的教学效果，在教学设计中，必须注重对教学对象——学生的分析。

3. 教学内容的分析以及教学目标的确定和教学活动的设计。

教学目标的设计一是要遵循《标准》；二是要符合教材内容；三是要和初中学生接受水平相匹配。

培训方式建议：

理论讲授与教师活动相结合，在培训中可以让教师们根据自己的教学经验，分析进行教学设计的基本程序和要求；根据具体的教学内容进行一次实地演练。

培训资源：

1.《生物新课程教学设计与案例》，王永胜主编，高等教育出版社出版。

2.《积极学习——101种有效教学策略》，M·希尔伯曼著，陆怡如译，华东师范大学出版社出版。

单元内容4：在实验中发展学生的思维能力

培训目标：

1. 理解生物学实验的基本宗旨及目的。

2. 了解初中生物学实验的主要内容。

3. 掌握在实验中发展学生思维能力的基本策略。

内容要点：

1. 生物学实验的宗旨及目的。生物学是一门以生命世界为研究对象的自然科学，观察和实验是生物学基本的研究方法，这也说明实验教学法应是生物学教学最基本的教学方法。通过实验，不仅可以使学生学习并获得生物学基础知识，加深理解和巩固已学得的理论知识，掌握生物学基本技能，还能培养学生的观察能力、实验操作能力、分析问题和解决问题的能力。

2. 初中生物学实验的主要内容。生物学实验按照实验内容，主要有形态解剖学实验、生理学实验、分类学实验、遗传学实验以及生态学实验等。按照实验时间区分，可分为课内实验和课外实验。课外实验是指由于课时或实验条件的限制，在课内无法完成，须在课外进行的实验，如种子的萌发实验等。按照实验操作者区分，可分为演示实验和学生实验。按照实验目的区分，可分为验证性实验和探索性(探究性)实验。

3. 掌握在实验中发展学生思维能力的基本策略。在实验教学中，发展学生智力、培养学生动手操作和创造性的能力，是一般课堂讲授课所无法替代的。作为一名初中生物教师要能充分利用有限的实验设备或创造实验条件，使学生能在实验中得到相应的锻炼和发展。

培训方式建议：

以生物学实验为载体，结合理论和研讨，充分认同初中生物学实验教学的必要性和可实施性。

培训资源：

1.《中学生物学实验教学论》，徐作英、王重力主编，北京师范大学出版社出版。

2.《中学生物学实验教学》，张成军主编，科学出版社出版。

3.《中小学教师教学实用基本功》，蒋宗尧主编，中国林业出版社出版。

专题名称：生物教师教学反思的理论与方法

专题简要说明：

教学反思是教师专业发展的核心要素。教师的教学反思能力，决定着他的教育教学和开展科研能力。教师通过教学反思可以不断地更新教育理念，调整自己的教学行为，提高教学水平。还可对教学中出现的问题和现象，进行深层思考、提出具有创造性地建议。

教学反思包含的内容有：教师教育教学观念的反思；教师角色地位的反思；教育教学知识内容方面的反思；教育教学活动组织和开展的反思。教学反思的过程有：发现问题、分析问题、确立假设、验证假设等方面。它包含的方法有：自我提问法、行动研究法、教学诊断法、交流对话法、案例研究法、观摩分析法和总结记录法等。

教师通过教学反思，可以不断地积累自己的教育教学经验，不断提升教育教学及科研水平。希望教学反思能够成为教师的一种品质和习惯，并伴随着教师教育和研究的整个过程。

本专题下设两个单元内容的课程：教学反思的方法与过程、生物教师教学反思的特点与实践。

单元内容	课时建议	课程属性
教学反思的方法与过程	8	专业任选
生物教师教学反思的特点与实践	16	专业任选

单元内容 1：教学反思的方法与过程

培训目标：

1. 理解教学反思的含义及意义。

2. 知道教学反思的方法与过程。

3. 运用教学反思的方法，并赋予实践。

内容要点：

1. 教学反思的含义及进行教学反思的意义：教学反思，实际上就是教师对自己参与的教学活动的回顾和反省。教师以自己的教学实践为思考对象，在"回放过程"的基础上，对其中的得与失进行思考、分析，得出一些能用于指导自己教学的理性认识，并形成更为合理的实践方案。教师通过教学反思，可以进一步明确努力的方向，以此提高自己的教育教学水平。

2. 教学反思的主要方法与过程。通过本专题的学习，要使教师们了解教学反思的内容、方法、过程和反思的实施。

3. 实施教学反思。对熟练期的初中生物教师而言，如何就自己的教学过程，包括讲授的时间、语音语调、教态体态、与学生交流和组织活动的实际意义等方面，开展课后反思，并能通过教学反思不断积累教学经验，更好地、更快地提高自己的教育、教学水平和能力，这是一个非常重要的教学环节，也是提升教学水平的有效途径。

培训方式建议：

理论讲授、案例分析和实践相结合，使教师们理解进行"教学反思"的重要意义。

培训资源：

1.《中小学教师教学实用基本功》，蒋宗尧主编，中国林业出版社出版。

2.《我和中学生物科学教育》，朱正威著，北京教育出版社出版。

单元内容2：生物教师教学反思的特点与实践

培训目标：

1. 了解生物学科教师的教学反思的特点。

2. 知道影响生物教师有效进行教学反思的障碍。

3. 引导教师进行教学反思实践。

内容要点：

1. 生物教师进行教学反思的特点：生物科学经历了从现象到本质、从定性到定量的发展过程，并与工程技术相结合，对社会、经济和人类生活产生越来越大的影响。因此生物教师的教学反思就必须考虑到生物学科的特点，以自己的教学实践为思考对象，在"回放过程"的基础上，对其中的得与失进行思考、分析，得出一些能用于指导自己教学的理性认识，并形成更为合理的实践方案。

2. 影响生物教师进行有效地教学反思的障碍。

3. 教学反思实践：生物教师课堂教学反思的切入点；生物教师教学反思与学科特色相结合；有效进行教学反思实践。

培训方式建议：

以生物课堂的教学实践为载体，在分析案例的过程中学习生物教师教学反思的方法。

培训资源：

1.《新课程评价的理念与方法》，丁朝蓬主编，人民教育出版社出版。

2.《我和中学生物科学教育》，朱正威著，北京教育出版社出版。

专题名称：生物教育教学研究

专题简要说明：

新一轮的课程改革，给初中生物教师提供了许多前所未有的机会，生物教师将要在教学中实施新的课程标准、使用新的课程标准教材、尝试新的教学组织方式和教学方式、掌握新的命题技术。教师在经历了这些新事物的过程中，无疑要面对许多新的问题和新的挑战。教师不仅是课程教材的阐释者，也是新课程教材的研究者和执行者。对许多教师而言，在教学工作中开展研究活动已成为新课程实施过程中的一项基本任务。

教学研究是教师实施专业发展的重要途径。对生物教师来说，参与教学研究是主动学习和提高专业水平的重要途径之一。教师以提高教学效率和质量为目标，为追求更合理的教学实践过程而开展研究，在解决问题的过程中，教师要开阔自己的视野、反思自己的教学理念和教学行为，探寻新的发展方向，了解别人的研究方法和新的研究成果，增强个人的理论水平和实践能力，进而获得自身的专业发展。

单元内容：生物教育科研方法和论文写作指导

培训目标：

1. 认同教育教学研究的意义。

2. 知道教育研究的特征和内容。

3. 知道生物教学研究的类型和基本步骤。

4. 掌握一些基本教学研究方法及研究成果的表达。

内容要点：

1. 认同教育教学研究的意义：研究即是一种活动过程。生物教学研究是随着生物学教育的普及而产生和发展的，是与生物学教育实践紧密联系的。根据目前初中生物教学现状和对教师专业发展需要，认同开展教育教学研究对促进教师专业发展的重要意义。

2. 教育研究的特征和内容：通过学习有关的理论或论著，知道教育研究的特征和内容。认同科学研究就是寻求问题解释、解决的过程。科学研究在任何领域都是由方法、理论和发现三者之间的相互作用来支撑的连续、严格的逻辑过程，它通过建立可检验的模型或理论的方法来理解事物。

3. 生物教学研究的类型和基本步骤：在知道教育研究的特征和内容的基础上，进一步了解生物教学研究有哪些基本类型，开展教学研究基本步骤。

4. 教学研究方法及研究成果的表达：根据研究要解决的问题和研究策略，教育教学研究可以分为历史研究、描述研究和实验研究。在此基础上，掌握一些最基本的教学研究方法及研究成果的表达。

培训方式建议：

以讲授为主，在讲授的过程中可以结合案例说明进行教育科研的一般方法；也可以组织教师们讨论，在中学可以开展哪些科研活动。

培训资源：

1.《中小学教师科研方法与论文写作》，王德胜主编，天津出版社出版。

2.《教育科研论文写作引导》，王工一编著，水利水电出版社出版。

四、初中生物熟练期教师培训的课程实施建议

第一，由于初中生物熟练期教师已经从事生物教学 3～6 年，具备一定的教学经验，对初中生物教学有了一些自己的认识，因此在课程实施中要将理论学习与学员的教学实践结合起来，将专题讲座与交流研讨结合起来，充分发挥学员的主体作用。

第二，既要重视培训方式的多样性，又要注意培训内容的创新性。培训者可采取案例式、互动式、情境式等多种培训方式开展培训，增强培训的吸引力和实效性。在创新性方面，可开动脑筋，找出适于学科特色、针对性强的培训内容。

第三，要充分利用现代教育技术手段，加强对学员学习期间的网络学习指导和培训后的跟踪指导。

第四，授课教师要为学员提供学习讲义、参考资料等资源并为学员搭建经验分享平台，为学员的后续学习提供有效支持。

第五，授课教师要能及时听取学员们的反馈信息及建议，并能及时调整授课内容，使授课内容成为广大学员喜欢的课程。

五、评价建议

授课教师和有关部门对学员学习情况的评价，可以采取定性与定量评价相结合、学员与专家评价相结合、即时与后续评价相结合、自我评价与他人评价相结合等多种评价方式，旨在对学员学习情况进行较为全面和客观的评价。

第三套 初中生物教师(成熟期)培训课程指南

一、初中生物教师(成熟期)的特征与培训目标

初中生物成熟期教师一般是指本学科教龄在6~10年的初中生物教师,他们基本都具备中级职称,有些已经具备高级职称,对初中生物课程标准和教材有了系统的了解,对初中生物涉及的科学概念及相互联系有了一定的认识,但不能从科学观念和核心概念角度理解初中生物教学。熟练掌握了初中生物教学中常用的实验技能,但对一些特殊实验方法还不能熟练掌握;有了一定的初中生物经验和教学研究方法,但没有进行过专门、系统的课题研究。本期培训侧重于对学科观念和思想方法的把握,在此基础上,促进自身教学能力的进一步提升,并促进自身的专业发展。

培训目标:

1. 能把握初中生物知识体系,具有清晰的学科知识结构。

2. 能关注科学主题与核心概念在教学中的重要地位,并在教学中进行渗透。

3. 关注学生的学习心理,能根据学生的学习心理,选择有效的教学载体。

4. 能灵活、恰当地运用探究教学策略,进行初中生物的教学。

5. 有意识地进行教学经验的提炼,并有意识地进行教学研究。

二、初中生物教师(成熟期)培训的课程体系结构及说明

问题模块	专题构成		单元内容	课程属性	课程形态	课时建议
	名称	总学时				
如何纯熟地把握学科知识体系和思想方法?	生物学科的知识体系	44	初中生物学的核心概念体系	专必	讲座和研讨	36
			初中生物单元教学的"概念图"应用	专任	讲座和实践	8
	生物学科的思想方法	24	生物学科思想概述	专限	讲座和研讨	8
			初中生物教学的科学主题研究	专必	讲座和研讨	16

问题模块	专题构成		单元内容	课程属性	课程形态	课时建议
	名称	总学时				
如何将教育理论应用到生物教学中？	教育理论在生物教育教学中的应用	32	建构主义理论在生物教学中的应用	专任	讲座和研讨	16
			加涅学习理论在生物教学中的应用	专任	讲座和研讨	16
如何系统分析学生学习特点，提升教学问题的能力？	学生学习理论及其应用	32	学生学习理论及其在生物教学中的应用	专必	讲座和研讨	16
			初中学生学习动机的形成与保持	专限	讲座和研讨	16
	应用学习理论的教学实践研究	128	应用学生学习理论指导生物教学设计	专必	讲座和研讨	32
			应用学生学习理论指导生物教学实施	专必	讲座和研讨	32
			应用学生学习理论指导生物教学评价	专必	讲座和研讨	32
			应用学生学习理论指导生物实验的疑难问题解析	专任	讲座和研讨	32
如何确定自我专业发展的途径？	初中生物教师教育教学研究指导	16	生物教育科研方法和论文写作指导	专必	讲座和研讨	16
	校本研修策略	8	生物教研组的建设	专必	讲座和研讨	8
	初中生物教师专业成长路径	16	成熟期教师专业发展路径	专任	讲座和研讨	8
			名师成长经验介绍	专任	讲座和研讨	8

注：课程属性中"专必"为专业必修；"专限"为专业限选；"专任"为专业任选。

三、初中生物教师（成熟期）培训的课程说明

针对成熟期初中生物教师教育教学特点和继续教育的培训目标，本阶

段安排的培训课程共包括四个模块、八个专题的学习内容。这些学习内容的安排，既考虑了该时期教师成长的特点，又结合了该时期教师在一线教学中的常见问题，从宏观到微观，从整体到局部，较为系统地安排了本阶段的学习课程。以下就有关课程内容进行简要说明。

专题名称：生物学科的知识体系

专题简要说明：

本专题属于"如何纯熟地把握学科知识体系和思想方法？"模块的内容。生物科学是自然科学中的基础学科之一，是研究生物现象和生命活动规律的一门科学。初中生物课程是农林、医药卫生、环境保护及其他有关应用科学的基础。它不仅是一个结论丰富的知识体系，也包括了人类认识自然界的一些特有的思维方式和探究过程。作为从事教育教学工作不长的青年教师，虽然对初中生物学涉及的科学概念及相互联系有了一定的认识，但对义务教育《生物课程标准》（以下简称《标准》）中提到的重要概念的理解、教学过程对不同层次概念之间的关系的掌控，却有一定的困难。通过本专题的学习，力争能比较清楚地认识初中生物学科知识体系，较好地把握教学的重点难点，有效提升课堂教学的实效性。

本专题下设两个单元内容的课程：初中生物学的核心概念体系、初中生物单元教学的"概念图"应用。

单元内容	课时建议	课程属性
初中生物学的核心概念体系	36	专业必修
初中生物单元教学的"概念图"应用	8	专业任选

单元内容 1：初中生物学的核心概念体系

培训目标：

1. 了解新修订的义务教育《标准》的变化特点及重要概念的设置。

2. 知道现用教材的知识体系及内容。

3. 掌握初中知识体系中的重要概念及相关概念之间的关系。

内容要点：

1. 义务教育《标准》研制过程的变化特点

新修订的义务教育《标准》中最大的变化，也是最为突出的一点，是在内容标准的一级主题下，明确提出了"教学中，教师要帮助学生形成重要概念"。

2. 对生物课程中重要概念的认识

(1)重要概念的界定。

(2)重要概念与一般概念、生物学事实之间的关系。

(3)重要概念在生物教学中的重要地位。

3. 现用教材中的重要概念

虽然《标准》已在相应的内容标准中，列有重要概念，但教材的表述与《标准》之间还是有一定差异的。如何深入理解《标准》，更好地把握教材，是需要教师们很好地内化的内容。

培训方式建议：

以讲座为主，适当组织学员进行研讨。

培训资源：

1.《全日制义务教育生物课程标准》，中华人民共和国教育部制定，北京师范大学出版社出版。

2.《生物新课程教学与教师成长》，胡玉华主编，中国人民大学出版社出版。

单元内容2：初中生物单元教学的"概念图"应用

培训目标：

1. 知道"概念图"的内涵。

2. 理解"概念图"在生物教学中的作用。

3. 学会用"概念图"的形式表示单元教学中各层概念之间的关系。

内容要点：

1."概念图"的界定和使用方法

知识的构建是通过已有的概念对事物的观察和认识开始的。学习就是建立一个概念网络，不断地向网络增添新内容。为了使学习有意义，学习者个体必须把新知识和学过的概念联系起来。

"概念图"是一种用节点代表概念，连线表示概念间关系的图示法。

2. 初中教材中哪些内容可用"概念图"表述

(1)一个单元的内容

例：细胞的结构、昆虫的发育过程、生命活动的调节、生物的多样性等。

（2）多个单元的内容

例：人的细胞是如何获得外界环境中的养料和氧气的？又是如何把细胞代谢产生的二氧化碳和废物排除体外的？请以细胞为中心词（线索），以这两个问题，画出消化、循环、呼吸、排泄知识内容的"概念图"。

3. 利用"概念图"进行单元教学设计

单元教学设计就是从一单元的角度出发，根据章节或单元中不同知识点的需要，综合利用各种教学形式和教学策略，通过一个阶段的学习让学习者完成对一个相对完整的知识单元的学习。

进行单元教学设计，既可很好帮助教师比较全面地、有计划地设计教学过程；又能帮助学生构建相应的知识网，便于更好地理解知识间的关系。

培训方式建议：

本单元内容为实践性质的课程，需要学员在电脑上进行操作。

培训资源：

1.《初中生物课堂教学设计》，胡玉华主编，同心出版社出版。

2.《现代教学设计》，皮连生、刘杰著，首都师范大学出版社出版。

专题名称：生物学科的思想方法

专题简要说明：

本专题属于"如何纯熟地把握学科知识体系和思想方法？"模块的内容。生物学科的知识点繁多，不易记忆和运用，同时更新速度快，给一线教师教学带来了前所未有的挑战。新课改要求充分发挥学生主体性地位，引导学生有效学习并且能学以致用，这就要求教师不仅要帮助学生学习知识本身，更多的是掌握学习过程的技巧。本专题以此为立足点，介绍生物学科的思想方法，在此基础上从科学主题视角审视生物学教学内容。为中学教师打开教学思维的突破口，真正为新课改下的中学生物教学的有效实施提供帮助。

本专题下设两个单元内容的课程：生物学科思想概述和初中生物教学的科学主题研究。

单元内容	课时建议	课程属性
生物学科思想概述	8	专业限选
初中生物教学的科学主题研究	16	专业必修

单元内容1：生物学科思想概述

培训目标：

1. 了解什么是生物学科思想。

2. 掌握生物学科思想观点有哪些。

3. 学习如何将生物学科思想与初中生物教学联系起来。

内容要点：

1. 介绍学科思想的内涵

学科思想就是学科知识集合升华的结果，生物学科思想就是生物学知识间相互联系、相互磨合最终形成的能精准高度概括生物学科特点的那些观点和观念，能获得广泛的认同，同时不会随时间的流逝而改变的认识。新一轮课程改革和高考改革的一个重要理念是提高学生的科学素养。认识和形成各学科基本的思想观点，是构建各学科科学素养的内容之一。培养学生的科学素养要从初中抓起，因此，成熟期的初中生物教师自身必须有学习生物学科思想的意识。

2. 介绍生物学科思想的五个观点

(1)生命的物质性和生命物质的特殊性观点

世界是统一的物质世界，生命也不例外，生命是由蛋白质和核酸等物质组成的多分子物质体系。构成生命的几十种化学元素没有一种是生命所特有的，都可以从无机自然界中找到。

(2)生物结构的层次性观点

生命物质只有组成一定的结构，才能完成生命活动，生物结构从微观到宏观的层次是：组成细胞的亚显微结构→细胞→组织→器官→系统→生物个体→种群→群落→生态系统。细胞是进行生命活动的基本结构单位，生物个体是生态系统的基本单位，生态系统是生物结构的最高单位，生物圈是地球上最大的生态系统。

(3)新陈代谢的观点

世界是物质的，物质是运动的。新陈代谢是生命物质特有的运动方式，也是最基本、最本质的生命活动。细胞是完成新陈代谢活动的基本结构单位，新陈代谢则是在细胞内进行的一系列使生命物质不断更新的化学反应，表现为生物与环境之间的物质、能量和信息的交换。新陈代谢是各项生命活动的基础，也就是说，各项生命活动都可以从新陈代谢活动上找到根源。

例如：生物的生长现象就是新陈代谢过程中，同化作用超过异化作用的结果。

(4)生物结构的整体性观点

生物的各种结构具有整体性，生物结构的整体性表现在组成生物结构的各种要素的全面均衡和完整。完整的结构能为生命活动提供各项必需的条件，生命活动只有在完整的结构中才能进行。

(5)稳态的观点

由于生命活动是生物体与所处环境的物质、能量和信息交流，而环境又总是在不断地发生变化，所以生命活动的一个重要方面就是要不断地进行生物结构与环境的协调，维持生物结构和功能的稳定。细胞与内环境的物质交换、神经调节和体液调节、生态系统的自动调节能力分别维持着细胞的稳态、生物个体的稳态和生态系统乃至生物圈的稳态。利用生物结构和功能稳态的观点，也可以使我们形成生物与环境相统一的观点。

3. 举例阐述生物学科思想如何指导课堂教学

这部分要求成熟期的初中生物教师能够根据前面的生物学科思想观点指导生物学课堂，让教学更有效。举例说明：例如细胞具有整体性，脱离了细胞的叶绿体和线粒体就不能独立地进行光合作用和呼吸作用。生物个体具有整体性，脱离了个体的组织器官也不能独立地完成它们的生理功能。利用生物结构的整体性观点，也可以使我们形成生物体局部与整体相统一的观点。

培训方式建议：

以讲座为主，以学员之间的研讨和教师的点播为辅。

培训资源：

1.《生物学教学论》，赵锡鑫主编，高等教育出版社出版。

2.《生物新课程教学与教师成长》，胡玉华主编，中国人民大学出版社出版。

单元内容 2：初中生物教学的科学主题研究

培训目标：

1. 了解什么是科学主题。

2. 掌握科学主题的特点和内涵。

内容要点：

1. 介绍科学主题的内涵

自然界是一个相互联系、相互作用的统一整体，人类认识自然的活动形成了科学。不同领域的各门科学学科之间在知识内容、概念发展和研究方法上是存在相互交叉、相互作用的，因此，也存在一些渗透到各门学科的、具有普遍意义的共通概念。在这些共通概念中，我们可以提炼出一些跨越学科界限，将各分支学科统一起来的关键性概念，称之为科学主题。美国加州的"科学框架"中，将"能量""演化""变化的形式""尺度与结构""稳定性""系统与相互作用"提炼为科学主题。

2. 介绍科学主题的教育价值

科学主题具有普适性，可以揭示科学知识的本质及其相互联系，能够将不同学科、不同分支的信息片段融入广阔的、有逻辑内聚力的结构中，在这样的结构中，信息片段的关系被凸显出来。在生物学科教学中，我们要建构汇集信息片段的知识结构，并能将其纳入到上述的全信息结构之中，这个知识结构的节点就是核心概念。科学主题需要核心概念体现，核心概念需要科学主题引领。

培训方式建议：

本单元内容属于理论性较强的内容，所以以讲座为主要培训方式，在讲座过程中适时组织学员进行研讨。

培训资源：

1.《科学主题与核心概念》，贾晓春主编，东北师范大学出版社出版。

2.《人类探索自然的科学方法》，李慎英等主编，首都师范大学出版社出版。

专题名称：教育理论在生物教育教学中的应用

专题简要说明：

本专题是初中生物教师成熟期培训课程的第三个专题，属于"如何将教育理论应用到生物教学中？"模块内容。建构主义理论和加涅学习理论是中学教学中广泛运用的两大理论。两大理论对师范生毕业的中学教师来说耳熟能详，但是如何有效的运用到教学实践中并不是易事。本专题以如何将教育理论更好地运用到课堂实际为立足点，通过典型的课堂实例展现阐述新课程背景下的教育理论的应用要求。

本专题下设两个单元内容的课程：建构主义理论在生物教学中的应用和加涅学习理论在生物教学中的应用。

单元内容	课时建议	课程属性
建构主义理论在生物教学中的应用	16	专业任选
加涅学习理论在生物教学中的应用	16	专业任选

单元内容 1：建构主义理论在生物教学中的应用

培训目标：

1. 了解建构主义理论的主要内容。

2. 理解建构主义理论对初中生物课堂的启示。

3. 掌握建构主义在教学中的应用。

内容要点：

1. 建构主义理论的内容核心

建构主义也译作结构主义，是认知心理学派中的一个分支。建构主义理论一个重要概念是图式，图式是指个体对世界的知觉理解和思考的方式。也可以把它看作是心理活动的框架或组织结构。同化是指学习个体对刺激输入的过滤或改变过程。也就是说个体在感受刺激时，把它们纳入头脑中原有图式之内，使其成为自身的一部分。顺应是指学习者调节自己的内部结构以适应特定刺激情境的过程。当学习者遇到不能用原有图式来同化新的刺激时，便要对原有图式加以修改或重建，以适应环境。平衡是指学习者个体通过自我调节机制使认知发展从一个平衡状态向另一个平衡状态过渡的过程。

2. 运用建构主义的具体教学方式举例

"基于问题的学习"是建构主义所提倡的一种教学方式。它是由师生根据教学内容，联系生活实际提出问题，在教师的指导下通过个人、小组搜集材料、提取信息、处理信息、合作研究、探索解决问题的学习方式，为学生提供了一个交流、合作、探索、发展的平台。在课堂教学中，教师应注重激发学生思维的积极性，培养学生的问题意识。在课堂教学中，教师不仅要培养学生的问题意识，还要善于挖掘素材，努力创设各种问题情境，鼓励、引导学生多角度、多层面地深入探索问题，用疑问开启学生思维的心扉，启迪学生智慧，帮助他们不断挑战自我，挑战极限，享受到探索问题给自己所带来的快乐。从而在探索问题的过程中，将知识的理解引向深入。

3. 基于建构主义的中学生物课堂教学策略

社会建构主义学习观认为，教学是以合作学习作为主要策略，教学是与学生合作共同建构知识，并要扩展每个学习者的保留节目。这一理念非常鲜明地告诉我们，现代教学不应该是教师一个人讲到底的单向的信息传递，而应是师生间、学生间的双向交流与多向交流活动，应该让学生在师生互动、生生互动中，在各种信息的反馈中，循序渐进地锻炼和提高学生洞察力和分析力，促进对知识的理解，从而形成共享的、学习过程的主动建构。在教学中，要努力弘扬主体，不仅要提供给学生创造的时空，使求知的过程成为不断改造的过程，让学生在认识世界中发现问题、解决问题，获得"创造力"；同时还要给学生添加释放潜能的"催化剂"，使学生学会建构知识，学会创造知识，学会生产知识，丰富情感世界，服务于人类社会。

培训方式建议：

该单元内容理论性强，学员容易倦怠，因此主讲教师要设置问题情境，调动学员参与的热情。

培训资源：

《建构主义教育研究》，高文主编，高等教育出版社出版。

单元内容2：加涅学习理论在生物教学中的应用

培训目标：

1. 了解加涅学习理论的主要内容。

2. 理解加涅学习理论对初中生物课堂的启示。

3. 掌握加涅学习理论在生物教学中的应用。

内容要点：

1. 加涅学习理论的内容要点

加涅提出了累积学习的模式，一般称之为学习的层次理论。他的基本论点是，学习任何一种新的知识技能，都是以已经习得的、从属于它们的知识技能为基础的。加涅通过描述八个学习层次来研究理智技能累积方式，这八个方面包括：信号学习，刺激—反应学习，动作连锁，言语联想，辨别学习，概念学习，规则学习和问题解决及高级规则学习。

2. 教学设计关注点

加涅认为，设计教学的最佳途径，是根据所期望的目标来安排教学工作，因为教学是为了达到特定的教育目标。对教学目标的分类，也就是对学习结果的分类即根据学习者在学习后所获得的各种能力来分类。教育目标是通过有计划的教学来达到的。由此可见，在设计教学之前，必须先确定学习者要习得哪些能力。加涅提出了一类学习结果：理智技能、认知策略、言语信息、动作技能、态度。

3. 如何在中学生物课堂教学过程中逐步体现加涅学习理论

加涅学习理论的一个主要特点，是博采各家各派之长。他吸收了行为主义、格式塔心理学、人本主义以及控制论等观点，并把它们融合进自己的理论中去。加涅学习理论的最大优点在于注重应用，即把学习理论研究的结果运用于教学实践。加涅教学理论集大成的特点，最明显地表现在他对学习阶段和教学阶段的论述上。他采用当今流行的信息加工模式，参照这个模式揭示出了学习的各个内部加工的阶段，并把教学过程中的各项工作与其一一对应起来。特别强调教师的指导作用。人们也由此把加涅的模式称为指导教学的模式。他更关注的是教学方法，即教师如何影响和促进学习过程。加涅为我们提供的只是一个基本构架，而不是具体实施的步骤。教师只有以教学理论为指导，结合教学工作实践，才能从根本上理解教学的本质。

培训方式建议：

建议采用理论讲授与案例分析相结合的培训方式。

培训资源：

1.《教学设计》，盛群力主编，高等教育出版社出版。

2.《现代教学设计》，皮连生、刘杰著，首都师范大学出版社出版。

专题名称：学生学习理论及其应用

专题简要说明：

学习理论是教育学和教育心理学的一门分支学科，描述或说明人类和动物学习的类型、过程，以及有效学习的条件。学习理论是探究人类学习本质及其形成机智的心理学理论。它重点研究学习的性质、过程、动机以及方法和策略等。新课改的大背景要求学生的主体地位更突出，教师已经从主导变为引导，那么学生的学习理论再度表现出重要作用。本专题是从学生学习理论入手，引导一线教师重温学生学习理论的同时明确学习理论在教学中的重要作用，正是如此，如何有效的帮助初中学生学习动机的形成至关重要，而且如何保持已形成的学习动机也是当务之急。学习动机是驱使人们进行某种学习活动、以达到一定目标的一种内在力量，它与个人的需要、兴趣等其他心理因素有着密切的关系。对中学生来讲，学习尚属其主要活动任务，学习成就是他们在这个年龄阶段建立自信的基石。而学习动机是驱使中学生进行学习活动的内在力量，是其掌握知识、形成高尚完美品格的重要因素，同时也是其人生观的重要组成部分，是学生整个中学阶段学习、生活的精神支柱。为此，在整个中学阶段持续进行学习动机教育是十分必要的。

本专题下设两个单元内容的课程：学生学习理论及其在生物教学中的应用和初中学生学习动机的形成与保持。

单元内容	课时建议	课程属性
学生学习理论及其在生物教学中的应用	16	专业必修
初中学生学习动机的形成与保持	16	专业限选

单元内容1：学生学习理论及其在生物教学中的应用

培训目标：

1. 了解学生学习理论的主要内容。

2. 掌握学习理论指导教学实践的方法，以建构主义学习理论为例。

3. 学会如何利用学生学习理论提升生物教学有效性，以建构主义学习理论为例。

内容要点：

1. 对学习理论的内容概述

学习理论是教育学和教育心理学的一门分支学科，描述或说明人类和动物学习的类型、过程，以及有效学习的条件。学习理论是探究人类学习本质及其形成机智的心理学理论。它重点研究学习的性质、过程、动机以及方法和策略等。学习理论包括四大理论：建构主义理论、人本主义理论、行为主义理论和认知主义理论。我国心理学家倾向于将学生的学习分为知识的学习、动作技能的学习、心智技能的学习和社会生活规范的学习。

2. 建构主义学习理论指导的教学模式

建构主义学习理论指导下的教学是通过提出问题—学生练习—巡回指导—点评与示范等依次教法设计，把更多的时间留给学生。在教学步骤上能打破常规，从按特定的教学顺序，主体适应客体"陈旧"的教学设计转变为符合不同层次学生身心发展的教学设计，让学生用更多的时间去构建知识，真正地由"教体育"变成让学生"学体育"。建构主义学习理论指导下的教学认为，教学不能把知识作为预先决定了的东西教给学生，不要以我们对知识的理解方式来作为让学生接收的理由。学生应以他们自己的经验为背景，通过自己学习来建构知识完成，从而达到掌握知识之目的。

3. 从生活中建构课堂

生物学是一门自然科学，自然界的现象、生产技术中的问题、生活经验中的事实等各个方面与生物知识都有着千丝万缕的联系。教学过程中，要善于从观察自然现象和研究社会生活实际中的生物学问题，把教学与生活问题、间接经验与直接经验结合起来，不断引导学生观察生活，了解生产，认识世界，源源不断地提出生活中的问题，又通过所学的知识解释分析生命现象，使学生觉得生活中充满着生物学，感到学有所得，学有所用，从而保持学习生物的兴趣。在学生已经具备一定的生物知识的基础上，教师要引导学生运用所学知识回到实际中去，帮助学生消除知识结构上的疑点，此外，教师还应引导学生应用所学的有关知识来解决一些实际问题，使学生在解决实际问题中，感到学有所用，进一步理解、掌握生物知识，从而保持和稳定学生的学习兴趣。

培训方式建议：

以讲座为主，辅以生物学科案例进行分析。

培训资源：

1.《新课程与学生学习评价》，黄光扬主编，高等教育出版社出版。

2.《探究式学习——学生知识的自学建构》，任长松主编，天津出版社出版。

单元内容2：初中学生学习动机的形成与保持

培训目标：

1. 了解学生学习动机的重要性。

2. 掌握学生学习动机的类型和形成的方法途径。

3. 如何有效保持学生已形成的学习动机。

内容要点：

1. 学习动机的重要性

学习动机是学习的动力因素，是与学习相关的某种需要所引起的有意识的行为倾向。在学习当中，如果能正确了解、培养、激发学生的学习动机，充分发挥其潜在能力，一定在学习成绩和学习能力上有一个非常大的飞跃。联合国科教文组织提出：未来的文盲是不会学习的人。在教学中，教师应经常引导学生认识学习的这种必要性和迫切性，激发学生自觉学习的热情，并且有意识地让学生利用已掌握的逻辑思维、思想方法，自己亲自参与新知识的发现、独立解决问题、善于思辨、习惯于归纳整理，这样才能真正锻炼自己的思维、开发自己的智力、发展自己的能力，才能让学生享受到学习的威力和应用的乐趣，从而把学习当成自身的需要，变"要我学"为"我要学""我爱学"。

2. 中学生学习动机的形成和特点

同小学生相比，中学生已经开始理解自己学习的意义和责任，学习动机更为明确、具体。但受环境等众多因素的影响，中学生的学习动机又表现出形成上和内容上的差异。根据相关调查结果分析，当前中学生的学习动机从形成上主要有以下几种类型：依附，受迫型动机；义务型动机；兴趣型动机；信念型动机。中学时期与小学时期相比，学习活动、内容、方法等各方面都有了很大不同，加之他们身心发展正处于人生的第二个高峰期，而且生理和心理的发展速度和水平又呈现出不同步、不协调的特点，行为和思想信念都很容易受外界因素的影响。从当代中学生学习动机的类型及学习动机形成中存在的问题可以看出，在整个中学阶段进行持续的学习动机教育是十分必要的。学习动机的科学激发，有助于中学生的学习动机更加趋于正确、科学、有效、长效，有助于中学生建立自信，促进个性健康和谐发展。

3. 什么是有效的学习行为

加涅认为要使有效学习行为发生，学习者必须要有学习心向，所以学习的准备工作就是由教师以引起学生兴趣的方法去激发学生的学习动机。学习动机的实质是学习需要，这种需要是社会、学校、家庭的影响在学生头脑中的反映。学习动机与学习的积极性、学习效果之间有着极为重要的关系。学习动机不纯或不强烈，学习的积极性就低，必然严重影响学习效果。在当前知识经济社会，不具备一定职业素质的人必将无立足之地，而不可避免地被社会淘汰。因此，对初中学生的学习目标而言，激发和维持他们的学习动机，显得更加重要和紧迫。

培训方式建议：

在介绍理论的基础上，结合具体的策略，分门别类地引导学员进行练习，进而掌握学生学习动机的成因，并采取适当的策略促进学生的学习。

培训资源：

1.《增强学习动机的 150 种策略》，梁平译，华东师范大学出版社出版。

2.《动机研究与教学》，［英］德尔涅伊（Dornyei，Z.）著，外语教学与研究出版社出版。

专题名称：应用学习理论的教学实践研究

专题简要说明：

本专题主要立足提高成熟期初中生物教师的教学实践研究能力。重点选择几个经典的案例阐述如何利用学习理论指导教学实践。

本专题下设四个单元内容的课程：应用学生学习理论指导生物教学设计、应用学生学习理论指导生物教学实施、应用学生学习理论指导生物教学评价、应用学生学习理论指导生物实验的疑难问题解析。

单元内容	课时建议	课程属性
应用学生学习理论指导生物教学设计	32	专业必修
应用学生学习理论指导生物教学实施	32	专业必修
应用学生学习理论指导生物教学评价	32	专业必修
应用学生学习理论指导生物实验的疑难问题解析	32	专业任选

单元内容 1：应用学生学习理论指导生物教学设计

培训目标：

1. 掌握学生学习理论对生物教学设计的启示。

2. 了解学习理论对生物教学设计的影响。

内容要点：

1. 建构主义学习理论对教学设计的要求和启示

基于建构主义学习理论的教学设计强调以"学"为中心，重视"情景、协作"在教学中的作用，强调发挥学习者在学习过程中的主动性和建构性，有利于创造型人才的培养，满足信息社会对人才所提出的要求。为有效进行教学设计，提高系统绩效，促进并增强学习者的学习，我们需要在建构主义学习理论的指导下综合应用各种学习策略指导学生的学习。在这里将阐述基于建构主义教学设计中学习策略应最关键的是动机策略，一切学习行为都是由动机引起的。动机不仅可以激起学生学习的欲望，督促学生学习，而且可以进行反馈，强化学生的学习。在建构主义学习环境中，学生是学习的主体，在学习过程中需要学生有一定的自控力，对于学生感兴趣的内容，可以通过内部诱因来驱动学习，而对于学生不感兴趣的内容只能通过外部诱因来驱动学习。

2. 三种主要学习理论流派对教学设计的影响

学习理论是教学设计最重要的理论基础之一。关于三种主要的学习理论流派（行为主义、认知主义、建构主义）的核心思想以及它们各自对教学设计的影响一直是这几年教育教学研究的热点问题。在教学设计的发展过程中，建构主义理论的切入标志着教学设计走向转型发展时期。

行为主义学习理论对教学设计产生了重要的影响，比如：注重教学环境的创设，重视学习者的客观行为，着重分析行为、个体、环境之间互相交错的影响；在学习过程中随时评价，及时反馈，及时强化；把学习内容分为许多小步子来实现学习目标，合理安排教学过程等。受行为主义学习理论的影响产生了教学系统设计的基本要素：关注外显的行为目标，注重教学内容的分析和学习者特征的分析，重视教学过程（包括策略、方法、媒体）的设计、控制、注意评价和反馈。人本主义学习理论使教学设计更加成熟，同时关注学习的内部条件和外部条件，强调情境和协作的重要性、强调意义建构等，为教学内容的分析、教学目标的确定、教学策略的选择等提供了新的依据。人本主义学习理论对教学设计的贡献：注意克服知、情分离的教育。尊重学生，发挥学生的主观能动性，着眼于学生独立性、创造性的发展。

培训方式建议：

本单元内容是实践性质的内容，可以让学员主动进行实践活动来内化理论，教师对学员的实践成果进行点评和指导，提出改进意见。

培训资源：

《学习与教学——从理论到实践》（第五版）（万千教育），轻工业出版社出版。

单元内容2：应用学生学习理论指导生物教学实施

培训目标：

1. 掌握教学实施的策略。

2. 了解学习理论对教学实施的启示。

3. 学会利用学习理论提升教学实施的有效性。

内容要点：

1. 有效教学概述

有效教学的理念源于20世纪上半叶西方的教学科学化运动，在美国实用主义哲学和行为主义心理学影响的教学效能核定运动后，引起了世界各国教育学者的关注。20世纪以前，在西方教育理论中占主导地位的教学观是"教学是艺术"，但随着20世纪以来科学思潮的影响，以及心理学特别是行为科学的发展，人们意识到，教学也是科学，即教学不仅有科学的基础，而且还可以用科学的方法来研究。于是，人们开始关注教学的哲学，心理学，社会学的理论基础，以及如何用观察、实验等科学的方法来研究教学问题，有效教学就是在这一背景下提出的。20世纪末被学者介绍到我国，我国教育工作者逐步认识了有效教学，并在理论与实践的结合上进行了有益的探索。

2. 随机进入教学的环节

随机进入教学主要包括以下几个环节：

（1）呈现基本情境——向学生呈现与当前学习主题的基本内容相关的情境。

（2）随机进入学习——取决于学生"随机进入"学习所选择的内容，而呈现与当前学习主题的不同侧面特性相关联的情境。在此过程中教师应注意发展学生的自主学习能力，使学生逐步学会自己学习。

（3）思维发展训练——由于随机进入学习的内容通常比较复杂，所研究的问题往往涉及许多方面，因此在这类学习中，教师还应特别注意发展学生的思维能力。

（4）小组协作学习——围绕呈现不同侧面的情境所获得的认识展开小组讨论。在讨论中，每个学生的观点在和其他学生以及教师一起建立的社会协商环境中受到考察、评论，同时每个学生也对别人的观点、看法进行思考并作出反映。

（5）学习效果评价——包括自我评价与小组评价，评价内容包括：①自主学习能力；②对小组协作学习所做出的贡献；③是否完成对所学知识的意义建构。

3. 如何整体层面进行教学实施

（1）教学内容上，采用教材单元的整体性教学

传统生物教学注重单节教学，忽略单元，或者说，不能让学生重视到单元要求。这对于生物知识与能力的整体性要求是不吻合的。另外，建构主义学习观强调自主性，教学活动必然要为学习者留有足够的学习时间和提供适当的学习空间。很难想象学习者能在一两个课时内和单一课堂上完成建构主义要求的某种知识的意义建构。按目前教材的安排进度，给予一单元两周左右的教学活动时间（实验教材也合适），既能满足学习者自主性要求，又不影响整个学期的教学进度。

（2）教学对象上，组织学习活动小组

建构主义认为，学习者与周围环境的交互作用，对学习内容的理解（即对知识意义的建构）起着关键性的作用。这是建构主义的核心概念之一。学生们应当在教师的组织和引导下一起讨论和交流，共同建立起学习活动小组并成为其中的一员。

学习活动小组基本要求是：自愿原则，强弱结合，宜小不宜大，分工明确，不宜长期固定等。这些要求有助于发挥"协商""会话"功能，促进学习动机，实现优势互补，提高活动效率。

（3）教学进程上，遵循"情境创设—协作探索—效果评价"的过程

培训方式建议：

本单元内容要强化学员的"中心"地位，在教学设计的每一个环节中，如何突出"以学员为中心"，需要教师认真组织、精心指导。

培训资源：

《提升教师教学实施能力》，贺永旺主编，教育科学出版社出版。

单元内容3：应用学生学习理论指导生物教学评价

培训目标：

1. 掌握课堂教学评价的方法和步骤。

2. 理解有效的生物教学评价策略。

内容要点：

1. 教学评价的定义和要素

教学评价是依据教学目标对教学过程及结果进行价值判断并为教学决策服务的活动。教学评价是研究教师的教和学生的学的价值的过程。教学评价一般包括对教学过程中教师、学生、教学内容、教学方法手段、教学环境、教学管理诸因素的评价，但主要是对学生学习效果的评价和教师教学工作过程的评价。教学评价的两个核心环节：对教师教学工作（教学设计、组织、实施等）的评价——教师教学评估（课堂、课外）、对学生学习效果的评价 ——即考试与测验。评价的方法主要有量化评价和质性评价。

2. 生物课堂三维目标的评价

新课程的实施对生物教师是一个全新的挑战，教师能否适应新课程的要求，很大程度体现在课堂教学上。因此，在实施新课程的过程中，对生物教师课堂教学的有效评价除了按以往评价中的教学内容、教学方法、教学组织和管理、教学语言、教态等要素外，重点介绍对三维目标达成度的评价。

培训方式建议：

讲座，研讨。

培训资源：

1.《生物学教学论》，曹道平主编，高等教育出版社出版。

2.《新课程教学评价方法与设计》，万伟等主编，教育科学出版社出版。

单元内容4：应用学生学习理论指导生物实验的疑难问题解析

培训目标：

1. 掌握初中生物实验的特点。

2. 了解常见的初中生物实验中疑难问题有哪些。

　　3. 学会利用学习理论解决生物实验中的疑难问题。

　　内容要点：

　　1. 生物实验的特点

　　生物学是一门以实验为基础的自然科学。许多生物现象只有通过实验才能得到解释，所以实验教学在生物教学中占有非常重要的地位。加强培养学生的观察能力、实验能力、思维能力和自学能力是新编九年制义务教材改革的主要特点之一。如爱因斯坦所说："提出一个问题，往往比解决一个问题更重要。"所以，在教学中，对学生进行"提出问题，做出假设"的技能训练是十分必要的。新教材设计的这类技能训练，目的是训练学生学会提出问题，讨论交流并评价提出的哪些问题更合理，进一步作出假设，且设计实验，制订出实施探究的方案。

　　新教材将教师做的演示实验、学生做的分组实验以及课内外的小实验较合理地穿插到有关章节课文的前面、中间或后面，成为每节教学内容的重要组成部分。我们一般将安排在课文前面或课文中间的学生分组实验称为探索性实验(或称探究性实验)；把安排在课文后面的称为验证性实验。

　　2. 初中学生生物实验能力的培养

　　初中阶段对生物实验的教学要求是尝试性探究实验，学生的积极性高，但教学实施过程不容易。初一的学生，从小学自然学科中的一些生物知识，到刚接触初中的独立生物学科，好奇心强。美国心理学家布鲁纳说"最好的动因是学员对所学材料有内在的兴趣。"如何使他们对生物学的好奇心转变为浓厚的学习兴趣呢？这时可以用他们对生物实验的好奇心，激发兴趣。通过生物实验培养他们实验能力，使学生获得学习生物的方法和能力，增加自己的成就感，如《显微镜的作用》、《制作临时装片》这些实验，先讲解显微镜结构和作用，老师边操作显微镜，边讲要点，边做示范。学生一边听讲，看示范，一边模仿操作。制作临时装片时，老师在实物投影仪上边讲要点，边示范，学生也是一步步跟着老师做。这样的教学比先讲，再让学生做的成功率高很多。学生在显微镜下看到自己制作成的装片，就会有成就感。这样模仿操作后，再让学生自己独自操作，制作其他的装片，独立完成实验。

　　另外，还可以开展生物课外活动，让学生对植物、动物、环境污染、人口问题进行调查研究，在大量的实践活动中，运用已有的知识和能力去观察现象、分析解决实际遇到的问题，从而主动获得知识，进一步提高实验能力。为高中阶段的学习打下基础。

3. 举例说明学习理论对解决生物问题的启示

陶行知说过"手脑双全，是创造教育的目的。中国教育革命的对策是使手脑联盟。"生物学是一门以实验为基础的自然科学，实验教学不仅是提高学生动手能力的重要途径，更是激发学生探索兴趣、鼓励学生不断向生物学的顶峰攀登的内在动力。因此，我认为，实验教学是生物教学"手脑联盟"的最佳结合点，能有效促进学生思维能力与实践能力的发展。几点建议：

(1)变验证实验为探索实验，激发学生"手脑联盟"的内驱力。

(2)重视实验过程，关注实验效果，使"手脑联盟"血肉丰富。

(3)让丰富多彩的课外实验，来提升学生的知识，从而使"手脑联盟"发挥出双向促进作用。

培训方式建议：

实验是生物学科的特殊课程，该课程属于实践类课程。因此，对学员的培训必须是在实验中进行，在实验的情境下引导学员做理论的提升。

培训资源：

《初中生物实验图解》，周筱芳主编，广西师范大学出版社出版。

专题名称：初中生物教师教育教学研究指导

专题简要说明：

本专题主要针对初中成熟期生物教师的个人发展设置的，旨在帮助教师提高教学教育研究能力。

单元内容：生物教育科研方法和论文写作指导

培训目标：

1. 了解教育科研方法的内涵。

2. 掌握生物教育科研的基本方法。

3. 理解教育科研的基本过程。

4. 掌握生物学科论文写作的方法。

内容要点：

1. 教育科研的内容要点

教育研究是教育科学研究的简称，是指人们运用科学的方法探求教育事物本质和性质，摸索和总结其教育规律，取得科学结论，解决教育问题，促进教育事业发展的研究活动过程。教育是以教育科学理论为基础，以教育领域中发生的现象为对象，以探索教育规律为目的的创造性的认识活动。简言之，是用教育理论去研究教育现象，探索新的未知规律，以发现新情况，总结新经验，为实施素质教育，深化教育改革服务。

2. 常用的教研方法

(1)个案研究法：个案研究法是当今教育研究中运用广泛的定性研究方法，也是描述性研究和实地调查的一种具体方法。它主要通过案例方式考察教育现象，基本目的在于描述与解释，在描述过程中进行解释。

(2)行动研究法：行动研究是教师和研究人员针对实践中的问题，综合运用各种有效方法，以改进教育工作为目的的教育研究活动。它将教育理论和教育实践融为一体，将教育者和教育现实问题紧密结合，强调在"行动"中研究、在"情境"中研究、在"做"中研究。行动研究的基本过程大致分为循序渐进的四个环节，即计划、行动、考察和反思。

(3)调查研究法：调查研究法是研究者采用问卷、访谈、观察、测量等方式对现状进行了解，对事实进行考察，对材料进行收集，从而探讨教育问题、教育现象之间联系的研究方法。

(4)教育叙事：教育叙事是以叙事、讲故事的形式记录在自己的教育实践、教育生活中发生的各种真实鲜活的教育事件和发人深省的动人故事，表述自己在实践过程中的亲身经历、内心体验和对教育的理解感悟。

(5)教育随笔：教育随笔顾名思义，就是谈教育思想观点的随笔、教学随笔，也可以说"教学心得"，主要是写教学中某一点体会的心得。它的主要特点是题目小，篇幅短，层次和结构比较简单，内容单纯，涉及面比较小，写作材料便于收集、整理和使用。

3. 常规教研课题六部曲

(1)选择研究课题；(2)查阅文献资料；(3)制订研究计划；(4)收集研究资料；(5)分析研究资料；(6)撰写研究报告。

4. 如何确定生物科研选题

一线教师的论文的选题要直接指向教学实践，课题的研究成果要有助于提高教学质量或教学效率。

培训方式建议：

建议采取学员课前准备科研选题和论文，教师课上结合理论进行点拨的方式。

培训资源：

《生物学教育科研方法》，张文华主编，华东师范大学出版社出版。

专题名称：校本研修策略

专题简要说明：

"校本研修"作为一种新的促进教师专业成长和促进学校自主发展的重要方式和有效策略，为教师构建了一个专业发展的自我反思平台。它表明：这是一个新型的结合体，是一个开放的系统。它绝不是一种概念上的翻新，而是理念上的一次重建。

单元内容：生物教研组的建设

培训目标：

1. 了解生物教研组日常工作要求。

2. 了解教研组活动的方式。

3. 掌握生物教研组建设的策略。

内容要点：

教研组是学校工作的策划与执行团体。如何组建优秀的学科教研组对推动学校工作起着十分重要的作用。本专题系统介绍教研组建设的理论与经验交流，特别是素质教育的推进，新课改的实施，校本教研的开展，对教研组建设所起到的推动作用。同时从教师应树理想强修养，爱岗敬业多奉献；讲友谊重情感，互帮互助增干劲；改传统变教法，素质教育为指导；抓教研促教学，科研兴组出成果；出主意挑重担，学科带头做贡献；走出去请进来，学高为师宽胸怀等角度进行学校之间的经验交流，促进教研组的健康发展。

培训方式建议：

该单元的内容是学员日常工作中最常见的活动方式，因此要以学员为主体，教师要提出引发学员思考的问题，并引导学员讨论，适时点评。

培训资源：

《教研组建设简论》，王永和主编，华东师范大学出版社出版。

专题名称：初中生物教师专业成长路径

专题简要说明：

随着社会对教育需求的增长，人们对生物教师的要求日益增长，并称之为教师专业成长。要让生物教师的专业得到成长，可以通过生物专业知识的进修，也可以通过教学专业知识的培训。当然，如果这位生物老师可以再学习班级管理或者学校行政管理的理论，那就更完美了。

本专题下设两个单元内容的课程：成熟期教师专业发展路径和名师成长经验介绍。

单元内容	课时建议	课程属性
成熟期教师专业发展路径	8	专业任选
名师成长经验介绍	8	专业任选

单元内容1：成熟期教师专业发展路径

培训目标：

1. 了解教师专业发展的内涵。

2. 理解教师专业发展的路径。

3. 了解教师专业发展的不同阶段。

4. 掌握新课程背景下的教师专业成长路径。

内容要点：

1. 教师专业发展的重要性

学术界对教师专业素质内涵的不同构想和分析，一方面繁荣了对该问题学术研究；另一方面为教师专业发展内涵生成了多元模式与多维度理解，而他们分歧则说明了由于教师专业发展内涵的本质离"公认的"一致的"标准"还有一定差距，说明对教师专业发展内涵的研究深度和广度有待加强。同时也反映出教师专业是一个形成中的专业，教师专业发展内涵是一个不断深化的历程，使得教师专业内涵本身具有动态性和开放性特征。

2. 教师专业发展路径

教师专业发展路径问题是教师专业发展范畴内也是近年来研究较为深入和取得成果较多的领域，研究者不同视角下对教师专业发展路径进行了卓有成效的分析，对于丰富和深化人们认识在新课改背景下的教师专业发展的路径如何选择有着积极的促进意义。但是不得不指出的是研究者们大多是以一种零散的不系统的观点来审视教师专业发展的路径问题，至于这些路径之间有何关系，如何整合他们才能发挥 $1+1>2$ 的最大的系统效用则很少被问津。而这个问题正是本课题进行研究的一个逻辑起点。

3. 专业发展的背景特点

人们比较一致的看法是教师的专业发展是一个长期、复杂的过程，每个教师的专业实践主要是以个体的形式进行的，因而是具体的、特殊的，有着不同的经历。教师专业发展也不是一个由低到高、由新手到专家的僵化的、线性的过程，而是一个由上升、停滞、下降、回升等环节交互混杂的复杂过程，因此在我们看来，尽管教师专业发展阶段理论有着诸多积极意义，但由于其理论概括过于抽象和"普遍"，至于运用到具体每个教师身上解读的时候显得机械和呆板，因为每个具体教师的专业发展阶段很多时候不是那么可以清晰的线性描述和具体展示，只是对教师群体专业发展的一个宏观描述和勾勒，而对微观下的个体教师专业发展的指导意义不大。

4. 新课改背景下的教师专业发展的"路径整合"

如果说对教师专业发展内涵的研究仅仅是研究新课改背景下的中小学教师专业发展机制的基础和理论前提，那么对教师专业发展路径的研究只是回答了教师专业发展的道路选择问题，却没有深入研究这些路径之间的关系以及如何整合和发挥他们综合效用的问题，而"路径整合"显然是新课改背景下的中小学教师专业发展机制探讨的一个重大问题。

培训方式建议：

该内容建议采用讲座加研讨的方式进行。

培训资源：

《是什么让教师不断进步》，玛丽·伦克·贾隆格等著，张涛译，中国青年出版社出版。

单元内容2：名师成长经验介绍

培训目标：

1. 了解"名师"的含义。

2. 从名师成长的经历中找到自我发展的生长点。

内容要点：

1. 名师的特点和含义

一个教师要成为名师，一定要和后进生打交道，后进生能够促使你对教育有着更深入的研究，更深刻的思考。不管什么样的学生，教师都能本着"有教无类，因材施教"的原则，都能发自内心的爱他们，都能有效地促进学生健康的发展，这才是真正的名师。

2. 介绍名师成长的几个重要阶段

选择 3～5 位名师，剖析他们的成长历程，总结影响他们成长的几个重要阶段。

3. 名师成长经验对教师专业发展的启示

名师是怎样走向成功的？有没有一般的规律可循？我们能否从名师成长的轨迹中得到一些借鉴？名师在成长的发展阶段、关键要素、关键环节、外在环境、个性特征上，有着很大的一致性。从个人因素分析，名师刚踏上工作岗位，都无一例外地以"做一名优秀教师、做一名学生喜欢的老师"为自己的理想和追求。当我们问"人的一生是否需要目标引领"时，他们的回答都是"当然"或者"非常需要"，因为"只有内心强烈目标的引领，才能始终有激情地投入工作"。否则，"就没有前进的动力"。

培训方式建议：

本单元内容聘请多个名师从不同角度介绍自己的成长历程，上课教师进行提炼，并组织学员进行研讨，从中受到启发和激励，并找出自己的成长路径。

培训资源：

《是什么让教师不断进步》，玛丽·伦克·贾隆格等著，张涛译，中国青年出版社出版。

四、初中生物成熟期教师培训的课程实施建议

初中生物成熟期教师是指从事生物教学 6～10 年，具备较为丰富的教学经验，同时也积累了大量的有关教学教育方面的问题和难题的一类教师。因此在课程实施中要将理论学习与学员的教学实践结合起来，将专题讲座与交流研讨结合起来，充分发挥学员的主题作用，让学员成为培训的主体，对他们的需求进行"点餐"式培训，将过去的"有什么给什么"变成"要什么给什么"的培训模式，活化培训内容和培训形式。

要注重培训方式的创新，采取案例式、参与式、情境式等多种培训方

式开展培训，增强培训的吸引力和感染力。培训过程中还需活化培训载体，同时活化专业引领，将培训变成学员主动参与式，同时利用"问题驱动"的模式进行。

授课教师要为学员提供学习讲义、参考资料等资源并为学员搭建经验分享平台，为学员的后续学习提供有效支持。

五、评价建议

采取定性与定量评价相结合、学员与专家评价相结合、即时与后续评价相结合、自评与他评相结合的多种评价方式，对学员的学习情况进行评价。

第四套　初中生物教师(发展期)培训课程指南

一、初中生物教师(发展期)的特征与培训目标

初中生物发展期教师一般是指本学科教龄在 10 年以上的初中生物教师,他们多数具有高级职称。他们熟悉初中生物课程标准和教材,能从单元的角度理解初中生物学科的概念和教材,但对整体把握学科概念和教材能力、教学设计和实施的能力还有待提高;熟练掌握初中生物教学中的实验技能,但还不能从培养学生创新能力的角度设计实验;有了一定课题研究的经验,但在固化成果方面还有待提高。本期培训侧重点是从学科思想方法的视角看待初中生物及其教学,在此基础上促进他们教学水平的进一步提升,同时帮助他们积极提炼教学经验,在教学研究上有所突破。

培训目标:

1. 提高对学科本质和学科思想的理解。

2. 理解教材内容的教育价值,学会挖掘教材内容的教育价值。

3. 教学设计能基于对学科知识的整体思考。

4. 开展教育研究实验,总结反思教学经验,提炼教学特色。

二、初中生物教师(发展期)培训的课程体系结构及说明

问题模块	专题构成		单元内容	课程属性	课程形态	课时建议
	名称	总学时				
怎样深刻理解生物学科本质和思想?	对生物学科本质的研究	24	生物学科史选讲与应用研究	专必	讲座＋研讨	24
	对生物学科思想的研究	48	生物学科思想的应用研究	专必	讲座＋研讨	24
			生物科学技术与社会	专限	网络课	24
怎样将教育学理论有效的应用于生物教学中?	教育理论知识选讲	16	现代教育理论知识基础	专限	讲座＋实践	16
	心理学知识选讲	16	实证性反思技能	专限	讲座＋实践	16

问题模块	专题构成		单元内容	课程属性	课程形态	课时建议
	名称	总学时				
在初中生物课程实施中怎样把握学科知识的整体性?	生物学科的知识结构研究	32	生物学科的知识结构研究	专必	讲座＋研讨＋实践	32
	生物学科教学策略研究	32	概念教学策略研究	专必	讲座＋实践	16
			问题连续体理论在教学中的应用	专必	讲座＋实践	16
	初中生物课堂教学评价研究	32	初中生物课堂教学评价研究	专必	讲座＋实践＋研讨	32
	初中生物实践教学策略	32	创新实验设计	专必	实践	8
			课外（野外）考察的设计、组织与实施	专必	实践	24
怎样进行教学反思?	教学反思的研究	12	教学反思的方法	专必	讲座＋研讨	12
	教师教学案例分析与研究	24	教学案例的呈现与分析	专限	讲座＋研讨	24
	初中生物教育科研方法	32	开展初中生物教育科研的途径	专任	讲座＋实践	24
			生物教学论文写作指导	专任	实践＋指导	8

注：课程属性中"专必"为专业必修；"专限"为专业限选；"专任"为专业任选。

三、初中生物教师(发展期)培训的课程说明

专题名称：对生物学科本质的研究

专题简要说明：

生物科学史是一门既古老又年轻的学科，反映的是人类对生命研究的过程。既包括科学家对生命现象的研究过程，又包括研究生命现象过程中所持有的不同态度和观点；既有生物学理论和方法的形成和演变，又有不同学科之间的联系。在教学过程中，想要掌握生物学的本质，就要了解生物学科史中的每一次转折和突破，每一个关键事件和发展。在课堂中利用

生物学史知识进行教学是必不可少的内容。

单元内容：**生物学科史选讲与应用研究**

培训目标：

1. 描述生物学史中重要的事件和科学家，了解科学探索的过程。

2. 说明生物学史与初中生物教学的关系，了解能够提高认识水平的因素。

3. 尝试在初中生物课程中设计相关的生物学史的教育。

内容要点：

1. 生物学发展简史中的重要事件和人物

生物学科是一门既古老又年轻的学科。在人类认识自然界之初就开始不断地了解自己和环境中的其他生物，但是生物学真正形成一门科学的时间并不长。在生物学科形成和发展过程中，有一些非常关键的事件和人物对生物学的研究起了重要意义。通过对这些人物和事件的介绍，可以让学生一方面了解生物学发展的艰辛历程，另一方面知道生物学家锲而不舍的科学精神。

(1) 林奈与生物的分类法

分类是生活中常用的方法，生物学科也利用这个方法把各种各样的不同生物按照科学的方法区别开来。林奈是生物学史中最早利用分类的方法命名并区别不同种类生物的科学家。他的生物学命名法和分类法沿用至今，并随着生物学科的发展也在不断被改进，进而有着长久的生命力。

(2) 法布尔与昆虫生态学

不论是生物学家还是普通人，对身边的生物都非常关心。在能够主动观察并把观察内容记录下来的人之中，法布尔是杰出者。他通过对昆虫积年累月的观察和客观记录，为后来的生物学研究者提供了大量的参考资料。他将枯燥的科学资料变化成图文并茂的大众读物，使得更多的人关注生物学，更多的学者研究生物学。

(3) 达尔文与物种进化论

物种的起源和进化在不同的地区和民族都有着不同的解释，但是都带着宗教的色彩，而不是进行科学的探究。达尔文在环游考察之后，通过对多种生物个体及样本的比对和分析之后，对生物的起源和进化有了新的思考和认识，提出物种起源和生物进化的新解释。他通过对事实的追问，而不是对前人知识的迷信，为生物进化的途径开拓了新方向。这也是对伪科学的又一次挑战，为后人的研究奠实了基础。

(4)孟德尔与遗传学

经过对多种生物材料的多年研究，孟德尔对生物传递遗传物质的规律有了初步的假设和解释。改变了以往以现象描述为依据而没有数据进行证实的研究模式。孟德尔的实验不仅对实验材料正确选择影响实验结果作出了一定的解释，而且也是生物实验的对比性、可重复性和大样本反应规律等原则的很好论据。

2. 生物学发展简史中核心内容的教育价值

生物学科教育也是遵循教育的规律，其核心内容对教学的指导有着重要意义。生物学史中生物学家的研究方向、研究途径和论证过程，他们实事求是的研究态度，以及他们对学科的献身精神都是教学核心。对在校初中学生今后的学习观和世界观的形成有着深远的影响。

3. 生物学发展简史内容之间的联系

生物学的每一个发展阶段都是相互关联的，每个科学家的研究成果也都是相互影响不断递进的。后一个发展阶段是在前一个阶段的基础上进行的，前人的研究成果被后面的研究者补充了新内容。

4. 教学案例分析与实践

在课堂教学中使用生物学史，通过对教学设计的分析和讨论，把相应的生物学人物、事件和研究方法有机地融合在学科知识的教学中。使初中生物学课堂变得更生动。经过小组对教学设计的讨论和修改，完善生物学史教学与知识性教学的结合。

(1)初中教学中利用生物学的历史人物和事件课程的案例分析。

(2)设计利用生物学的历史人物和事件的课堂教学设计。

(3)模拟教学实践。

(4)讨论并修改教学设计。

培训方式建议：

采取讲授、练习、实践等方式结合起来进行教学。课堂讲授16课时，小组讨论4课时，课堂实践4课时。

培训资源：

《自然科学史世界生物学史》，汪子春、田洺、易华编著，吉林教育出版社出版。

专题名称：对生物学科思想的研究

专题简要说明：

在初中学生学习生物学的过程中，生物学科的思想对生物学知识及研究过程的理解和获得对生物学的本质、特征及价值的领悟有极其重要的作用，是与"生物学科概念或知识"密切联系的，是对生物学科来源和应用的正确认识的基础，能指导初中学生对生物学知识在实际生活中的应用。

专题下设两个单元内容：生物学科思想的应用研究和生物科学技术与社会。

单元内容	课时建议	课程属性
生物学科思想的应用研究	24	专业必修
生物科学技术与社会	24	专业限选

单元内容1：生物学科思想的应用研究

培训目标：

1. 说出生物学思想的内涵对初中生物教学的指导作用。

2. 说明生物学思想的形成过程在初中生物教学的体现。

3. 阐明初中课堂中体现生物学思想的相关学科知识。

4. 尝试在初中学科教学中进行生物学思想的教育。

内容要点：

1. 生物学思想形成历程在初中生物教学中的体现

生物个体表现的各种生理现象和各种行为方式与其具有的结构是相对应的，即生物体的某种功能是由它的结构相适应的。生物体的发育过程体现着此种生物进化的历程。生物界中的个体与群体之间存在着联系，生物体与非生物环境相互影响相互作用。生物通过繁殖保证物种的存在，同时变异又能够促进物种的生存活力。生物学思想在初中教学中的不同部分都有相应的知识内容，通过对教材的分析和解析，要解决如何在教学过程中把生物学思想融入到知识教学中的问题。

2. 生物学思想形成中的哲学理论指导教学过程

哲学是在对世界的本源、本质、共性或绝对、终极的分析过程中形成的世界观，是对自然知识、社会知识、思维知识高度的概括和总结，也是世界观和方法论的统一。哲学理论是指导一切社会活动的基础。在进行生物教学中也是如此。哲学思想也是指导生物教学活动的最基本的思维基础。而生物学思想是在哲学思想基础上开始并且加入了许多生物学知识因素而形成的对生物教学活动最根本、最直接的指导思想。在生命科学探索过程中研究对象和探究模式的正确选择，是对方法论原理的正确认识过程，是对实验结果进行实事求是的分析，也是形成正确的辩证主义世界观的过程。在教学中将生物学知识与哲学思想相结合，对实现"三维"教学目标有很大帮助。

3. 教学案例分析与实践

在初中生物学课堂教学中，将哲学理论知识体现在教学设计里。通过分析和讨论，把相应的生物学思想和研究方法有机地融合在学科知识的教学中。重点对"三维"教学目标中情感、态度、价值观的达成进行分析。经过小组对教学设计的讨论和修改，完善生物学思想在知识性教学中的融合。

(1)初中教学中体现生物学思想课程的案例分析。

(2)设计体现生物学思想的课堂教学设计。

(3)模拟教学实践。

(4)讨论并修改教学设计。

培训方式建议：

建议本单元教学采取课堂讲授、小组讨论形式。

培训资源：

1.《生物学思想发展的历史》，恩斯特·迈尔著，四川教育出版社出版。

2. http：//www. bioon. com.

单元内容 2：生物科学技术与社会

培训目标：

1. 说明生物科学技术与社会的关系。

2. 阐述生物科学技术与社会教育理念。

3. 尝试在初中学科教学中进行生物科学技术与社会教育。

内容要点：

1. 生物学技术与社会的关系

生物学产生于人类的生产、生活等社会活动中，在人类发展过程中推动社会进步；技术是对生物学知识应用的表现形式，技术水平的提高推动人类社会生产力水平的提高。但是，生物学技术对人类社会的发展存在正反两方面的作用。

(1)生物科学产生与人类社会活动的关系。

(2)生物学技术对科学的探究和人类社会的作用。

2. STS 教育理念与教育方法

STS 是探讨和揭示科学、技术和社会三者之间的复杂关系，研究科学、技术对社会产生的效应。强调理解科学、技术和社会三者的关系；重视科学、技术在社会生产、人们生活中的应用；重视科学的价值取向，要求人们在从事任何科学发现、技术发明创造时，都要考虑社会效果，并能为科技发展带来的不良后果承担社会责任。STS 教育突出了对科学的文化解读、对科学的社会价值与人生意义的理解，重在唤醒主体的自我意识及情感体验。

(1)STS 教育的发展历史。

(2)STS 教育在内容构成上的综合性。

(3)在教学方式上注重探究与体验。

3. 教学案例分析与实践

利用相关生物学研究的社会性问题和技术性支持的材料，运用在课堂教学中。通过对教学设计的分析和讨论，把相应的 STS 教学思想体现在学科知识的教学中，使生物学课堂与生活和社会相联系。经过小组对教学设计的讨论和修改，改进并形成有代表性的教学案例。

(1)教学案例的分析。

(2)进行体现生物学技术与社会的课堂教学设计。

(3)模拟教学实践。

(4)讨论并修改教学设计。

培训方式建议：

本单元内容教学建议以讲授为主同时进行小组讨论。

培训资源：

1.《生物科技与当代社会——科学技术与社会丛书》，朱圣庚主编，广东教育出版社出版。

2. http：//baike. baidu. com.

专题名称：教育理论知识选讲

专题简要说明：

教育理论包括教育观念、教育思想、教育模式和教学方法。现代教育理论认为：教育的目的是促进学生发展，强调学生在教育中的中心地位。教学是学生通过亲身实践探索经验的过程。教学观念支配教师的教学行为，并表现在课堂中。因此，正确的教学观念是初中教师的教学基础。本专题设置的目的是为了让初中生物学教师学会利用新的教学理论指导其学科教学。

单元内容：现代教育理论知识基础

培训目标：

1. 了解现代教育学理论的基本内容。

2. 能将现代教育学理论的相关内容应用于初中生物学教学中。

内容要点：

1. 教育学理论发展及各阶段的主要观点

在教育学脱离了哲学的体系形成了一门学科之后，具有了自身的概念和学科理论。在教育学发展的不同阶段，出现了具有代表性的教育学观点。教育学理论在前人的基础上继承性地发展起来。了解在教育理论各发展阶段的主要观点，尤其是现代教育学理论的特征，对生物教学有指导性意义。

2. 现代教育学理论在初中生物教学中的重要作用

现代教育学更关注的是现代社会的教育，更关注的是教育的现代特性。因此强调热爱儿童、尊重学生，教师注意发挥学生的主体性，教师的支配作用较少，反映了西方教育中教师引导作用的特点。学生才是教育中的真正主体，在西方教育中，自然主义教育思潮、学生中心论盛行之故也就在于此，反映西方教育中学生主体作用之特点。教学的全部过程不能缺少学生的自动参与，包括确定学习目标、选择学习内容与方式等，教师只为学习环境的制造者、学生是学习活动的指导者，教育中少有教师强制、严格纪律约束等现象。

3. 教学案例分析

在指导教师组织下对教学内容进行小组讨论，形成相应的教学设计，预设实际教学中会出现的问题，制定课堂教学达到的可检测的效果。

4. 进行基于现代教育学理论的教学设计与教学实践

通过生物学的课堂实践，实现教学设计，检验教学设计能否达到预期教学效果。进行教学实录，形成教学案例。在指导教师组织下进行小组分析和课堂教学评价。

5. 修改教学设计撰写教学反思

培训方式建议：

采取理论教授与学科教学实践相结合的方式。

培训资源：

《现代教育理论》，扈中平主编，高等教育出版社出版。

专题名称：心理学知识选讲

专题简要说明：

心理学自诞生之日就以实证主义作为研究方法论。实证性研究就是通过对研究对象大量的观察、实验和调查，获取客观材料，从个别到一般，归纳出事物的本质属性和发展规律的一种研究方法。在生物学教学中使用实证性研究有利于教师的发展。

本专题是通过基于实证性反思的教学实践和诊断研修活动，拓展初中生物学教师自身对课堂反思的途径，提高自我教学评价的水平，促进其在课堂教学发展水平的提升。

单元内容：实证性反思技能

培训目标：

1. 说出实证性分析法的内涵和意义。

2. 运用实证性分析法的理论进行教学实践诊断。

3. 运用实证性分析法的理论进行教学设计，并实施教学设计、分析和教学反思。

内容要点：

1. 实证性分析法的内涵

实证性分析法是用统计计量方法对观察、调查或实验数据进行处理的分析方法。

2. 实证性分析法的使用原则和注意事项

实证性分析法包括：个量分析与总量分析、均衡分析与非均衡分析、静态分析与动态分析、定性分析与定量分析、逻辑演绎与经验归纳等。初中生物学教学中使用实证性分析法教学时，对数据收集的完整性和真实性，对分析文字描述的准确性是影响教学实效性的关键。

3. 教学中实证性反思案例的分析

初中教学中让学生能够利用数据，进行初步分析，得到正确的结论。在分析数据的过程中，教师的示范作用和引导作用是极其重要的。以一两个典型的教学案例进行举例和分析，对此类教学进行有具象的认识。

4. 运用实证性分析法进行课程教学设计

选取教材中的相应内容，进行同构异课或同课异构的教学设计，并清楚地分析运用实证性分析达到的教学目的，预期其教学效果。以小组形式进行讨论。

5. 修改教学设计并实施反思

根据小组讨论修改教学设计。实施课堂教学实践，小组再对课堂教学进行分析和研究，并再次修改教学设计。

培训方式建议：

采取课堂讲授(含小组讨论、案例研究)、课例研修(含教学实施、教学观摩与分析)等形式。

培训资源：

1.《反思性教学》，熊川武主编，华东师范大学出版社出版。

2.《我们如何思维》，约翰·杜威著，新华出版社出版。

3.《教师反思的方法》，吕洪波著，教育科学出版社出版。

专题名称：生物学科的知识结构研究

专题简要说明：

生物学的知识结构是教师必备的基础知识，是课堂教学的基础。本专题旨在帮助初中生物教师建立合理的学科知识构建并在指导其教学过程。

处于发展期的初中生物教师对学科课程标准和教材都有了深入的了解，对教材中涉及的概念和框架也有了自己的认识。教师如何把握教学内容的整体性、发挥教学内容的价值，如何帮助初中学生构建出概念之间的关系还需进一步探讨。本专题的主要目的是帮助发展期的初中生物教师在"从单元角度进行教学内容的整体分析，引导学生把握概念的内涵与外延以及概念之间的关系，构建出比较合理的、基于核心概念的知识结构体系"方面进行研究与实践。

单元内容：生物学科的知识结构研究

培训目标：

1. 了解生物学科的基本知识结构。

2. 掌握初中生物学内容的基本知识结构及特点。

内容要点：

1. 生物学科的基本知识结构

2. 初中生物学内容的基本知识结构及特点

初中生物学是从生物的层次、结构与功能、生长与发育、遗传与进化、变化与稳态等方面，简洁地介绍了生物学的基本内容。涉及的知识内容较多，学科范围较广，术语较为抽象。这就要求学员对初中生物学的认识有一个整体的高度，从整体把握的角度有条理地介绍知识，形成完整的学科知识结构。避免知识各自独立，内容之间的联系被割裂。

培训方式建议：

采取理论学习与教学实践与反思相结合的方式进行。

培训资源：

《教什么知识》，季平著，教育科学出版社出版。

专题名称：生物学科教学策略研究

专题简要说明：

学科教学策略是教师在课堂上为达到课程目标而采取的一套特定的方式或方法，是教师保证顺利进行课堂教学的基础。教学策略的使用要根据教学情境的要求和学生的需要随时发生变化。本专题设置的目的是让初中生物教师针对自身所处的教学环境，利用教学策略的指导思想，研究、制定可操作且灵活的教学策略方案。

本专题下设两个单元内容：概念教学策略研究和问题连续体理论在教学中的应用。

单元内容	课时建议	课程属性
概念教学策略研究	16	专业必修
问题连续体理论在教学中的应用	16	专业必修

单元内容 1：概念教学策略研究

培训目标：

1. 了解概念教学的理论。

2. 掌握概念教学的一般策略。

3. 尝试概念教学策略的运用。

4. 体验对概念教学策略的研究。

内容要点：

1. 概念教学设计的特点

生物概念是生物学基础知识的重要组成部分。生物学是一门概念性很强的学科，任何一部分内容的教学，都离不开概念教学。在概念教学设计中，概念形成、同化和比较是重要的内容。理解概念教学的设计特点，分析教材中概念之间的关系，注重学生前概念的了解，对初中学生纠正、补充、完善生活中概念，建构正确的科学概念，对初中学生的日常生活、学习及以后的人生有重要的影响。

(1)概念教学的特点。

(2)概念教学设计需关注的问题。

2. 概念教学设计策略分析

梳理教材，分析和研究适合的概念教学设计策略。针对一个教学案例，分析和讨论教学设计策略的合理性，提出自己的意见或改进方案。

3. 诊断和修改教学设计撰写教学反思

以一节课或一个单元为例进行教学设计。进行课堂教学实践，分析讨论教学设计对初中学生概念建构的实效性，撰写教学反思。

培训方式建议：

采取以课堂讲授和教学实践与反思相结合的方式进行教学。

培训资源：

《初中生物学前科学概念研究》，李高峰、刘恩山主编，北京师范大学出版社出版。

单元内容 2：问题连续体理论在教学中的应用

培训目标：

1. 了解问题连续体理论的基本含义。

2. 掌握将问题连续体理论应用于课堂教学中的方法。

内容要点：

1. 问题连续体理论的基本含义

利用问题推进课堂教学是生物课程教学改革的一个重要策略。问题是教学的关键，有了问题，思维才有方向、动力，思维才能创新。中心教师以"问题"为中心，通过适当的方式提出问题，引导初中学生得出正确的结论是这个体系的体现。这种理论是针对发展学生思维、探索、创新、实践等能力的培养。问题连续体有：问题本身、解决问题的方法和答案三个维度。

2. 问题连续体的五类问题及五类问题之间的关系

问题连续体理论按解决问题所需的创造性的程度来划分等级。依据学生的智力发展水平，从问题、方法、答案是唯一的、系列的还是开放的等不同层次，把问题分为五个类型。从问题的性质、结构、解决问题的方法和问题的结论等方面，把第一类问题到第五类问题从一种到多种方向，再到无限种方向，呈现五种问题类型的递进关系。揭示了五种类型的"问题解决"情景对开发学生潜能的功能作用。

3. 问题连续理论在初中生物学教学中的重要意义

在初中生物教学中教师可以使用问题连续体理论指导教学的设计中选择并提出恰当的有价值的问题，使各类问题相互关联而形成整体，为构建"问题解决"教学体系提供理想的框架依据。了解问题连续体中的各类问题所涉及的认知水平和在教学系统中各个要素中的特点，对学生理解生物学的知识体系提供了方法。问题连续体的教学方法，就是以关注学生思维活动为核心，引导教师建立学科逻辑性，尊重认知规律所设计的教学过程。

4. 运用问题连续体设计教学时应注意的问题

生物科学理论都有自己特定的体系，具有探究性的逻辑起点。初中生物教师的学科逻辑是引导初中学生进行逻辑思维的示范。教学设计的核心是教师的学科逻辑性。在运用问题连续体设计教学时注意：(1)初中生物学的探究逻辑起点的准确性。这是保障教学进程的关键。(2)问题连续体设计中概念的逻辑关系——平行关系和上下位关系。这决定了学生思维活动的质量。(3)问题连续体设计中五类问题的关系，这保证了教学的质量。

5. 教学案例分析

以典型的教学设计案例，介绍并引导学员分析和讨论给出的案例中问题连续体理论应用得恰当与否，提出自己的意见或设计。

6. 运用问题连续体进行课程教学设计和实践

选取教材中的相应内容，运用问题连续体理论进行教学片段的教学设计。讨论并分析教学片段中包含的生物学逻辑和对初中学生哪方面的思维训练。

7. 修改教学设计并实施反思

根据讨论结果修改教学设计。实施课堂教学片段实践活动。对课堂教学片段进行分析和研究。并再次修改教学设计。

培训方式建议：

采取以课堂讲授、案例讨论和教学实践相结合的方式进行教学。以小组讨论、实际操作和教学研讨。

培训资源：

《生物学教育研究方法与案例》，刘恩山主编，高等教育出版社出版。

专题名称：初中生物课堂教学评价研究

专题简要说明：

构建发展性的教学评价体系对发展期生物学教师提高课堂教学实效性有重要作用。学习评价的意义、特点、确立开放式的评价内容、运用多样化的评价方法和研究教学评价的适宜形式是本专题的内容。

单元内容：初中生物课堂教学评价研究

培训目标：

1. 了解教学测量与评价的新理念。

2. 了解教学测量与评价的主要类型。

3. 学会使用多样化的评价方法。

4. 研究并设计适用与初中生物教学的评价方案。

内容要点：

1. 生物教学评价

根据课程目标的要求，教学评价方案贯穿在整个教学过程中，根据不同的教学内容，确定不同的考核项目内容，伴随教学的进程，有序地收集和整理反映初中学生学习状况的信息资料，适时地进行评价。将终结性评价和过程性评价相结合。

2. 生物学教学评价的意义、特点

生物学教学评价是随时进行的，伴随整个教学过程的教学开放性评价，能够鼓励学生学习，激发学生学习兴趣为主，促进学生学习。评价主体发生了变化，改变以往对初中学生学习的评价完全由教师控制的做法，把部分评价权交给学生，让初中学生相互评议或互评，教师评价与学生评价相互补充，启发学生学习。采用定量评价与定性评价相结合的方式，使评价更符合学生的个性特点，促进学生的主动发展。定量评价与定性评价相互结合的评价，能激励学生学习。

3. 形成性教学评价内容、形式及要求

生物学教学的开放性教学评价内容和形式多样，评价内容包括：对实验设计和实验过程的评价，对知识的理解和应用的评价，对情感态度价值观的评价。形式主要是激励性评价、赞赏性评价、质疑性评价、反思性评价等。

4. 制定初中生物学教学评价

以一个教学单位为一个评价阶段，制定开放型的阶段性教学评价。

5. 讨论并实践检测教学评价

讨论修改并完善教学评价，在实验学校实践检测教学评价。

6. 修改教学评价

分析讨论教学评价的合理性，修改教学评价。

培训方式建议：

采取课堂讲授、小组研讨和教学检测相结合的方式进行教学。

培训资源：

《教师课堂教学评价指南》，詹姆斯·波帕姆著，重庆大学出版社出版。

专题名称：初中生物实践教学策略

专题简要说明：

发展期初中生物学科教师除了能进行常规的生物实验外，还应具备创新实验设计的能力。另外野外考察技能主要是如何设计考察内容，制订考察方案及组织考察活动。这些内容属于野外考察的综合技能，也是发展期生物教师应该具备的技能。本专题针对如何进行创新实验设计以及野外考察的设计、组织和实施进行介绍。

本专题下设两个单元内容：创新实验设计和课外（野外）考察的设计、组织与实施。

单元内容	课时建议	课程属性
创新实验设计	8	专业必修
课外（野外）考察的设计、组织与实施	24	专业必修

单元内容1：创新实验设计

培训目标：

1. 了解创新实验的内涵和特点。

2. 了解创新实验在生物学教育中的作用和意义。

3. 掌握创新实验的设计要点和要求。

4. 尝试创新实验的设计。

内容要点：

1. 创新实验的内涵和特点

创新是以新思维、新发明和新描述为特征的一种概念化过程。对生物学的研究就是一个不断产生创新实验的历史，也是一个创造性思维实践的发展史。

2. 创新实验在生物学教育中的作用和意义

通过创新实验有助于突破学生的思维的障碍。在教学过程中往往形成思维定式，按照习惯性方式思维，形成思维惯性。创新实验根据一定的目的和任务，运用一切已知条件和信息，引导教学。

3. 分析典型案例说明创新实验的设计要点和要求

以典型的教学设计案例，介绍并引导学员分析和讨论案例中创新实验的设计思想和要点，提出自己对创新实验的理解或意见。

4. 设计适于初中生物学的创新实验

5. 实践并修改创新实验设计

培训方式建议：

本单元以课堂讲授与研讨、实验设计与实践相结合方式进行教学。

培训资源：

《创新生物教学方式》，胡继飞著，高等教育出版社出版。

单元内容 2：课外（野外）考察的设计、组织与实施

培训目标：

1. 结合教材内容，制定适于初中学生野外主题考察活动设计。

2. 根据教学要求选择适宜的野外环境。

3. 能够根据考察主题研究需求对初中学生进行活动分组。

4. 学会设计野外安全知识及应急对策。

内容要点：

1. 野外考察活动的设计

(1)确定考察项目和考察地点

制订考察项目计划，为初中学生野外考察活动，确定研究的主题，根据考察的目的选定考察地点。

(2)考察前准备

搜集并整理地图、统计数据、历史记录等资料。根据考察目的，确定考察和访问的内容和路线。

(3)实地考察与走访

进行考察地作踏勘，对地理事物的了解做好详细记录。需要在地图上标注的，在准备好的地图上做好标注。做到心中有数。

(4)撰写考察报告

(5)成果交流与展览

2. 野外安全知识及应急对策

野外安全知识及应急对策是教师必须掌握的知识，另外，如何组织初中学生野外活动也是重要的知识。

3. 初中学生野外活动的组织策略

4. 案例介绍

5. 野外模拟实践与交流研讨

培训方式建议：

建议主要针对野外环境的分析和指导学生分组研究，在教学中加强教

师对学科知识的结合使用和考察实施技能的比重。这个阶段的培训不能停留在掌握理论的层次，重要的是验证野外活动计划可行性，通过练习、模拟和讨论交流等形式进行实践体验。

培训资源：

《生物学野外综合实习指导》，徐润林、廖文波著，高等教育出版社出版。

专题名称：教学反思的研究

专题简要说明：

教学反思以解决教学问题为基本点，在具体操作中，学员可以根据自身情况有针对性的提高自己的薄弱环节，也可以通过各方面的反思训练提升自己的教学水平。在不断尝试反思的过程中，对教学过程进行修正，提高学员教学控制的方法和技能，对教学活动的自我评价的习惯和能力也相应提高，最终能够自如地应对教学过程中的各种问题。

单元内容：教学反思的方法

培训目标：

1. 了解教学反思及反思的意义。

2. 掌握教学反思的方法。

内容要点：

1. 教学反思的理论基础

教学反思是一种深刻的教学理念，支持教学反思的理论基础包括哲学理论、心理学理论和教育学理论。杜威的反思性教育思想指出教师应该审视教学过程。弗莱为的元认知监控就是对反思的心理学分析。现代教育学认为教师的自我反思和研究教学紧密相连。

2. 教学反思的内容和路径

教学反思的内容包括对初中教师自身的反思，对初中学生学习情况的反思，对授课内容、方式、技能技巧的反思和对课堂整体状况的反思。每个反思内容都有具体的关注点。教学反思是通过教学前反思、教学中反思、教学后反思实现的。

3. 进行实践教学反思

撰写一节课的课堂教学反思，讨论并提出遗漏内容，改进教学反思。

培训方式建议：

采取讲授、练习、研讨交流相结合的方式进行教学。

培训资源：

《科学过程技能》，胡玉华主编，首都师范大学出版社出版。

专题名称：教师教学案例分析与研究

专题简要说明：

案例教学是让初中学生通过特定的情境在学习概念、理论过程中，培养初中学生构架知识、解决问题和创新的能力，是把知识转变成智慧的教学方法。掌握教学案例的类型和特点，选择和分析教学案例，并对教学案例做正确的评价，有助于把先进教学理念落实到具体的课堂教学行为之中，提高实践反思能力，促使学员的专业成长。

单元内容：教学案例的呈现与分析

培训目标：

1. 了解课堂教学案例的形式和特点。

2. 了解课堂教学案例的作用。

3. 掌握对课堂案例进行分析的方法。

内容要点：

1. 初中生物学课堂案例概述

课堂案例叙述的是一个相对完整的事件或例子，是对教学问题的缩影。案例不是课堂实录，对课堂之外，例如：涉及的教师、学生的背景等情况也进行适当介绍说明。

（1）课堂案例的内涵和特征。

（2）课堂案例的一般形式。

2. 初中生物学课堂案例的选择

课堂案例具有典型性，它所描述的教学事件是包含有教师和学生典型行为、思想和观念在内的材料。案例具有有效性，每个案例都有其自身的应用价值、理论价值及现实意义。

（1）选择课堂案例的依据。

（2）对课堂案例的分析。

3. 初中生物学课堂案例的设计

根据教学目标的需要，针对每种教学案例进行分析和介绍，引导学员从实际案例中学习、理解和掌握案例的设计过程。

4. 课堂案例的教学实践

5. 修改课堂教学案例设计

培训方式建议：

采用把教学理论和教学实践相结合，注意联系教学实际进行案例展示和分析，将有关主题的案例研究的整合。以自主学习和自我教育为主。

培训资源：

1.《课堂教学问题诊断与教学技能应用丛书·初中生物课堂教学问题诊断与教学技能应用》，李作为主编，世界图书出版公司出版。

2.《课堂教学技能指导与训练：初中生物》，唐晓平主编，东北师范大学出版社出版。

专题名称：初中生物教育科研方法

专题简要说明：

发展期的初中生物教师积累了一定的初中生物教学经验和教学研究方法，但没有进行过专门、系统的课题研究。本专题旨在指导这些教师学习开展初中生物教育科研的方法，并学习生物教学论文的写作方法。本专题下设两个单元内容：开展初中生物教育科研的途径和生物教学论文写作指导。

单元内容	课时建议	课程属性
开展初中生物教育科研的途径	24	专业任选
生物教学论文写作指导	8	专业任选

单元内容1：开展初中生物教育科研的途径

培训目标：

1. 了解发展期初中生物学教师进行教育科研的定位。

2. 了解教育科研对生物学教育的价值。

3. 掌握正确确定研究选题的方法。

内容要点：

1. 对发展期初中生物学教师进行教育科研的合理定位：在反思和实践的基础上，研究解决初中生物学教育教学问题，改进教育教学行为，提高教育教学效能，从而促进学生的身心发展，实现教师自身的专业发展。

2. 从事教育科研有利于提升发展其教师的教育敏感性，教育的敏感性是非常重要的，实际上是一个教师的教育机制和智慧的一个具体的表现。一个教师有没有教育敏感性，对他来讲，是他能不能够成为一个非常优秀杰出的老师的一个很深层的素养。

3. 重点介绍教育科研的基本思路和确定选题的路径及方法。

培训方式建议：

采取理论讲授、案例分析相结合的方式进行教学。

培训资源：

《生物学教育科学研究方法》，张文华主编，华东师范大学出版社出版。

单元内容2：生物教学论文写作指导

培训目标：

1. 了解教育科研论文的一般格式和规范要求。

2. 能撰写一篇规范的教育科研论文。

内容要点：

本单元内容是一个实际操作性质的内容，要求学员在了解了教育科研论文的一般格式和规范要求的基础上，进行实际的论文写作训练，包括论文题目的表述，论点、论据和论证的撰写等，以及论文摘要和关键词的描述。通过指导教师的写作指导，每位学员都能完成一篇规范的教育科研论文。

培训方式建议：

采取实际操作与个别指导相结合的方式进行教学。

培训资源：

《生物科学文献信息获取与论文写作》，蒋悟生主编，高等教育出版社出版。

四、初中生物教师(发展期)培训的课程实施建议

由于初中生物教师(发展期)已经从事生物教学10年以上，熟悉初中生

物课程标准和教材，能从单元的角度理解初中生物学科的概念和内容，具备一定的教学经验，因此在课程实施中要将理论学习与学员的教学实践结合起来，将专题讲座与交流研讨结合起来，充分发挥学员的主体作用。

要注重培训方式的研讨与产出，通过案例分析、情境创建、小组讨论、跟踪指导、交流互评等多种方式开展培训，保证培训后形成具有一定推广性的研究成果。

授课教师要为学员提供学习讲义、参考资料等资源并为学员搭建经验分享平台，为学员的后续学习提供有效支持。

五、评价建议

采取定性与定量评价相结合、学员与专家评价相结合、即时与后续评价相结合、自评与他评相结合的多种评价方式，对学员的学习情况进行评价。

第五套　初中生物教师(创造期)培训课程指南

一、初中生物教师(创造期)的特征与培训目标

初中生物教师(创造期)一般为北京市认定的学科带头人及骨干教师，他们都具有高级职称。学科基础理论和技能扎实，对初中生物课程标准和学科内容理解深入，精通教材。有教学经验和教学研究成果，但研究成果不系统，需要找到一个途径使自己的研究系统化，提升自己的专业化发展能力，另外创造期的教师之间缺乏深层次交流，没有形成比较明显的群体优势，示范引领作用没有充分发挥。需要在形成研修共同体的基础上进行个性化的研修培训，将实践和研究结合起来，在交流和发挥作用中激发继续成长和主动思考的动力，形成具有一定教学领导力的教学研究型的骨干教师团队。

培训目标：

1. 学习教育研究方法，提升教育研究的能力。

2. 提高对学科本质和学科思想的理解。

3. 理解教材内容的教育价值，引导他们总结教学经验。

4. 提升教学改革能力和教学领导力。

5. 发挥辐射作用，带动其他教师的成长。

二、初中生物教师(创造期)培训的课程体系结构及说明

问题模块	专题构成		单元内容	课程属性	课程形态	课时建议
	名称	总学时				
如何开展教育研究？	创新教育理论	16	创新教育理论专题讲座	专任	讲座＋案例	4
			创新教育理论实践	专任	实践	12
	生物教育科研方法与论文写作	24	生物教育科研方法的理论	专任	讲座	4
			生物教育科研方法的实践	专必	实践	8
			生物教育科研论文写作方法与实践	专限	讲座＋实践	12

续表

问题模块	专题构成		单元内容	课程属性	课程形态	课时建议
	名称	总学时				
如何形成教学风格？	教学思想与教学艺术的提炼	48	提炼教学艺术的方法与实践	专必	讲座＋实践＋案例＋指导	48
	总结教学特色的方法	24	总结教学特色的方法	专任	讲座＋实践＋案例＋指导	24
如何理解学科教育思想？	初中生物课程的核心思想	24	初中生物课程的整体设计思想分析	专任	讲座＋案例	8
			初中生物课程核心概念体系的建构	专限	讲座＋实践	16
	初中生物课程的教育价值	24	生物课程的教育价值	专任	讲座	12
			教材内容教育价值的分析	专限	讲座＋案例	12
如何提升教学改革能力？	教育改革的理论与实践	8	教育改革的理论与实践	专任	讲座＋案例	8
	关注学科热点及学科前沿	16	学科热点与学科前沿知识	专限	讲座＋研讨	16
	关注学科间联系	16	相关学科的知识	专任	网络学习	16
	学科哲学	8	生物学哲学	专任	讲座＋研讨	8
如何提升教师的领导力？	发挥名师的辐射作用	16	名师课堂实践观摩与研讨	专任	实践＋研讨	8
			名师在区域内作用的发挥	专任	实践＋研讨	8
	名师成长经验介绍	16	名师成长经验介绍	专任	实践＋研讨	16

注：课程属性中"专必"为专业必修；"专限"为专业限选；"专任"为专业任选。

169

三、初中生物教师（创造期）培训的课程说明

专题名称：创新教育理论

专题简要说明：

创新教育就是以培养人们创新精神和创新能力为基本价值取向的教育。其核心是在普及九年义务教育的基础上，在全面实施素质教育的过程中，为迎接知识经济时代的挑战，着重研究与解决在基础教育领域如何培养初中学生的创新意识、创新精神和创新能力的问题。创造期的教师应该在学习创新教育理论的基础上学习进行创新教育的方法，以把脉新的时代背景下教育发展的方向，培养初中学生的创新精神和创新能力。

单元内容	课时建议	课程属性
创新教育理论专题讲座	4	专业任选
创新教育理论实践	12	专业任选

单元内容1：创新教育理论专题讲座

培训目标：

1. 了解创新教育的内涵及意义。

2. 厘清创新教育与素质教育的关系。

3. 掌握创新教育的核心。

内容要点：

1. 创新教育的内涵

创新教育不仅是方法的改革或教育内容的增减，而是教育功能的重新定位，是带有全局性、结构性的教育革新和教育发展的价值追求，是新时代背景下教育发展的方向。

2. 创新教育与素质教育

素质教育要以培养学生的创新精神和实践能力为重点。创新教育把素质教育推向了一个新的台阶，创新教育是素质教育的灵魂、核心，创新教育为实施素质教育、深化素质教育找到了一个"抓手"。

3. 创新教育的核心

创新教育是从培养创新精神入手，以提高创新能力为核心，带动学生

整体素质的自主构建和协调发展。而创新精神和能力不是天生的，它虽然受遗传因素的影响，但主要在于后天的培养和教育。创新教育的过程，不是受教育者消极被动的被塑造的过程，而是充分发挥其主体性、主动性，使教学过程成为受教育者不断认识、追求探索和完善自身的过程，亦即培养受教育者独立学习、大胆探索、勇于创新能力的过程。因此，在教学过程中要致力于培养学生的创新意识、创新能力及实践能力。

培训方式建议：

本单元内容以理论讲授为主，在理论讲授的同时建议用案例做支撑，适当安排学员之间的交流。

培训资源：

《思想理论教育创新与实践》，刘志超主编，高等教育出版社出版。

单元内容2：创新教育理论实践

培训目标：

1. 形成在教学中培养学生创新意识、创新能力及实践能力的意识。

2. 掌握在教学中培养学生创新意识、创新能力及实践能力的策略。

内容要点：

1. 转变教育观点，培养创新意识

教师观念的转变是实施创新教育的关键和前提。教师要认识课堂教学中教师与学生的地位和作用，教与学的关系，发挥教师的主导作用和学生的主体作用，充分调动学生的学习主动性和积极性，使学生以饱满的热情参与课堂教学活动。

2. 营造教学氛围，提供创新舞台

课堂教学氛围是由师生的情绪、情感、教与学的态度、教师的威信、学生的注意力等因素共同作用下所产生的一种心理状态。良好的教学氛围能真正使学生感受到他们是学习的主人，是教学成败的关键，是教学效果的最终体现者。

3. 训练创新思维，培养创新能力

创造思维是创造能力的催化剂。创新思维源于常规的思维过程，又高于常规的思维，它是指对某种事物、问题、观点产生新的发现、新的解决方法、新的见解。它的特征是超越或突破人们固有的认识，使人们的认识"更上一层楼"。在课堂上要训练学生的创新思维。

4. 掌握研究方法，提高实践能力

科学的研究方法是实现创新能力的最有效手段，任何新的发现、新的科学成果都必须用科学的方法来研究，并在实践中检验和论证。

培训方式建议：

本单元内容是在理论的基础上进行创新教育实践的课程，因此采取边实践边讲授边研讨的方式进行教学。

培训资源：

《教师教育文化创新研究》，龙宝新主编，教育科学出版社出版。

专题名称：生物教育科研方法与论文写作

专题简要说明：

教育科研是一种相当复杂的思维活动，并且又需要用文字把思考的问题、研究的成果，进行加工、整理、提炼，记录下来，使创造性的思考一层层展开，一步步深入，并在纸面上视觉化，以使课题得到解决。教育科研论文，简称教育论文，它是用来进行教育科学研究描述教育科学研究成果的文章。本专题下设三个单元内容的课程：生物教育科研方法的理论、生物教育科研方法的实践、生物教育科研论文写作方法与实践。

单元内容	课时建议	课程属性
生物教育科研方法的理论	4	专业任选
生物教育科研方法的实践	8	专业必修
生物教育科研论文写作方法与实践	12	专业限选

单元内容1：生物教育科研方法的理论

培训目标：

1. 了解教育科研的一般过程。

2. 掌握生物教育科研的方法。

内容要点：

教育科研的一般过程包括：准备阶段——设计研究方案；执行阶段——收集资料；总结阶段——结果的整理、分析与呈现。生物教育科研的方法主要有观察法、问卷法、实验法、经验总结法等方法。观察法是教育科学研究最基本、最普遍的方法，是教育科学研究搜集资料的基本途径，是其他研究方法的基础。问卷法的研究者把要研究的主题分为详细的纲目，拟成简明易签的一系列问题，编制成标准化的问卷，然后根据收回的答案，进行统计处理，得出结论的方法。实验法可以通过控制自量与无关变量，探讨自变量（实验变量）与因变量（教育效果）之间的因果关系，探讨教育与人的发展的本质规律。经验总结法是指在不受控制的自然状态下，依据教育实践所提供的事实，分析概括教育现象，使之上升到教育理论高度的一种普遍采用的有效方法。

培训方式建议：

本单元内容以理论讲授为主，在理论讲授的同时建议用案例做支撑，进行具体案例的分析。

培训资源：

《论文写作》，王首成著，高等教育出版社出版。

单元内容 2：生物教育科研方法的实践

培训目标：

在了解教育科研一般理论的基础上，能熟练运用生物教育科研的方法进行教育科学研究。

内容要点：

1. 观察法及其实践

观察法是在自然条件下有目的、有计划地观察客观对象，收集、分析事物感性资料的一种方法。科学的观察法是观察者有意识有目的、有计划地进行的观察，这种观察不限于对教育现象与人的发展的表面描述，还要分析和揭示教育现象产生变化发展的原因。观察法包括：描述记叙法、日记描述法、系列记录法、轶事记录法等。

2. 问卷法及其实践

问卷法是将研究的课题分为若干种项目，然后再根据这些项目拟出具体题目编制成问卷，让被试选择。它不像实验室实验，变换一种自变量，观察儿童的反应，而是给被试多种因素刺激，看被试的反应。问卷法是一种多因素测试。问卷法严格按照标准化测试的设计程序编制问卷。问卷法可以集体进行，取样大。将问卷发给被试，由被试回答，这样就可以同一时间内收集到大量资料；选择答案以等级分计，数据统计运用计算器或计算机处理，在短时间内得到有效可信的结果。

3. 实验法及其实践

观察法是教育科学研究最基本、最普遍的方法，任何收集资料的方法都离不开对事物的观察，但单纯的观察法只能收集教育过程的表面现象资料，收集事物在自然状态呈现的资料，无法完全摆脱无关因素的影响，很难深入探讨事物的因果关系。而实验法可以弥补其不足。实验设计模式包括：单组单因素一个层次实验程序设计、等组单因素一个层次实验程度设计、单组单因素二个层次实验程序设计、等组单因素二个层次实验程序设计。

4. 经验总结法及其实践

教育经验是教育研究的逻辑起点，教育科学还比较年轻，仅两三百年的时间，发展水平不高，迄今为止主要依赖归纳方法产生理论、发现规律。在可以预见的将来，会发展到用定律、公式来推断和解释教育现象，主要依靠经验来引出结论，阐述现象。所以，教育经验对教育研究特别重要。重视对教育经验的总结，在总结教育经验的基础上发展教育理论，符合现代认识论、实践论的观点。

培训方式建议：

本单元内容以实践为主，在实践中掌握生物教育科学研究的四种主要方法，因此教学方式宜采取边讲授、边实践的方式。

培训资源：

《中小学教科研方法写作》，孙丽娟主编，东北师范大学出版社出版。

单元内容3：生物教育科研论文写作方法与实践

培训目标：

1. 了解撰写生物教育论文的意义。

2. 了解生物教育论文的特点。

3. 学习撰写规范生物教育论文的写作方法并进行生物教育论文的写作。

内容要点：

中学生物学教学论文是教学理论指导下的实践经验和研究成果的文字记载，是论说中学生物学教学中某个问题的文章。撰著教学论文的目的是总结在教学实践中获得的成功经验或教学研究成果，用书面形式加以表达为同行提供学科教学改革信息，通过交流、评价和不断完善、丰富学科教学理论宝库，促进学科教学改革和提高中学生物学教学质量——培养学生的生物科学素养。有创意的生物教学论文的特征包括：通过多种途径对某个教学问题进行系统研究，撰著的文章在学术上有独立见解、创新观点、突出特色，学术论文具有较高的学术价值和社会价值，是教学论文的最高层次，学术论文与研究报告没有截然的界限，在经验总结和研究报告基础上完善的。生物教育论文的写作方法为：题目的词语要准确地反映出论文主题、研究范围和深度，前言主要概述课题研究（或撰著）的目的、方法和成效，以激发读者兴趣，正文主要包括：阐述课题研究的方法和预期，呈现具体论据，进行综合论证或讨论，总结和结论等部分，结语通常阐述文章主要分析和解决的问题，以及尚待深入研究的问题，并恳请读者的评价。

培训方式建议：

本单元内容既有理论又有实践，宜采取在理论讲授的过程中穿插分段实践练习，最后完成系统训练。

培训资源：

《生物科学文献信息获取与写作》第 2 版，蒋悟生主编，高等教育出版社出版。

专题名称：教学思想与教学艺术的提炼

专题简要说明：

本专题属于"如何形成教学风格？"模块的内容。对初中生物教师，具备了坚定翔实的专业基础知识，并且能够娴熟地进行教学实施过程，往后的发展就是创造期的实现。创造期的教师不仅有先进的教育教学思想的指导，同时还能将教学过程按照"艺术"的形式表达，如同行云流水。优质的教学思想是教学艺术实现的保证和灵魂，同时教学艺术是教学思想的载体和传承，教学艺术如同教学领域的瑰宝。因此，创造期的教师要时刻关注教学思想和教学艺术的提炼，关键是关注教学艺术提炼的方法和步骤。本专题就是围绕这部分内容展开的。

单元内容：提炼教学艺术的方法与实践

培训目标：

1. 了解和认识主要的科学教学思想。

2. 理解教学艺术提炼的方法。

3. 掌握在实践中提炼教学艺术的策略。

内容要点：

1. 优质的教学思想的相关内容

陶行知先生是我校的创始人，在陶行知先生的教育思想中始终贯穿着道德教育与生命教育观。生命教育旨在帮助学生认识生命、珍惜生命、尊重生命、热爱生命，提高生存技能，提升生命质量的一种教育活动。泰戈尔说过："教育的目的应当是向人类传送生命的气息。"教育就应从尊重生命开始，教人向善，使人胸襟开阔；教育的价值就不仅仅是传授人以知识、技能、谋生的本领，在其深层意义上是为了提高人的生命质量而进行的活动，是依据生命的特征，遵循生命发展的原则，引导生命走向更完整和谐与无限的境界。

2. 举例说明实践教学思想的艺术体现

拿体育课的三级跳远为例，渗透生命教育。在本课的教学中，可以将生命教育融于教学过程中，更加注重生命教育的内涵体现。生命是一种付出，要学会磨炼，因此在学习目标的制定上，尽力让学生能体验到合理目标下逐渐战胜困难、挑战自我的快乐。生命是一种和谐，要学会相处，因此在体能发展与技能形成上，采用小组合作体验的过程，努力营造相互激励的学练氛围，培养学生团结协作、力争上游的良好品质。生命是一种善良，更要学会互助与关心，因此，在训练中强化生命与安全、生命与关怀的教育，培养学生尊重生命、爱惜生命的态度，使学生认识、感悟生命存在的意义和价值。

培训方式建议：

本单元内容建议采取讲座、实践、案例指导相结合的方式，其中案例指导为主要内容。

专题名称：总结教学特色的方法

专题简要说明：

本专题同样属于"如何形成教学风格？"的模块内容。教学特色的形成是一名初中教师最终升华达到的阶段。创造期的教师如同各式各样的建筑不分伯仲，都有自己的教学特色。在教学实施过程中以及教育教学研究中，都应该时刻总结教学心得，不断摸索，不断开拓，最终拧成一股属于自己的绳——教学特色的形成。教学特色主要包括课堂实施的教学特色，其次是教学研究的特色，两者的实现都离不开第三面，教学管理特色的实现。本专题着重介绍初中生物创造期教师的教学特色的形成与总结。

单元内容：总结教学特色的方法

培训目标：

1. 了解什么是教学特色。

2. 理解形成教学特色的方法和途径。

内容要点：

1. 教学特色对创造期教师的重要性

教师教学特色是教师在教学过程中表现出的独特之处，是教师实施教学过程的个性的具体体现。教师教学特色不是一种外在的形象包装，而是教师内在教育力量的综合体现。教师任何教学特色，既包含教学思想，又凝聚着教师的智慧和力量；既体现了教师教育的某种优势，又表现出学校教师特有的文化气息。教师教育特色是学校多样化办学的必然体现，它是对标准化教育的一种超越。在当前深化教育改革的宏观背景中，努力塑造教育的教育特色，尤其是发挥统领作用的创造期教师都是至关重要的。同时教学特色的形成也是提高学校的教育品位，提升办学质量，促进建设学校教育特色的重要举措。

2. 教学特色形成的途径和方法

首先改变"以教定学"的课堂教学评价方式，树立"以学定教"的教学观，建立新的课堂教学评价机制，使教师逐步走向研究型，课堂教学更加有效，学生学习兴趣更加浓厚，教学质量稳步提升。

设立"成功之处、借鉴经验、教学建议和自我改进"四部分，主要目的是教师通过教研活动，对自己所在年级所教学科的课堂教学情况进行反思，借鉴经验，吸取教训，提升自己的课堂教学效率。

继续完善学校的教学管理机制，从师生读书氛围的创设、教学研究活动的开展、学生学习习惯的养成和学习方法的优化等方面抓起，打造校园文化建设的名片！

培训方式建议：

建议采取讲座、实践、案例指导相结合的方式，其中创造期学员的实践是该单元的主要培训方式。

培训资源：

《教育信息系统与教学媒体资源设计》，穆陟晅主编，西南交通大学出版社出版。

专题名称：初中生物课程的核心思想

专题简要说明：

初中生物课程改革，是一场涉及课程理念、课程目标、课程内容、教材与课程资源、教学方式与行为、评价体系等诸多方面的改革。课程改革确立的指导思想和目标，符合现代教育理念，反映了当代社会发展对教育的要求。初中生物教育作为提高公民基本素养的普及教育，应使受教育者具备较广博的生物学基础知识，对生物界的状况有比较全面的了解，对生物学的发展规律、重要的生物学概念和原理有所了解。对影响学生进一步学习和发展的生物学核心概念，学生应深入地学习。初中生物课程的内容不仅包括生物学的一些现成结果，还包括这些结果的产生过程。学生通过这个过程，理解一个生物学问题是怎样提出来的、一个生物学概念是怎样形成的、一个生物学结论是怎样获得和应用的，通过这个过程学习和应用生物学，了解生物学的发展规律，体会科学的本质。本专题主要围绕初中生物课程的核心思想展开的。

本专题下设两个单元内容的课程：初中生物课程的整体设计思想分析和初中生物课程核心概念体系的建构。

单元内容	课时建议	课程属性
初中生物课程的整体设计思想分析	8	专业任选
初中生物课程核心概念体系的建构	16	专业限选

单元内容 1：初中生物课程的整体设计思想分析

培训目标：

1. 理解初中生物课程的整体设计思想。

2. 如何应用整体设计思想到教学实践中。

内容要点：

1. 什么是课程的整体设计思想

新课标要求在新课改的大背景下实施课堂教学的三维目标，分别是知识目标、能力目标和情感价值观目标，那么教师实施教学的载体——教学设计必须围绕三维目标的展开和实现进行，这就是课程的整体设计思想。同时，新课标要求突出学生的主体地位，培养学生的科学素养，同时激发团队合作精神和分享意识，这些都是教师应该关注的，尤其是创造期教师更应该研究其深刻含义。

2. 如何在教学实践中运用整体设计的思想

创造期教师不仅备课时利用整体设计的思想，更主要的是需要实施在教学过程中。在教学中，通过设疑，步步提问引导学生的方式方法，帮助学生强化基础知识的掌握，同时通过逐步深入生物本质的引导，锻炼学生的思维能力，在知识强化的同时加强能力的训练。当然，其中还需要大量的素材帮助学生了解科学探究，科学发现的真谛，培养学生热爱科学、热爱生活、热爱生命的情愫，更多关注身边的人和事。不是学会课本上的知识，学会的是运用所学解决生活中的方方面面的问题和疑惑，同时创造性的解决。

培训方式建议：

本单元内容采取以讲座为主辅以学员分组研讨的方式进行教学。

培训资源：

《中学课堂教学艺术》，李如密主编，高等教育出版社出版。

单元内容2：初中生物课程核心概念体系的建构

培训目标：

1. 理解初中生物课程中核心概念的重要教育价值。

2. 如何应用核心概念指导教学实施过程。

内容要点：

1. 核心概念在初中课程中的教育价值

生物学概念是生物学科的基础，也是生物学领域最基本的语言表达单位。在新课程理念下初中生物核心概念教学要充分应用生物科学史，教师采取探究教学的方式，结合"概念图"，通过比喻或模型，并借助现代网络多媒体等信息技术辅助手段，使学生更好的学习生物学，发展学生智力和逻辑思维能力。

生物学是一门研究生命现象及其活动规律的自然科学，它以一系列核心概念作为分析、推理、判断和综合等逻辑思维过程的依据来揭示本学科的基本规律。生物学概念不仅是生物学科的基础，而且是生物学领域最基本的语言表达单位。在生物科学迅猛发展的今天，生物学知识呈现出爆炸式的增长，让我们教师更深刻地体会到教师的任务不仅仅是教会学生课本知识，更重要的是培养学生接触到新的"原理、规律和方法"时能借助生物学概念能进行自我阐明的能力。概念是事物的本质属性在人脑中的反映，它是在概括的基础上形成的。概念的理解需要学生逻辑加工和归纳推理的思维过程，将事物的一般的、本质的特征在大脑中作出正确的反映的过程。有效的核心概念教学策略，能提高学生运用科学的方法解决问题、用科学的观点理解问题、用科学的精神探索问题的能力。

2. 实施核心概念的有效策略

充分应用科学史生物科学史是科学发生和发展的历史、是探究过程的杰出代表、是科学家揭示出生物科学理论的动态过程，有效利用科学史的教学可以激发学生兴趣、提高学生的探究能力、培养学生的"三维目标"、实现学生科学素养和人文精神和谐的统一。学生在科学史的学习中，教师要利用沿着人类认识生命规律过程的相关史实，引导学生探索生命规律，让学生充分获得探究体验，从科学家的奇思妙想中不能充分汲取真正的营养。

利用探究教学是指在教师引导下，学生主动参与到发现问题，寻找答案的过程中，以培养学生解决问题能力的教学活动。以探究的方式讲授核心概念，可以将抽象的知识以实验的过程让学生感知。

通过比喻或模型比喻或模型法可以让抽象问题更易理解和直观化。如核心概念"染色体组"可以用扑克牌的类比法来讲授；核心概念"减数分裂"可用模型法讲授，用橡皮泥反映染色体的形态变化，用红绿分别代表来自父方和母方的一对同源染色体，模拟减数分裂过程中各时期染色体的行为。

培训方式建议：

本单元内容以学员在学习了关于核心概念的理论之后，自主建构核心概念体系为主要的学习方式。

培训资源：

1.《生物教师学科知识结构评价研究》，胡玉华编著，北京出版社出版。

2.《生物学核心概念的发展》，王永胜主编，人民教育出版社出版。

专题名称：初中生物课程的教育价值

专题简要说明：

课程的价值取向是课程实施的方向。在教育发展的过程中，课程的价值取向主要有 3 种流派：知识本位、社会本位和学生本位。当今世界，人类面临生态环境恶化、资源短缺、失业增加、道德沦丧、情感冷漠等困境，这些个人和社会问题的解决，依靠建立在某一种课程价值观的学校教育显然是无能为力的。反思这些个人和社会问题的产生，说明学校教育在课程价值取向上曾存在着严重偏差。于是，多元与融合成为现代课程价值取向的演变趋势。长期以来，我国的生物课程采用学科中心模式，过分强调学科体系的严密和完整，忽略了对学生科学素养、人文素养的培养。在应试教育背景下，学生为考试而学，教师为考试而教，使得学生的学业负担和厌学情绪不断加重，生物课程失去了它独特的学科价值。"为了每个学生的发展"是本次课程改革的灵魂。生物课程的价值取向主要表现在 4 个方面：提高生物科学素养，培养人文素养，促进学生个性发展，加强生命关怀。本专题就是围绕这四方面展开阐述初中生物课程的教育价值。

本专题下设两个单元内容的课程：生物课程的教育价值和教材内容教育价值的分析。

单元内容	课时建议	课程属性
生物课程的教育价值	12	专业任选
教材内容教育价值的分析	12	专业限选

单元内容 1：生物课程的教育价值

培训目标：

1. 了解学科教育价值的重要含义。

2. 掌握在教学实施过程中培养学生生物科学素养的方法。

内容要点：

1. 生物课程的教育价值是什么

课程理论告诉我们，课程牵涉到各种价值取向。目前社会上各种不同的价值取向已经开始对学校课程产生了较大的影响，教育者若要在价值日渐多元的社会形势下担负起课程价值整合和实现的使命，必须成为理性的行动者。生物学科教育价值可从学科教育价值关系中的主体（社会需要、个体需要）和客体（生物学科教育价值属性）来分析。

生物学科教育本身亦具备其特有的价值属性。除了生物学基础知识和基本技能的学习、培养外，它在唯物观点、辩证统一观点培养，用动态、变化、发展的观点观察研究自然的思想方法的培养，创造性思维培养等方面，有独到的价值属性。此外，由于生物科学与人及自然界紧密联系，生物学科教育在 STS 教育，以及科学教育，尤其是科学价值观培养方面，有其独特的价值属性。

2. 如何实现生物课程的教育价值

作为中学教育第一线的教师，我们不能左右生物学科在中学课程体系中的设置及教学总体要求，但我们可以通过生物学科教育价值的整合，在基础知识、基本能力教育培养的基础上，通过生物学科教育的改革实践，在充分实现生物学科教育价值上有所作为。在生物课堂教学过程中，我们要重视以下几个问题：

(1)精心设计好教学媒体的应用，尽可能多地给学生呈现实物、标本、模型，充分运用现代教育媒体，尤其是电视、录像、影碟、多媒体电脑等。现代教育媒体辅助生物教学，除了能提高课堂教学效率，提供一定的交互性外，更明显的是它可以让学生获得书面教材无法出现的声像信息。

(2)让书面教材无法承载的或是变化、发展了的有关生物科学知识，以及与生命科学有关的自然、社会知识、材料经过精心筛选后再进入课堂。如细胞学说的创立史、哈维和血液循环理论、克里克和沃森与 DNA 双螺旋结构、达尔文和进化论、卡尔文和光合作用。

(3)以各种生物兴趣活动、社会实践等形式，让学生到大自然、到大社会中去观察、调查、实验，从爱护一草一木，饲养小动物到参与生物科技活动，使其体验到生物科学知识、技能之于人、自然、社会的价值。

培训方式建议：

本单元内容具有一定的深度，要求学员有比较雄厚的学科功底，因此建议本单元采取教师提出引发深度思考的问题，学员自主学习。

培训资源：

1.《生物新课程教学与教师成长》，胡玉华主编，中国人民大学出版社出版。

2.《新理念生物教学论》，刘晓蕙主编，北京大学出版社出版。

单元内容2：教材内容教育价值的分析

培训目标：

1. 掌握教材内容的教育价值。

2. 掌握分析教材内容教育价值的方法和步骤。

内容要点：

1. 教材内容的教育价值

以学科为中心的课程主要以传递知识，帮助学生建立完整的生物学科知识结构，并实现知识的迁移为主体目标；以社会为中心的课程则强调按社会需要来确定教学内容，以培养学生参与社会活动的意识和能力为主体目标；而以学生为中心的课程则以学生的兴趣和动机为基础，主张做中学，以提高学生的学习兴趣，发展学生学习的主动性和创造性为主体目标。从世界课程改革的实践看，它们各自存在难以克服的内在缺陷。当前，国际教育界普遍认为，学科知识、社会需要和学生的发展都是学科教育目标应当考虑的重要因素。中学生物课程目标的确定应当力求实现学科知识、社会需要和学生发展的最佳结合，并适度地偏重于体现学生发展和社会需要，而不仅是追求更完美地呈现知识结构。

2. 如何进行教材内容价值的分析

举例说明："生物学是探究生命的科学"一节内容意在调动学生的学习主动性，为学生提供多媒体设备和一些相关文献，鼓励学生积极参与资料的搜集、整理、选择和学习；鼓励小组组员间的合作精神和交流意识；鼓励并培养小组间的交流能力；培养学生的总结能力。分三阶段活动：①指导学生利用书籍、报刊、多媒体，在课下亲自搜集中外生物学家的故事。②以小组的形式汇总、整理、选择信息，了解2～3位生物学家的研究问题、研究方法、研究成就及他们在研究工作中给学生留下的深刻印象的事情。③课堂教学中小组间的信息交流及学生对生物学家研究方法和科学精神的总结。

培训方式建议：

本单元内容具有一定的深度，要求学员有比较雄厚的学科功底，因此建议本单元采取教师提出引发深度思考的问题，学员自主学习。

培训资源：

《生物教师学科知识结构评价研究》，胡玉华编著，北京出版社出版。

专题名称：教育改革的理论与实践

专题简要说明：

近年来，随着素质教育观念的深入，很多生物学教育的专家与生物学家开始重新探讨生物学教育的价值，一方面是重新认识其社会价值，另一方面是关注生物学教育对个人的价值。面向大众的生物学教育将是今后的中学生物学教育发展方向。教育是社会文化的一种生命形式，处处体现着一个民族的价值取向。探讨现代课程的价值取向，就离不开对价值与课程价值的探讨。我们所处的时代是知识经济高速发展的时代，站在国家发展战略的高度，生物学教育要为我国和谐社会的建构提供国民素质基础。因此，有必要对中学生物课程的社会文化价值进行思考，提升生物学科教育的文化价值。

单元内容：教育改革的理论与实践

培训目标：

1. 了解生物学科教育改革的重要性。

2. 理解生物教育改革的理论。

3. 掌握如何践行教育改革的方法。

内容要点：

1. 生物学科教育改革的重要性和理论支撑

遵循《基础教育课程改革纲要（试行）》的基本精神，在全面贯彻国家教育方针的基础上，根据学生身心发展的特点和教育规律，加强对学生进行全面的科学素养教育，体现国家对学生在生物科学知识和技能、能力以及情感态度与价值观等方面的基本要求，着眼于培养学生终身学习的愿望和能力，体现义务教育的基本精神。

总体目标是深入贯彻国务院《关于基础教育改革与发展的决定》精神，认真落实教育部《基础教育课程改革纲要（试行）》和《江苏省基础教育课程改革实施意见》提出的各项任务，以《江阴市基础教育课程改革实验方案》为依据，积极稳妥地开展初中生物学科课程改革实验工作，加快构建凸显素质教育，一切为了学生的发展理念的生物教育课程体系。

2. 主要措施

(1)开展贯彻实施《生物课程标准》的试点工作，在实验中实践"一切为了学生的发展"的理念。

(2)课程改革中，把着力点放在开源挖潜(开发智力、培养能力、挖掘潜能)上；放在切实转变学生的学习方式，倡导以"主动参与、乐于探究、交流合作"为主要特征的学习方式上；放在学科知识的传授、社会的需求和学生的发展三者的有机结合上。

(3)以课改实验为契机，积极开展"生物学科创新教育模式"的研究，重点探索生物科学创新教育的实践模式和操作样式，深化生物学科教育改革。

(4)依据生物学科特点，挖掘"实验"这一板块的内涵和功能，在培养学生科学精神、自学能力上，在训练学生科学思维、科学方法上下功夫，探索培养和提高学生科学素养的有效途径。

培训方式建议：

建议采取理论讲座与分组研讨相结合的方式进行教学。

培训资源：

"教育变革与教师专业发展"，王建军讲稿，华东师范大学。

专题名称：关注学科热点及学科前沿

专题简要说明：

生物学科是一门高度发展的学科，知识技能无时无刻不在更新，如何更好地把握学科动态，对创造期的教师提出了更高的要求。创造期的教师需要安排好课余时间关注学科热点及前沿问题，只有把握好学科的动态，及时更新自己的知识和技能储备，才能更好地发挥创造期教师的引领作用，带动更广大的教师团队学习相关的热点问题，也能及时应用到课堂教学中的实际问题中。

单元内容：学科热点与学科前沿知识

培训目标：

1. 了解什么是学科热点及前沿问题。

2. 了解追踪学科前沿的方法。

内容要点：

近年来的高考生物试题中，有不少是以现实问题作为命题的载体，从生命科学发展的热点问题来考查学生的知识和能力的。要考生回答的问题主要是考查对生物知识的理解、学习方法的应用、对人类行为和研究成果的鉴别、反思和评价，这样留给考生发挥创新思维能力的舞台就较大。

值得注意的是，随着生命科学的迅猛发展，多年前编制的教材内容出现了一定的局限性或本身教材存在一些争论点，在高考命题中相应出现了一种新的题型——反向论证题。一般这类题型的命题意图是：从能力立意（决定考查哪些知识和原理）→创设情境（提供材料）→确定设问（提出要考生回答的问题）。其解题思路是：审题→找出问题的实质→联系相关的学科知识→写出完整答案。这就要求在全面复习的基础上，牢牢把握住生物现象的一般规律、原理和特征，这是解决实际问题的"工具"。对解题思路的剖析不仅有助于同学们能力的提高，也有助于巩固所学知识。

培训方式建议：

聘请学科领域的知名专家进行讲座。

培训资源：

《陈阅增普通生物学》，吴湘玉主编，高等教育出版社出版。

专题名称：关注学科间联系

专题简要说明：

生物学科是自然科学中的基础学科。综合能力考试的测试能力，不是各学科考试能力的考核，而是考查学生学科内以及学科间知识的内在联系、强调理论联系实际。生物教学中要注重加强生物与其他学科之间联系，将学生所学知识进行整合，既开拓了学生的思维，又培养了学生的综合能力，进而提高学生整体素质。在生物学教学中要加强生物学与其他学科间的横向联系，不仅是适应当前高考综合测试学科设置的需要（综合测试在考查学生对学科基础知识掌握的同时，加强了对学科内和学科间知识综合应用能力的考查），同时更有利于学生知识和能力（发散性思维的培养、综合应用能力和创新能力等）的全面提高，从而有利于对高素质人才的培养。

单元内容：相关学科的知识

培训目标：

1. 了解学科间联系的重要性及意义。

2. 掌握在教学中加强学科间联系的教学方法。

内容要点：

生物学科是自然科学的基础课程，也是核心课程，若从知识层面说，生物学科其实融合很多其他自然科学学科的知识。比如温度的测定，用到了物理和化学的知识，犹如 DNA 分子模型的构建需要化学知识的支撑，另外 DNA 分子中的碱基对的计算又需要数学知识的灵活应用。可见，各个学科不是完全独立存在的，都或多或少有一些交叉，同时相辅相成，只为更好地帮助学生理解某些概念、定理和规律等。创造期教师在教学过程中应该密切关注培养学生跨学科思考、学习的意识和能力，注重学科联系的重要性的落实和加强。

培训方式建议：

建议采取学员自学的方式进行本单元的学习。

专题名称：学科哲学

专题简要说明：

学科哲学是一个学科的最高层次，目前生物学哲学已成为一个非常引人注目、组织严密的学科。它有自己的刊物、会议和专业组织。其中最大的专业组织是 ISHPSSB（国际生物学的历史、哲学和社会学研究协会）。公会的名称反映了该领域的跨学科性质。生物学哲学可以被看作一个经验主义的传统，偏好于自然主义。当代的许多生物哲学家避免传统问题像生命与非生命的区别。他们更多的是运用哲学原理来分析生物科学问题，从本质上解释生物现象。因此生物哲学更能帮助教师透过纷繁复杂的生物现象，寻求生物学本质。

单元内容：生物学哲学

培训目标：

1. 了解生物学哲学的内涵。

2. 了解现代生物哲学研究的主要内容。

3. 关注生物哲学的研究成果对中学生物教学的启示。

内容要点：

1. 什么是学科哲学

生物学是研究生命现象及其发生发展规律的科学。这门科学从诞生之日起就以萌芽的形式涉及许多哲学问题，如什么是生命？它与其环境中的其他物质有何关系？它有没有起源和演变？古代哲学家早已接触到这些问题，并提出过各种假说与理论。

2. 生物哲学的研究内容

(1)生物界与无机界的关系。主要研究生命的本质、特征和起源，探讨生物进化的动力、方向和规律，人类的起源和人类在自然界的位置，以及人类与生物界的区别与联系。(2)生物运动发展中的辩证规律。主要研究生物的统一性与多样性，生物体的形态与机能、遗传与变异、器官与机体、机体与环境、个体与种群等的相互关系，探究进化过程中的偶然性与必然性、连续性与间断性的辩证关系。(3)生物学研究中的方法论。研究分类方法、实验方法、历史方法、移植方法、还原方法、系统方法、综合方法以及数学、物理、化学等基础科学的概念和方法在生物学研究中的应用。(4)生物学与哲学、社会科学的关系。

培训方式建议：

本单元内容采取讲座为主辅以研讨、实践的方式进行教学。

培训资源：

《生物学观念的发展》第二版，方舟子著，上海交通大学出版社出版。

专题名称：发挥名师的辐射作用

专题简要说明：

为了促进教师的专业化发展、发挥名师的示范作用，实现全市教育事业的均衡发展，很多区县都成立了名师工作室。工作室成立以来，充分发挥了名师在学科教研中的引领和拉动作用，加深了对学科发展态势与走向的研究，为年轻教师的专业发展提供针对性指导，从而促进了北京市整体教师队伍水平的提升，也为全市教育教学质量的全面提升做出了积极贡献。本专题将从名师课堂观摩研讨和名师的区域作用具体介绍名师工作室的创设价值和名师的辐射作用。

本专题下设两个单元内容的课程：名师课堂实践观摩与研讨和名师在

区域内作用的发挥。

单元内容	课时建议	课程属性
名师课堂实践观摩与研讨	8	专业任选
名师在区域内作用的发挥	8	专业任选

单元内容1：名师课堂实践观摩与研讨

培训目标：

在观摩中相互取长补短，突破瓶颈，共同提升。

内容要点：

1. 名师课堂实践

选定一定数量的名师，请他们上课，创造期教师听课观摩。

2. 名师进行课后反思

听取名师对自己课后的反思，从研究的角度进行理论与实践的对接。

3. 创造期教师之间对名师课堂的研讨，找出亮点，进行学习

培训方式建议：

本单元内容为实践性质的内容，以创造期教师的实践活动为主，在观摩研讨中提升，因此，该单元内容要引导学员在实践中学习、提高。

培训资源：

《走进名师课堂》，王丽丽主编，山东人民出版社出版。

单元内容2：名师在区域内作用的发挥

培训目标：

发挥名师的模范辐射作用。

内容要点：

创造期的教师有着丰富的教学经验和自己的教学风格和特色，怎样发挥他们的辐射作用，带领区域内的其他教师共同进步是急需解决的问题。通过本单元的研讨探索一条路径，使他们的作用能得到更好的发挥是本单元内容的核心。

培训方式建议：

本单元内容适合课堂研讨型的教学方式。

培训资源：

《仰望语文的星空》（名师成长丛书），董一菲著，长春出版社出版。

专题名称：名师成长经验介绍

专题简要说明：

名师的专业成长历程各不相同，但都有其所必需的内外部条件：高而广阔的实践与展示平台可以开阔教师的眼界，提高外界对他们的关注度和认可度；教师本人在掌握一般教学规律的基础上形成自己的教学风格，进行个性化的教学实践；教师在教学中能够体会到幸福人生。名师的成长，需要依托于良好的外部环境，但个人创造性地实践与思考才是根本。"教师成长"内涵固然很丰富，可能有不同的理解，但我们认为其实质是教师作为"教育专门人才"的专业化发展过程。它既包括教师自身的专业化发展过程，也包括促进教师专业化发展的过程，即教师教育过程。本专题就是围绕名师成长的经验分享展开的，旨在给广大青年教师成长过程中提供一点帮助。

单元内容：名师成长经验介绍

培训目标：

1. 了解名师成长的几个必经阶段。

2. 了解名师成长的内外条件。

3. 了解名师成长的方式与途径。

内容要点：

本单元内容将聘请名师介绍他们的成长历程，包括：

1. 名师成长的必经阶段有哪些？

2. 名师成长的具体步骤和方法。

创造期教师在与名师的交流中，找到自己创造的路径。

培训方式建议：

本单元建议采取名师与创造期教师互动的方式进行教学。

培训资源：

《仰望语文的星空》（名师成长丛书），董一菲著，长春出版社出版。

四、初中生物创造期教师培训的课程实施建议

初中生物创造期教师基本都是市级学科带头人或者学科骨干教师，具备丰富的教学经验和扎实的教学功底，并且对初中生物教学形成了自己独

到的见解，不仅能在自己的课堂教学中很好实施，同时能较好地发挥名师带头作用和影响力，让身边更多的教师同仁一起成长和发展。

创造期教师的基础很好，对他们的培训不能仅仅局限于提高课堂质量，在培训课程设置前一定要认真，谨慎调研他们的真正需求和想法，这样在培训过程中才能有的放矢的高质量进行。要注重培训方式的创新，采取案例式、参与式、情境式等多种培训方式开展培训，增强培训的吸引力和感染力。

作为培训者，我们还要关注到每个骨干学员的优势，给学员提供共同研讨共同学习的平台和机会，让大家充分展示自己的优点和想法，这样有助于骨干教师们在头脑风暴中寻求自己需要的资源。

五、评价建议

采取定性与定量评价相结合、学员与专家评价相结合、即时与后续评价相结合、自评与他评相结合的多种评价方式，对学员的学习情况进行评价。

第三部分　高中生物教师培训课程指南

第一套　高中生物教师(适应期)培训课程指南

一、高中生物教师(适应期)的特征与培训目标

高中生物教师(适应期)是指本学科教龄在 3 年以下的高中生物教师。由于他们刚参加生物学的教学工作,对高中生物的课程标准(以下简称课标)和教材都不够熟悉,不熟悉高中生物的课堂教学的基本方法,不熟悉高中生物教学中基本的实验教学技能,没有进行高中生物教学研究的经验和意识,对自己的专业发展方向还不够清晰。但是他们有学习的热情和学习的积极性,可塑性强。因此,该阶段培训的核心任务是帮助他们尽快进入角色,奠定坚实的发展基础。本期培训的侧重点是生物学科基础知识、生物学科教学知识以及生物学科教学技能。

培训目标:

1. 明确课标的要求,能正确理解和把握课标的要求。

2. 学会分析初、高中生物教材内容,能分析初、高中生物教材所涉及的一般概念和重要概念。

3. 在教学设计时能关注到学生的学习基础,学习怎样分析学情。

4. 初步掌握教学设计的一般过程,能独立撰写教学设计。

5. 初步掌握针对高中学生的教学方法,能进行常规的教学。

二、高中生物教师(适应期)培训的课程体系结构及说明

问题模块	专题构成		单元内容	课程属性	课程形态	课时建议
	名称	总学时				
怎样在高中生物教学中贯彻育人为本的教育思想和素质教育理念?	高中生物教师的师德规范与素质教育	12	高中生物教师的师德规范	专任	讲座	4
			高中生物教学中育人为本的教育思想内涵	专任	讲座	4
			高中生物教学中落实素质教育理念的方法和途径	专任	讲座＋案例分析	4
高中生物教材包括哪些内容?	以初中生物教学为基础的高中生物教学知识体系解析	100	中学生物课程教学的发展与演变	专任	讲座＋案例	4
			高中生物课程标准的解读	专限	讲座＋行动研究	12
			高中生物教材整体内容分析、理解及使用	专必	讲座＋案例分析＋小组讨论	60
			现代生命科学知识解析	专限	讲座＋网络交流	24
高中生物有哪些教育方法?	高中学生学习特点分析	4	高中生物教学中的学生分析	专任	讲座＋案例分析	4
	高中生物教育理论与方法	16	建构主义理论	专任	讲座＋网络交流	8
			高中生物教育方法概述	专限	讲座＋案例分析	8

问题模块	专题构成		单元内容	课程属性	课程形态	课时建议
	名称	总学时				
高中生物有效的教学技能有哪些?	高中生物教学特点概述	4	高中生物教学特点概述	专限	分组研讨＋集中汇报	4
	高中生物教学技能分析	104	高中生物教学设计技能	专必	实践＋诊断＋讲座	24
			高中生物教学实施技能	专必	实践＋诊断＋讲座	44
			高中生物教学评价技能	专限	实践＋诊断＋讲座	12
			一般生物实验操作技能及现代生物技术实践	专任	实践＋讲座	16
			高中生物课外(野外)考察技能	专任	实践	8

注：课程属性中"专必"为专业必修；"专限"为专业限选；"专任"为专业任选。

三、高中生物教师(适应期)培训的课程说明

专题名称：高中生物教师的师德规范与素质教育

专题简要说明：

本专题下设三个单元内容的课程：高中生物教师的师德规范、高中生物教学中育人为本的教育思想内涵、高中生物教学中落实素质教育理念的方法和途径。各单元具体内容可参照初中生物教师(适应期)培训课程"初中生物教师的师德规范及教育理念"专题。

单元内容	课时建议	课程属性
高中生物教师的师德规范	4	专业任选
高中生物教学中育人为本的教育思想内涵	4	专业任选
高中生物教学中落实素质教育理念的方法和途径	4	专业任选

专题名称：以初中生物教学为基础的高中生物教学知识体系解析

专题简要说明：

在我国，生物课程的设立经历了从无到有的过程，是从国外引进到逐渐本土化的过程。让学员了解我国中学生物课程的发展历程，能够帮助他们深刻理解生物课程改革的意义。生物课程标准的学习是深入分析把握生物教材的基础，而学员坚实的生物学科基础知识，是实施生物课程的前提条件。

本专题下设四个单元内容的课程：中学生物课程教学的发展与演变，高中生物课程标准的解读，高中生物教材整体内容分析、理解及使用，现代生命科学知识解析。

单元内容	课时建议	课程属性
中学生物课程教学的发展与演变	4	专业任选
高中生物课程标准的解读	12	专业限选
高中生物教材整体内容分析、理解及使用	60	专业必修
现代生命科学知识解析	24	专业限选

单元内容1：中学生物课程教学的发展与演变

培训目标：

1. 了解我国初中生物课程的发展与演变。

2. 知道中学生物重要概念的变化。

内容要点：

1. 中学生物课程的发展与演变

通过介绍生物课程在我国的发展过程，让学员了解生物课程是从外国引入的课程。虽然我们的祖先在认识、利用动物、植物方面都有很多的积累，但是没有形成生物学的体系，随着外来生物课程的引入，我们国家才逐渐有了义务教育阶段及普通高中阶段的生物课程，特别是基础教育课程改革后，生物课程更是成为义务教育阶段及普通高中阶段不可或缺的科学课程之一。本部分教学要引导学员从生物课程发展史的角度认识在我国建设和完善生物课程的重要性。

2. 中学生物重要概念的变化

首先要让学员通过梳理我国的主要生物课程教材，了解中学生物课程中重要的概念有哪些，随着教育的发展、社会的进步、生命科学的进展，生物课程中的重要概念是怎样变化和发展的。使学员能够站在生物科学发展变化的基础上，把握中学生物课程的知识体系，以及重要概念在构建生物知识体系中的作用。

培训方式建议：

以文献研究和专题讲座为主，教师提出能引导学员思考的问题，在查阅文献的基础上进行交流，教师以讲授形式进行提升。

培训资源：

1.《新中国中小学教材建设史 1949－2000 研究丛书——生物卷》，人民教育出版社出版。

2. "生物学概念的教学"，蒋建财，《教学月刊（中学版）》，2002 年第 21 期。

单元内容 2：高中生物课程标准的解读

培训目标：

1. 了解高中生物课程标准的主要内容。

2. 知道我国生物教学大纲到现行生物课标的发展过程，知道普通高中生物课程标准的内容。

3. 理解生物课程课标的理念，并尝试在教学中应用。

内容要点：

1. 生物课程标准的内容

通过本内容的学习让学员了解到：生物课程标准是在知识、能力、态度等方面体现国家对学生在基础教育阶段学习生物学的基本要求；在生物课程内容的选择上体现基础性，有助于学生的终生发展，反映现代化与时代发展的要求，加强课程的综合化以及生物课程与学生现实生活的联系；生物课程标准的制定遵循学习者的心理发展规律，有助于发展学习者的理解力和形成积极的学习态度；指导建立起促进学生发展的评价体系，有利于教师遵循教育的规律开展教育教学活动。

普通高中《生物课程标准》包括四部分，即"前言"、"课程目标"、"内容标准"和"实施建议"。"内容标准"分为必修和选修两部分，每部分按照模块呈现具体内容标准。

2. 生物课程标准与生物教学大纲的区别

生物教学大纲是在我国基础教育改革前指导生物教学的国家纲领性文件。生物课程标准是我国的课程专家在研究了西方发达国家的科学教育标准后结合我国生物教学的实际情况制定的生物教学标准，从课程理念、课程目标及课程内容上都有巨大的变化，学员要了解生物课程标准在课程理念、课程目标及课程内容上发生改变的目的。

3. 生物课程标准倡导的理念以及在生物教学中的应用

学员要全面研读生物课程标准，理解生物课程标准倡导"面向全体学生、提高生物科学素养、倡导探究性学习、注重与现实生活的联系"理念的内涵，并尝试在生物教学中将生物课程标准倡导的理念转变为具体的教学行为。

培训方式建议：

采取以讲座与讨论交流为主的教学方式。

培训资源：

1. 全日制义务教育《生物课程标准》，中华人民共和国教育部制定，北京师范大学出版社出版。

2. "初中生物教学大纲研究"，伍贤进，《中学生物教学》，1995 年第 6 期。

3.《生物教育展望》，陆建身主编，华东师范大学出版社出版。

4.《生物学教学论》，张迎春、汪忠主编，陕西师范大学出版社出版。

单元内容 3：高中生物教材整体内容分析、理解及使用

培训目标：

1. 了解高中生物教材的编写意图及特点。

2. 知道高中生物知识体系。

3. 理解每个模块生物教材章节内容的特点，完成章节教学设计并在教学实践中完善教学设计。

内容要点：

1. 高中生物教材的编写意图及特点

高中生物教材是根据普通高中生物课程标准的设计思路而研制的。通过本课学习学员要了解到生物教材的编写要全面贯彻落实生物课程标准倡

导的"面向全体学生、提高生物科学素养、倡导探究性学习、注重与现实生活的联系"理念，促进生物课程目标的达成，有利于转变学生的学习方式。

2. 高中生物知识体系

普通高中生物课程根据《基础教育课程改革纲要（试行）》和《普通高中课程改革方案》分为必修和选修两部分。必修部分包括"分子与细胞"、"遗传与进化"、"稳态与环境"；选修部分包括"生物技术实践"、"生物科学与社会"、"现代生物科技专题"。

3. 每个模块的生物教材的单元内容及特点，章节教学设计应注意的问题

学员通过研究所使用的高中生物教材，明确每个模块教材中各个章节的内容，了解章节内容的特点，以便在进行教学设计时能够选择合适的教学内容。在进行章节教学设计时，学员能够依据生物课程标准中具体内容标准的要求，确定每个章节的教学目标及教学的重点难点，围绕教学目标选择教学内容及教学策略，运用适当的现代信息技术辅助教学，促进教学目标的达成，增强教学的有效性。

培训方式建议：

主要采用讲座与主题教学研究的方式，增强学员的教学实施能力。

培训资源：

1.《生物新课程教学设计与案例》，王永胜主编，高等教育出版社出版。

2."初中生物教学案例"，汪津洲，《中学生物学》，2010 年第 6 期。

3.《中学生物学新课程重点教学案例设计与分析》，孙敏、雷静主编，西南师范大学出版社出版。

单元内容 4：现代生命科学知识解析

培训目标：

1. 了解现代生命科学知识。

2. 知道高中生物课程中主要的概念，理解生物主要概念间的关系。

3. 探索概念教学的策略。

内容要点：

1. 现代生命科学知识

介绍高中生物课程涉及的生命科学各个领域的知识，包括细胞学、动植物生理、人体生理、微生物学、免疫学、分子遗传学、神经科学、生态

学与人口、资源和环境、生物技术及生物工程等。学员入职后再学习现代生命科学知识的目的是夯实学员学科知识基础，这是更好地开展生物教学的前提条件之一。

2. 高中生物课程中主要的概念及概念之间的关系

通过学习生物课程标准、研读必修模块和选修模块的教材，学员能够将高中生物课程中每个模块中的主要概念梳理出来，并且能够结合高中生物教学的需要将模块间的主要概念建立起联系，以此指导自己在进行备课时，关注主要概念的教学，从而促进学生获得概念。

3. 概念教学的策略

概念是人类认识事物的基本知识单元。生物学概念是构建生物知识体系的基本知识单位。学员应该从学生认知规律出发，采用多种概念教学策略，探索出适合学生获得概念的方法和途径，不断积累生物概念教学的知识，提高生物教学能力。

培训方式建议：

主要采取讲座与案例分析的方式，突出概念教学的实践体验。

培训资源：

《陈阅增普通生物学》，吴相钰主编，高等教育出版社出版。

专题名称：高中学生学习特点分析

专题简要说明：

高中生心理发展的基本特征是由少年半幼稚、半成熟向成熟过渡。高中生的思维有更高的抽象概括性，并且开始形成辩证逻辑思维，思维逐渐从经验型过渡到理论型，已经能够用理论指导来分析综合各种事实材料。高中学生思维的独立性和批判性有明显的发展，但还存在思维的片面性，往往强调事物的某一方面而忽视事物的另一方面。学员通过分析学生思维发展过程了解高中学生学习上的特点，为生物教学的顺利开展做好准备。

单元内容：高中生物教学中的学生分析

培训目标：

1. 了解初中学生与高中学生的异同。

2. 掌握高中学生生物与学习的特点，做好初高中的衔接。

3. 依据学生需求开展高中生物教学。

内容要点：

1. 初中学生与高中学生的异同

高中学生已经十五六岁，比初中学生理性思维发展更成熟，但是由于生物课程设置初、高中不连续的问题，导致初高中学生在生物课程学习中都存在基础不牢固的问题。

2. 初高中生物学习的衔接

虽然生物课程设置不衔接，但是学生在生活中会观察到许多生物现象，同时经历过初中生物课程的学习也会或多或少积累一些生物学知识，高中生物教学在设计时要考虑到概念及概念间的衔接。

3. 依据学生需求开展生物教学

学科教学的目的是挖掘受教育者的潜能，开发智力，使他们获得终身学习力的途径，生物学科教学同样如此。在高中生物课程实施中，加强学情分析根据学生发展需求进行备课，不但要帮助学生构建、完善生物知识体系，同时为学生选择学业方向提供指导，这样就能为有效教学奠定基础。

培训方式建议：

主要采取讲座与案例分析的方式，突出概念教学的实践体验。

培训资源：

1.《基础教育教学基本功：中学生物卷》，陈坚编著，首都师范大学出版社出版。

2.《中学生物学教学论》，刘恩山主编，高等教育出版社出版。

3.《中学生物学实验教学论》，徐作英、王重力著，北京师范大学出版社出版。

专题名称：高中生物教育理论与方法

专题简要说明：

本专题在介绍建构主义理论的基础上，介绍生物教育的方法，尤其是结合高中生物新课程，探讨高中生物的教育方法。

本专题下设两个单元内容的课程：建构主义理论和高中生物教育方法概述。

单元内容	课时建议	课程属性
建构主义理论	8	专业任选
高中生物教育方法概述	8	专业限选

单元内容1：建构主义理论

培训目标：

1. 了解建构主义理论内容。

2. 知道建构主义理论对生物教学的指导意义，并在教学设计中应用。

内容要点：

具体内容可参照初中生物教师(适应期)培训课程"建构主义理论与初中生物教学"。

单元内容2：高中生物教育方法概述

培训目标：

1. 了解高中生物教育的现状。

2. 知道高中生物教育的方法有哪些，并尝试在教学中应用。

内容要点：

1. 高中生物教育的现状分析

通过本课学员要了解我国的生物教育现状，认识到只重视学科知识而忽视生命教育的后果很严重。结合生物学科的性质以及高中学生的心理发展特点，应该加强高中生物教育。

2. 高中生物教育的方法和原则及在教学中的应用

根据高中生物模块教材内容和高中学生的心理生理特点，让学员明确高中生物生命教育内容有：生命起源教育、安全卫生教育、心理健康教育、珍重生命教育、生命道德伦理教育等。生物教育应遵循的原则：教育原则、理论联系实际原则、直观性原则、循序渐进原则、因材施教原则。进行生物教育的基本方法有：目标指引法、课堂渗透法、专题讲座法等。学员要在高中生物教育中着力培养学生逐渐学会欣赏生命、珍惜生命、尊重生命、感恩生命，不断发展和完善自身的生命价值，进一步形成积极的人生观、世界观，形成健全的人格。

培训方式建议：

主要采取讲座与实例研究的方式，落实高中生物教育。

培训资源：

1.《生物教学研究与案例》，刘恩山主编，高等教育出版社出版。

2.《创新生物教学方式》，胡继飞著，高等教育出版社出版。

3.《初中生物课堂教学设计》，胡玉华主编，同心出版社出版。

专题名称：高中生物教学特点概述

专题简要说明：

与初中生物教学相比，高中生物教学是以必修模块和选修模块两大部分实施的，每个模块都有相对独立的重要概念、生物科学研究方法及形成的情感态度价值观，学员应在掌握高中生物教学特点的基础上进行教学设计，这将有利于生物课程的实施。

单元内容：高中生物教学特点概述

培训目标：

1. 了解高中生物知识整体特点。

2. 了解在高中生物教学中需要发展学生的认知能力。

3. 理解在高中生物教学中体现科学特点的重要价值。

内容要点：

1. 高中生物知识体系

学员要了解到高中生物必修的每个模块都有相对独立的知识体系，每个模块的知识体系构建是以主要概念为核心的；高中生物必修模块知识间又有联系。因此学员要准确把握高中的生物知识体系，体现高中生物模块教学的特点。

2. 高中生物教学中需要发展学生的认知能力

高中生物教学要贯彻生物课程标准倡导的理念，尤其重视转变学生的学习方式。学员要理解探究式学习中应以提高学生思维能力为核心，通过对生物科学研究"过程化"的学习，自主获得概念、方法及发展情感态度价值观，提升认知能力。

3. 高中生物教学中体现科学特点

生物课程标准中将生物科学定位为自然科学中的基础学科，是研究生命现象和生命活动规律的科学。因此高中生物课程就具有科学课程的特征：实验探究性、科学研究过程性、科学成果的发展性和应用性。学员通过学习要把握生物教学应体现科学研究的特点，提高学生的生物科学素养。

培训方式建议：

本单元内容建议采用讲授与分组研讨相结合的方式，教师先进行一般性的对生物学教学特点的分析，然后引导学员结合具体的课例进行分析。

培训资源：

1.《生物教学研究与案例》，刘恩山主编，高等教育出版社出版。

2.《创新生物教学方式》，胡继飞著，高等教育出版社出版。

3.《初中生物课堂教学设计》，胡玉华主编，同心出版社出版。

专题名称：高中生物教学技能分析

专题简要说明：

在全面了解高中生物教学特点基础上，通过实践提高教学设计技能、教学实施技能、教学评价技能、实验操作技能及课外(野外)考察技能，实现从整体上提高学员实施生物课程的能力。

本专题下设五个单元内容的课程：高中生物教学设计技能、高中生物教学实施技能、高中生物教学评价技能、一般生物实验操作技能及现代生物技术实践、高中生物课外(野外)考察技能。

单元内容	课时建议	课程属性
高中生物教学设计技能	24	专业必修
高中生物教学实施技能	44	专业必修
高中生物教学评价技能	12	专业限选
一般生物实验操作技能及现代生物技术实践	16	专业任选
高中生物课外(野外)考察技能	8	专业任选

单元内容1：高中生物教学设计技能

培训目标：

1.了解什么是教学设计及内容。

2.知道生物教学设计的程序，并尝试完成章节教学设计。

内容要点：

具体内容可参照初中生物教师（适应期）培训课程"初中生物教学设计技能解析"。

培训方式建议：

主要采取讲座与撰写教学设计的方式。

培训资源：

1.《新理念生物教学技能训练》，崔鸿主编，北京大学出版社出版。

2.《生物微格教学》，俞如旺著，厦门大学出版社出版。

3.《生物学课堂教学技能训练》，汪忠主编，华东师范大学出版社出版。

4.《生物课堂教学行为研究及案例》，郑晓蕙、胡继飞、夏志芳著，江西教育出版社出版。

单元内容2：高中生物教学实施技能

培训目标：

1. 了解教学实施技能包括的内容。

2. 在完成教学设计的基础上进行教学实施。

内容要点：

具体内容可参照初中生物教师（适应期）培训课程"初中生物教学实施技能解析"。

单元内容3：高中生物教学评价技能

培训目标：

1. 了解教学评价包含的内容。

2. 知道教学评价在生物教学中的作用，并尝试在教学中应用。

内容要点：

具体内容可参照初中生物教师（适应期）培训课程"初中生物教学评价技能解析"。

单元内容4：一般生物实验操作技能及现代生物技术实践

培训目标：

1. 了解生物实验操作的内容。

2. 知道高中生物课程中实验操作要求，并能在教学中得以体现。

内容要点：

1. 生物实验操作概述

生物实验操作包括：显微镜使用、临时装片制作与观察、生物组织或物质提取及鉴定、探究影响动植物生理活动的因素、生态瓶制作、生物技术实践等内容。

2. 高中生物课程中实验操作内容及实践

学员应依据生物课程标准中的具体内容标准，确定生物教学中要完成的实验操作内容，结合生物教学的实际情况，充分利用学校生物实验教学资源进行实验操作的教学实践。

培训方式建议：

主要采取教学实践与研讨的方式。

培训资源：

1.《新课标初中生物实验手册》，李志丹主编，广西教育出版社出版。

2.《初中生物教师实验手册》(第一册上)，陈阜东著，人民教育出版社出版。

3.《初中生物教师实验手册》，张春生编，人民教育出版社出版。

4.《中学生物学实验教学理论与实践》，胡兴昌著，科学出版社出版。

5.《美国初中主流理科教材·科学探索者》(套装共 17 册)，帕迪利亚(Padilla. M. J.)编，顾维颖、吉云松、王张华译，浙江教育出版社出版。

单元内容 5：高中生物课外(野外)考察技能

培训目标：

1. 了解课外(野外)考察包括哪些内容。

2. 知道怎样结合高中生物教学开展课外(野外)考察。

内容要点：

1. 课外(野外)考察

生物学科的课外(野外)考察包括生态环境考察、植物或昆虫识别、动物行为研究、种群密度调查、物种丰富度调查、环境污染情况调查等内容。

2. 结合高中生物教学内容开展课外(野外)考察

由于组织学生外出受到很多因素的制约，因此学员应从生物课程内容整体去考虑课外(野外)考察活动的开展，结合生物教学内容及学校集体活动的开展，适时组织学生参加课外(野外)考察活动，提高实践活动的能力。

培训方式建议：

主要采取小组实践与交流的方式。

培训资源：

《生物学野外实习》，鲍毅新著，浙江大学出版社出版。

四、高中生物适应期教师培训的课程实施建议

由于高中生物适应期教师从事生物教学在 1～3 年内，缺乏生物教学的经验，开始适应高中生物教学的工作。因此，在课程实施中要将理论学习与学员的教学实践结合起来，将专题讲座与交流研讨结合起来，激发学员从事生物教学研究的兴趣，充分发挥学员的主动性和主体作用。

要注重培训方式的创新，采取案例式、参与式、情境式等多种培训方式开展培训，增强培训的吸引力和感染力。

要充分利用现代教育技术手段，加强对学员学习期间的网络学习的指导和培训后的实践跟踪指导。

授课教师要为学员提供学习讲义、参考资料等培训课程资源，并为学员搭建经验分享的交流平台，为学员的后续学习提供有效支持。

五、评价建议

采取定性与定量评价相结合、学员与专家评价相结合、过程与后续实践评价相结合、自评与他评相结合的多种评价方式，对学员的学习情况进行评价。

第二套 高中生物教师(熟练期)培训课程指南

一、高中生物教师(熟练期)的特征与培训目标

高中生物教师(熟练期)一般是指本学科教龄在 3～6 年的高中生物教师,他们大多已经取得中级职称,对课程标准和教学内容有了一定的了解也有了一定的实践经验。对教材中涉及的一些核心问题也有了一定的认识,甚至在教育、教学中取得了一些成绩。但是,这个阶段教师对学科知识的深层次理解还有待进一步提高,对生物学的核心概念及概念之间的联系还没有充分建立起来;对教学中较重要的教学方式——探究式的教学方式还不是很熟悉;他们的实验技能及应用程度还有待进一步提高。这些教师有一定的研究意识,但一些基本研究方法及应用程度还不够熟练,此外,对教育对象——学生的研究还没有引起足够的重视。所以,对这个时期的教师而言,急需进一步进行系统地、有针对性地培训,明确努力方向,提高对教育教学的认识,聚积动力,为尽快成长为合格的教师而努力。

基于上述的分析和说明,特制定本阶段的培训目标:

1. 能从单元角度整体把握高中生物教材内容。

2. 能基本解析高中生物教材中的基本概念,并能初步描述概念之间的纵向及横向联系。

3. 能在教学中有意识地培养学生形成生物学概念、知识迁移及应用的能力。

4. 初步掌握探究式教学的基本技能,能独立设计并组织探究活动。

5. 学习教育科研的基本方法,学会反思和规划自己的职业生涯。

二、高中生物教师(熟练期)培训的课程体系结构及说明

问题模块	专题构成		单元内容	课程属性	课程形态	课时建议
	名称	总学时				
如何正确熟练掌握高中生物教材内容,把握学科知识体系?	整体把握高中生物学知识体系	24	基于单元的高中生物学知识结构分析	专必	讲座＋案例分析	8
			高中生物学单元知识结构之间的关系	专必	讲座＋案例分析	16
	生物学素养、能力水平要求及与情感态度价值观的关系	24	生物学概念的形成及联系	专必	讲座＋案例分析	16
			生物学知识的迁移和应用以及与德育的联系	专限	案例分析	8
如何系统深入地了解学生学习特点,开展好教学活动?	教育学知识解析	16	生物教育的教育学原理	专限	讲座＋研讨	16
	心理学知识解析	24	高中生学习生物学的心理特点分析	专任	讲座＋研讨	24
如何有效地利用多元评价体系激发学生学习动机?	高中生物教学评价及策略	24	多元评价的意义和方法	专必	讲座＋研讨	8
			高中生物有效教学评价策略的实施及分析	专必	讲座＋研讨	16
如何提升高中生物教师教学技能?	高中生物熟练期教师的教学技能	56	高中生物探究式教学的设计策略	专必	讲座＋实践	24
			基于学生学习的高中生物课堂教学设计	专限	讲座＋实践	24
			在实践中发展学生的思维能力	专任	讲座＋实践	8
高中生物教师如何确定自我专业发展的途径?	生物教学反思的理论与方法	24	教学反思的方法与过程	专任	讲座＋实践	8
			生物教学反思的特点及实践	专任	讲座＋实践	16
	生物教育教学研究	16	生物教育科研方法和论文写作指导	专必	讲座和研讨	16

注:课程属性中"专必"为专业必修;"专限"为专业限选;"专任"为专业任选。

三、高中生物教师(熟练期)培训的课程说明

针对熟练期教师教育教学特点和继续教育的培训目标，本阶段安排的培训课程共包括五个问题模块、八个专题的学习内容。这些学习内容的安排，既考虑了熟练期教师成长特点和发展需要，又结合该阶段教师在教学中常遇到的一些想法和困惑，从宏观到微观、从整体到局部，较为系统地安排了有关的学习课程。力图通过本课程的学习，有助于使熟练期的教师尽快发展和成长为合格的高中教师。

以下就该阶段所涉及的有关课程内容进行简要地说明。

专题名称：整体把握高中生物学知识体系

专题简要说明：

高中生物学课程属于自然科学领域的学科课程，其精要是展示生物科学的基本内容，反映自然科学的本质。它既要让学生理解基础的生物学知识，又要让学生领悟生物学家在研究过程中所持有的观点以及解决问题的思路和方法。高中生物学课程期待学生主动地参与学习过程，在亲历提出问题、获取信息、寻找证据、检验假设、发现规律等过程中习得生物学知识，养成理性思维的习惯，形成积极的科学态度，发展终身学习的能力。作为从事教育教学工作不长的青年教师，虽然对高中生物学的知识体系有了一定的了解，但对一些概念的深入理解、概念之间的层次关系和教材中各单元知识之间关系掌控，还有一定的困难。通过本专题的学习，力争使青年教师们能在原有基础上有所提高，能更好地把握单元知识结构和结构之间的关系，有效提升教学设计水平。

本专题下设两个单元内容的课程：基于单元的高中生物学知识结构分析和高中生物学单元知识结构之间的关系。

单元内容	课时建议	课程属性
基于单元的高中生物学知识结构分析	8	专业必修
高中生物学单元知识结构之间的关系	16	专业必修

单元内容1：基于单元的高中生物学知识结构分析

培训目标：

1.知道所用教材的知识结构特点，并能说明该结构特点的优势所在。

2. 能比较准确地对照高中生物课程标准确定单元教学的知识结构。

3. 能较好地说明现用高中教材所涉及的单元知识结构特点。

内容要点：

1. 高中生物教材的知识体系

收集高中生物课程课标下的不同版本的高中生物教材。目前，全国各地使用的高中生物教材，主要涉及的版本有人教版和浙科版。当然，还有一些地方教材。这些教材虽都是依据高中生物课程标准编制的，但它们都有自己知识框架体系，并且都具有一定的地域文化特点。

2. 主要版本教材知识体系的比较

重点比较人教版和浙科版高中生物教材的知识体系。对比两套教材，进行分析和说明。

3. 所用高中生物教材的单元设置及结构分析

培训方式建议：

1. 主讲教师对某一版本高中生物教材作重点介绍和说明。

2. 将教师分成小组，每小组根据高中生物课程标准，重点讨论该版本高中生物教材的单元知识结构。

3. 小组成员之间交流。

培训资源：

1.《普通高中生物课程标准（实验）》，中华人民共和国教育部制定，北京师范大学出版社出版。

2.《中学生物学教学论》，刘恩山主编，高等教育出版社出版。

单元内容 2：高中生物学单元知识结构之间的关系

培训目标：

1. 了解现用教科书中单元知识之间的结构关系。

2. 尝试利用知识网络图表示某一单元的知识结构间的关系。

3. 评价单元知识网络图在教学设计中的作用。

内容要点：

具体内容可参照初中生物教师（熟练期）培训课程"初中生物学单元知识之间的关系"。

培训方式建议：

比较人教版和浙科版高中生物教材，分析同一内容的某单元的知识结构特点，提出看法(优点和不足)；构建单元知识网络图；交流和展示各自设计的知识网络图，提出修改建议。

培训资源：

《中学生物学教学论》(第2版)，刘恩山主编，高等教育出版社出版。

专题名称：生物学素养、能力水平要求及与情感态度价值观的关系

专题简要说明：

生物学素养主要是指参加社会生活、经济活动、生产实践和个人决策所需要的生物科学概念和科学探究能力。生物学素养包括理解科学、技术和社会的相互关系，理解科学的本质，形成科学的态度和价值观。它反映一个人对生物科学领域中核心的基础内容的掌握和应用水平以及在已有的基础上，不断提高自己科学素养的能力。每位公民所具备的生物学素养，是与相关的学科知识、一定的能力水平和实用水平紧密结合的。

高中阶段的生物学课程，其精要是展示生物科学的基本内容，反映自然科学的本质。与初中教学内容相比，高中生物教学更加重视生物本质特征的描述，更加重视对生物体代谢及生理活动的理解，更加重视实验、探究和理性思维能力的培养。

作为熟练期的高中生物教师，要能够自觉地研究课堂教学；要尽职尽责地帮助学生，学好生物学知识，并在各项能力水平上都有相应的提高。此外，还能有效地应用于生产生活实际，能利用所学的生物学知识简单解释一些生物学现象和生活中的问题。

本专题下设两个单元内容的课程：生物学概念的形成及联系、生物学知识的迁移和应用以及与德育的联系。

单元内容	课时建议	课程属性
生物学概念的形成及联系	16	专业必修
生物学知识的迁移和应用以及与德育的联系	8	专业限选

单元内容1：生物学概念的形成及联系

培训目标：

1. 知道生物学概念形成的基本要点，认同概念教学在高中生物学教学中的重要意义。知道高中阶段生物学科中的重要概念。

2. 能够举例说出生物学科有关概念的形成及相关概念间的联系。理解生物学概念的形成，是受到原认知水平和个体差异限制的。

3. 认同课堂教学是提高学生生物学素养的重要途径，有效的课堂教学是学生获取新知和逐渐提高生物学素养的可靠保障。

内容要点：

具体内容可参照初中生物教师(熟练期)培训课程"生物学概念的形成及联系"。

单元内容2：生物学知识的迁移和应用以及与德育的联系

培训目标：

1. 描述知识迁移在高中生物教学过程中的重要性。

2. 举例说明学科知识的迁移过程和应用过程。

3. 收集生物教材中与人们日常生活联系紧密的素材；收集能够用高中生物学知识解答的生活问题；收集有关高中生物教材中有哪些内容能较好地与"德育"相联系的知识内容。

内容要点：

具体内容可参照初中生物教师(熟练期)培训课程"生物学知识的迁移和应用"。

培训资源：

1.《教师职业道德修养——敬业、爱生、师格》，陈爱艾主编，北京出版社出版。

2.《思想在左、行动在右》，张红著，北京出版社出版。

专题名称：教育学知识解析

专题简要说明：

本专题主要是从理论上就高中生物学教学理论进行比较系统、全面和深入地论述。旨在使青年教师，在具有一段教学经历后，重温教育学原理知识，是一个再认识、再提高的过程。这种形式的再学习过程，对青年教师而言，要比在学生期的学习更具有真实性、更具体和更容易接受。

通过本专题的学习，教师们可以进一步理解高中生物学课程的性质和价值；理解生物科学和技术的本质和特性；掌握学生的学习规律和学习特点；学习使用多样化的教学方法设计教学过程；能够利用多种评价方式来反映学生的进步。

时代的发展对生物教师提出了更高的要求。在课程改革中，生物课程理念、课程目的、课程框架和内容要求等方面都有了很大的改变。生物教师应具有不断提高自身专业素养、保持个人持续发展的能力才能适应当今快速发展的生物课程对教师的需要。

具体内容可参照初中生物教师（熟练期）培训课程"教育学知识解析"专题。

专题名称：心理学知识解析

专题简要说明：

作为一名生物教师，既要具有雄厚的学科知识功底，还要学习教育学知识和教育心理学知识，从而更好地运用教育手段帮助学生们完成教学任务。

"教育心理学"是研究学与教的基本心理规律的科学。它属于应用心理学的一种，是心理学与教育学的交叉科学。教育心理学具有自己独特的研究课题，那就是学的过程和教的过程以及学与教之间的相互作用。

单元内容：高中生学习生物学的心理特点分析

培训目标：

1. 从教育心理学的角度，认识学习动机的含义及相关理论。

2. 知道影响高中学生学习动机的个体因素。

3. 了解影响高中学生学习动机的环境因素。

内容要点：

具体内容可参照初中生物教师（熟练期）培训课程"初中生学习生物学的心理特点分析"专题。

专题名称：高中生物教学评价及策略

专题简要说明：

新课程改革明确指出，要建立促进学生、教师和课程不断发展的评价体系。对学生学业成绩的评价，提倡多元化的评价体系，即重视学生综合素质的考查，不仅关注学业成绩，而且关注学生创新精神和实践能力的发展，以及良好的心理素质、学习兴趣与积极情感体验等方面的发展；尊重个体差异，注重对个体发展独特性的认可，给予积极评价，发挥学生多方面潜能，激发学生的学习动机。

在高中生物教学中，评价始终是伴随着教学而进行的。多元化的评价体系是相对于单一的传统的评价体系而言的。两者的最大区别是前者不论是从形式上，还是内容上，都能从有利于学生的发展出发，多方面、多角度地对学生进行评价，摒弃以考分论高低，"以成败论英雄"的现象。

现阶段，高中生物课堂教学有效评价的落实及实施情况的说明，以及对存在的主要问题及需要的建议。

本专题下设两个单元内容的课程：多元评价的意义和方法和高中生物有效教学评价策略的实施及分析。

单元内容	课时建议	课程属性
多元评价的意义和方法	8	专业必修
高中生物有效教学评价策略的实施及分析	16	专业必修

单元内容1：多元评价的意义和方法

培训目标：

1. 知道多元评价的含义，它与传统评价的不同。

2. 理解多元评价对促进学生全面发展的意义。

3. 多元评价的方法和评价标准。

内容要点：

具体内容可参照初中生物教师（熟练期）培训课程"多元评价的意义和方法"专题。

单元内容2：高中生物有效教学评价策略的实施及分析

培训目标：

1. 知道高中生物教学评价的基本方法。

2. 理解高中生物教学评价的目的和意义。

3. 能进行高中生物的教学评价。

内容要点：

生物学教学评价是指依据教学目标，运用可行的测量技术对生物教学活动中所涉及的主要因素及其教学效果做出科学判定或给出价值判断。高中生物教学评价的依据和标准是高中生物教学目标，高中生物教学评价的对象是高中生学习生物课程的过程及其结果。生物教学评价的目的是为了改进生物教育教学，促进学生的学业进步和全面发展，实现生物教学目标。

课堂教学评价的核心工作是获取反馈信息和根据反馈信息做出判断。因此教学评价渗透在教学的各个环节中。按照评价的目的，我们可以把教学评价分为诊断性评价、形成性评价和总结性评价。

本单元重点介绍以上三种评价方式及其实施策略，帮助熟练期高中生物教师正确实施教学评价。

培训方式建议：

首先进行理论讲授，介绍高中生物教学评价的基本方法，在此基础上进行分组研讨，内化各种评价方法，然后教师们彼此进行评价活动的联系，研究有效课堂教学评价的策略，授课教师进行点评和指导。

培训资源：

1. "PISA 科学素养评价方式对生物教学评价的启示"，胡玉华，《北京教育学院教师学报》，2012 年第 1 期。

2.《生物学教育测量与评价》，叶佩珉主编，广西教育出版社出版。

专题名称：高中生物熟练期教师的教学技能

专题简要说明：

1. 阐明教学技能对教学的影响。教学既是一门科学又是一门艺术，而教学的科学和艺术是建立在教师具有广博的专业知识和熟练的教学技能基础之上的。作为教师如果没有广博深厚的专业基础知识，他的教学只能是照本宣科地生搬硬套；如果没有熟练的教学技能，也谈不上教学的艺术，更不能把教学搞得生动活泼和能有效地促进学生的学习。

2. 说明教学技能在教学过程中的作用。教学技能是指在课堂教学过程中，能顺利完成各项教学任务的系列教学行为方式或心智活动方式。教师的教学技能是影响教学质量、促进学生学习的主要方面，它具有可描述性、可观察性和可操作性。

3. 举例说明教学技能的基本类型及提高教学技能的方法和策略。教学技能主要分为导入技能、教学语言技能、板书技能、教态变化技能、教学演示技能、讲解技能、提问技能、反馈强化技能、结束技能和组织教学的技能。教学技能是可通过训练而获得及提高的。

本专题下设三个单元内容的课程：高中生物探究式教学的设计策略、基于学生学习的高中生物课堂教学设计、在实践中发展学生的思维能力。

单元内容	课时建议	课程属性
高中生物探究式教学的设计策略	24	专业必修
基于学生学习的高中生物课堂教学设计	24	专业限选
在实践中发展学生的思维能力	8	专业任选

单元内容1：高中生物探究式教学的设计策略

培训目标：

1. 理解在高中生物教学中进行探究式教学的意义和价值。

2. 掌握在高中生物教学中如何进行探究式教学的基本设计方法。

3. 尝试将一节"讲授式"的教学内容，设计为"探究式"的教学过程。

内容要点：

1."探究式教学方式"的提出，以及对"探究式教学"重要性的认识。"以学生发展为本"是新课程理念的最高境界，要发展学生智力、培养学生能力，教师在教学过程中，要始终把学生放在主体地位，并要积极提供机会让学生亲自尝试和实践，并将科学探究的内容标准尽可能渗透到教学活动中。教师在引导学生参与科学探究活动时不仅应让学生参加科学探究的某些方面的活动，也应该注意让学生有机会参与若干完整的探究活动。探究式教学是针对过去的课堂过程中过于强调接受式学习的弊端，从而提出的一种教学模式，它的目的是构建一种适合学生学习的探究模式，使教与学都能交融在探究教学的活动中。

2. 运用探究式教学方式实施高中生物教学的基本方法。特别要注意高中与初中探究式教学的形式和内容的区别。探究是一种积极的学习过程，让学生自己思考做什么和怎么做，而不是接受教师事先做好的结论。

3. 尝试利用探究式教学方式，设计一节高中生物的教学内容。

培训方式建议：

采取边讲授、边实践的培训策略。在讲授中，可以通过分析案例，进一步说明探究式教学的方法和模式，并能在教学中加以实施。

培训资源：

1.《中学生物学教学论》第 2 版，刘恩山主编，高等教育出版社出版。

2.《新编生物学教学论》，汪忠主编，华东师范大学出版社出版。

3.《生物学教育研究方法与案例》，刘恩山主编，高等教育出版社出版。

4.《新理念生物教学技能训练》，崔泓主编，北京大学出版社出版。

5.《教学策略》，李晓文、王莹著，高等教育出版社出版。

单元内容 2：基于学生学习的高中生物课堂教学设计

培训目标：

1. 学会高中生物课堂教学设计的一般方法，掌握教学设计应包括的内容。

2. 理解基于学生学习的高中生物课堂教学设计的有效途径。

3. 能较好地进行基于学生学习的高中生物课堂教学设计。

内容要点：

具体内容可参照初中生物教师（熟练期）培训课程"基于学生学习的初中生物课堂教学设计"专题。

培训资源：

1.《全日制义务教育生物课程标准》，中华人民共和国教育部制定，北京师范大学出版社出版。

2.《生物学教育研究方法与案例》，刘恩山主编，高等教育出版社出版。

3.《教师教学技能》，郭友、杨善禄、白蓝编著，首都师范大学出版社出版。

单元内容 3：在实践中发展学生的思维能力

培训目标：

1. 理解在实践中发展学生思维能力的意义和价值。

2. 掌握生物实践活动中发展学生思维的方法。

内容要点：

1. 生物学实践的界定及意义。生物学是一门以生命世界为研究对象的自然科学，而生物学实践，为生物学发展做出了伟大的贡献。通过实践活动，人们不仅可以更好地了解和获得生物学基础知识，加深理解和巩固已学得的理论知识，掌握生物学基本技能，还能培养学生的观察能力、实验操作能力、分析问题和解决问题的能力。

2. 高中生物实践活动的主要内容。生物学实践活动按照内容及开展活动的范围，可以分为校内实践活动和校外实践活动。校内的实践活动可包括利用所学生物学知识，绿化美化校园和在生物实验室进行的系列实验活动。课外实践活动是对校内实践活动的补充，例如：进行专题性的社会调查、野外开展的观察、实验活动等。

3. 掌握在实践中发展学生思维能力的基本策略。在实践教学中，发展学生智力、培养学生动手操作和创造性的能力，是一般课堂讲授课所无法替代的。作为一名高中生物教师要能充分利用有限的校内、校外条件，使学生能在实践中得到相应的锻炼和发展。

培训方式建议：

以高中生物学实践为载体，结合理论和研讨，充分认同实践活动对高中学生的智力发展和能力提高是非常必要的。

培训资源：

1.《中学生物学实验教学论》，徐作英、王重力主编，北京师范大学出版社出版。

2.《中学生物学实验教学》，张成军主编，科学出版社出版。

3.《中小学教师教学实用基本功》，蒋宗尧主编，中国林业出版社出版。

专题名称：生物教学反思的理论与方法

专题简要说明：

教学反思是教师专业发展的核心要素。教师的教学反思能力，决定着他的教育教学和开展科研能力。教师通过教学反思可以不断地更新教育理念，调整自己的教学行为，提高教学水平。还可对教学中出现的问题和现象，进行深层思考，提出具有创造性的建议。单元具体内容可参照初中生物教师(熟练期)培训课程"生物教师教学反思的理论与方法"专题。

专题名称：生物教育教学研究

专题简要说明：

教学研究是教师实施专业发展的重要途径。对高中生物教师来说，参与教学研究是主动学习和提高专业水平的重要途径之一。教师以提高教学效率和质量为目标，为追求更合理的教学实践过程而开展研究，在解决问题的过程中，教师要开阔自己的视野、反思自己的教学理念和教学行为，探寻新的发展方向，了解别人的研究方法和新的研究成果，增强个人的理论水平和实践能力，进而获得自身的专业发展。单元具体内容可参照初中生物教师（熟练期）培训课程"生物教育教学研究"专题。

四、高中生物熟练期教师培训的课程实施建议

第一，由于高中生物熟练期教师已经从事生物教学 3～6 年，具备一定的教学经验，对高中生物教学有了一些自己的认识，因此在课程实施中要将理论学习与学员的教学实践结合起来，将专题讲座与交流研讨结合起来，充分发挥学员的主体作用。

第二，既要重视培训方式的多样性，又要注意培训内容的创新性。培训者可采取案例式、互动式、情境式等多种培训方式开展培训，增强培训的吸引力和实效性。在创新性方面，可开动脑筋，找出适于学科特色、针对性强的培训内容。

第三，要充分利用现代教育技术手段，加强对学员学习期间的网络学习指导和培训后的跟踪指导。

第四，授课教师要为学员提供学习讲义、参考资料等资源并为学员搭建经验分享平台，为学员的后续学习提供有效支持。

第五，授课教师要能及时听取学员们的反馈信息及建议，并能及时调整授课内容，使之授课内容能成为广大学员喜欢的课程。

五、评价建议

授课教师和有关部门对学员学习情况的评价，可以采取定性与定量评价相结合、学员与专家评价相结合、即时与后续评价相结合、自我评价与他人评价相结合等多种评价方式，旨在对学员学习情况进行较为全面和客观的评价。

第三套　高中生物教师(成熟期)培训课程指南

一、高中生物教师(成熟期)的特征与培训目标

高中生物教师(成熟期)一般是指本学科教龄在 6～10 年的高中生物教师，他们基本都具备中级职称，有些已经具备高级职称，对高中生物课程标准和教材有了系统的了解，对高中生物涉及的科学概念及相互联系有了一定的认识，但不能从科学观念和核心概念角度理解高中生物教学。因此，本期培训侧重于对学科观念和思想方法的把握，在此基础上，促进自身教学能力的进一步提升，并促进自身的专业发展。

培训目标：

1. 能把握高中生物知识体系，具有清晰的学科知识结构。

2. 能关注核心概念在教学中的重要地位，并在教学中进行渗透。

3. 关注学生的学习心理，能根据学生的学习心理，选择有效的教学载体。

4. 能灵活、恰当地运用探究教学策略，进行高中生物的教学。

5. 有意识地进行教学经验的提炼，并有意识地进行教学研究。

二、高中生物教师(成熟期)培训的课程体系结构及说明

问题模块	专题构成		单元内容	课程属性	课程形态	课时建议
	名称	总学时				
小学科学教师(成熟期)需要哪些相关学科的知识？	高中生物教师的人文素养	8	高中生物教师的人文素养	专任	讲座＋案例分析	8
	高中生物教师的艺术素养	16	科学与艺术	专任	讲座＋案例分析	8
			科学美学	专任	讲座＋案例分析	8
小学科学教师(成熟期)如何纯熟地把握学科知识体系？	学科观念与核心概念	64	科学主题与核心概念	专必	讲座＋研讨	24
			高中生物学中的核心概念	专必	讲座＋研讨	40

续表

问题模块	专题构成		单元内容	课程属性	课程形态	课时建议
	名称	总学时				
如何将教育理论应用到生物教学中？	教育学知识解析	16	现代教育理论与科学教学	专限	讲座＋案例分析	8
			教育评价选讲	专限	讲座＋案例分析	8
	心理学知识解析	24	认知心理学理论及其在高中生物教学中的应用	专限	讲座＋案例分析	12
			高中学生学习动机的形成与保持	专限	讲座＋案例分析	12
如何提升小学科学教师（成熟期）的教育教学能力？	教学设计技能	24	基于单元的高中生物教学设计	专任	讲座＋实践活动讲座＋案例分析	24
	教学实施技能	16	高中生物课堂分析技术	专限	讲座＋案例分析	16
	教学评价技能	16	基于单元的高中生物教学评价	专限	讲座＋案例分析	16
	实验操作技能	8	高中生物特殊疑难实验方法与操作	专必	实践活动	8
如何确定自我专业发展的途径？	教育科研方法与论文写作	16	生物教育科研方法与论文写作	专必	讲座＋案例分析	16

注：课程属性中"专必"为专业必修；"专限"为专业限选；"专任"为专业任选。

三、高中生物教师(成熟期)培训的课程说明

针对小学科学教师(成熟期)教育教学特点和继续教育的培训目标，本阶段安排的培训课程共包括五个模块、11个专题的学习内容。这些学习内容的安排，既考虑了该时期教师成长的特点，又结合了该时期教师在一线教学中的常见问题，具有较强的针对性和实效性。以下就有关课程内容进行简要说明。

专题名称：高中生物教师的人文素养

专题简要说明：

本专题属于"小学科学教师（成熟期）需要哪些相关学科的知识"模块的内容，旨在提升成熟期教师的人文素养，培养教师的文化底蕴。对高中生物教学而言，人文素养集中体现在课程标准对"情感态度价值观"的要求上。在获得知识、习得技能的同时，如何以生物学基本事实为基础，让学生建立正确的人生观和世界观，是本专题的主要内容。

单元内容：高中生物教师的人文素养

培训目标：

1. 了解人文素养的内涵。

2. 认识人文素养的价值。

内容要点：

1. 介绍人文素养的内涵

（1）人文素养的定义

各领域的学者们从各个角度对"人文素养"进行定义。对于基础教育而言，"人文素养"即教师和学生在日常生活中所具备的基本道德、基本行为准则及基本价值观。在新课程标准中，"人文素养"以"情感态度价值观"的形式加以呈现，渗透在各个知识点之中。在本节中，教师们要在了解"人文素养"内涵的基础上，深入研究教材，在教学当中突出人文素养的教育，促使学生全面发展。

（2）高中生物教师应具备的人文素养

与其他生物学课程一样，高中生物课程要在传授知识和能力的基础上，注重培养学生的人文品质，促进学生情感、态度、价值观的发展。主要表现在如下三个方面：

①感受科学家不畏艰难、敢于攻克科学难题的精神。

②人与自然的和谐相处、共同发展。

③生物学科本身特有的思想方法及其对生活的指导作用。

2. 介绍人文素养的价值

人文素养是一种以人为对象、以人为中心的精神，其核心内容是对人类生存意义和价值的关怀，即"人文精神"。这其实是一种为人处世的基本的"德性"、"价值观"和"人生哲学"，科学精神、艺术精神和道德精神均包含其中。它追求人生和社会的美好境界，推崇人的感性和情感，看重人的理想和生活的多样化。因此，在高中生物当中，教师通过人文素养的教育，能够更好地引导学生关注自身的价值，提升个人的生活品位，培育良好的社会文化氛围。

培训方式建议：

本单元内容介绍高中生物教师应该具备的人文素养，该内容与学员自身的经历及底蕴联系密切，因此建议采取学员研讨与教师讲座相结合的方式进行教学。

培训资源：

1.《中国文化的深层结构（精）》，孙隆基著，广西师范大学出版社出版。

2.《中国文化与世界文化》，许倬云著，广西师范大学出版社出版。

专题名称：高中生物教师的艺术素养

专题简要说明：

对高中生物教学而言，教师的艺术素养主要指教学艺术，即教师在课堂上遵照教学法则和美学尺度的要求，灵活运用语言、表情、动作、心理活动、图像组织、调控等手段，充分发挥教学情感的功能，为取得最佳教学效果而施行的一系列独具风格的创造性教学活动。

高中生物教师要用艺术的眼光看待教学，因此在日常的教学实践中要有意识地培养自己的艺术素养。在成熟期教师的培训中，艺术素养专题下设两个单元内容的课程：科学与艺术、科学美学。

单元内容	课时建议	课程属性
科学与艺术	8	专业任选
科学美学	8	专业任选

单元内容 1：科学与艺术

培训目标：

1. 了解科学与艺术的辩证关系。

2. 举例说明科学思维中的艺术内涵。

内容要点：

1. 科学与艺术的关系

在生物教学中，"科学"是系统地分析和解释生物学现象，而"艺术"是师生对生物学问题的总体理解和表达。

(1)科学的本质

科学是反映现实世界各种现象的客观规律的知识体系。特别是在生物学领域中，科学是建立在实践基础上，经过实践检验和严密逻辑论证的，关于生物世界各个层级(分子、细胞、组织、器官、系统、个体、种群、群落、生态系统)运动规律的知识体系。在生物学教学中，教师要在理论课上着重培养学生的逻辑思维能力，提高学生的思维品质；而在实验教学中，则应突出实验技术的应用、数据的处理及结果的分析，强调现象与本质的相结合。只有从理论与实验两个方面入手，才能引导学生理解生物学学科本质，进而理解科学的本质。

(2)艺术的特征

艺术是一种很重要、很普遍的文化形式，有着非常复杂而丰富的内容，与人的实际生活密切相关。艺术价值是很重要的精神价值，其客观作用在于调节、改善、丰富和发展人的精神生活，提高人的精神素质(包括认知能力、情感能力和意志水平)。作为教学艺术，有着提高丰富课堂内容、活跃课堂气氛、深化教学目标、提高教学有效性的重要意义。

(3)科学与艺术的关系

科学与艺术的最本质的区别体现在思维方式上。科学侧重于逻辑分析与推理，而艺术则更加强调形象思维与直觉。二者相辅相成、相互促进。科学为艺术创作提供了丰富的素材，而艺术为科研创新提供新颖的思维模式，使跳跃思维成为可能。

2. 艺术素养在提高科研能力中的重要作用

艺术是一个抽象的事物，艺术素养主要体现在艺术的基础知识与审美能力，它就是一种由内而外的气质。对科研而言，往往发现问题比解决问题更重要，更加体现着创新能力的培养和自主学习能力的提升。这种培养与提升的过程离不开对主观直觉的训练及艺术素养的培养。因此，艺术素养对于培养创造力、从根本上提高科研能力具有决定性作用，是中小学教学的重点。

培训方式建议：

建议采取讲授与研讨相结合的方式进行教学。

培训资源：

1.《艺术哲学》，丹纳著，人民文学出版社出版。

2.《艺术中的精神》，康定斯基著，中国人民大学出版社出版。

3.《艺术与艺术家论》，康定斯基著，重庆大学出版社出版。

单元内容2：科学美学

培训目标：

1. 了解美学原理在生物学研究中的渗透策略。

2. 能举例说明美学对于科学发现的重大意义。

内容要点：

1. 美学的现实性意义

本节主要讲解美学的基本原理及高中生物学中的美学内涵。美学是从人对现实的审美关系出发，以艺术作为主要对象，研究美育、审美和人的审美意识、美感经验，以及美的创造、发展及其规律的科学。

（1）学习美学能够使我们从本质上认识人类在认识事物过程中产生美感的根源，从而使学生能够自觉地从美感产生的规律出发去追求美、创造美。从教学角度上讲，美学能够从非理性因素层面激发学生的学习动机，为了学生能够更好地学习生物学科打下基础。

（2）学习美学能够促使学生建立正确的审美观

审美观与真理观、伦理观一起构成学生对世界、对人生的总的看法。正确审美观的树立，对于学生建立正确的审美标准，养成健康的审美情趣，胸怀崇高的审美理想，辨明美丑善恶的界限，实现崇高的人生理想和人生价值。

2. 高中生物教材中的美学内容

本节主要是在教师的引领下，挖掘现行高中生物教材中的美学内容，探讨该内容向学生渗透的方法，让学生能真正感受到生物科学的美，如结构美、形态美等。

教师要从本学科出发，理解"教育美学"的重要意义。教育美学是研究学科教育中美学的现象及其规律的科学。它是在美学的一般原理应用于研究教育中美学现象和规律的基础上产生的一门新学科。作为高中生物教师，要善于从教材、教学内容当中发现美的因素，将美学的思想贯穿在整个课堂教学之中，起到潜移默化的塑造作用。

培训方式建议：

讲授结合学员分组研讨。

培训资源：

1.《美学》，黑格尔著，薛富兴导读，天津人民出版社出版。

2.《美学原理》，王旭晓著，上海人民出版社出版。

专题名称：学科观念与核心概念

专题简要说明：

作为生物学知识的浓缩和提炼，学科观念能够反映生物学的本质特征，是通过学习在头脑中形成的概括性的认识。目前认为，生物学科观念主要有：生命物质性观点、结构与功能相统一观点、整体性观点、稳态的观点、进化的观点和生态学观点。高中生物学观念来自三个方面：学生通过对知识的学习而形成的有关学科和知识类的基本观念；学生对学习过程的认识而形成的有关学习方法类的基本观念；学生对学科本身的反思而形成的有关价值方面的基本观念。

与学科观念相对应，核心概念是指对一个教学单元乃至整个高中生物教学起到一个统领、主导作用的概念。掌握了核心概念就等于掌握了高中生物知识的精华。因此，核心概念教学就显得至关重要。核心概念教学要求教师要有全局意识，在备课前首先对全书有一个整体的认识，做到了然于胸，这样在备每一节课时就能对每节课在全书中的位置有了一个清晰的定位。只有有了全局意识，才能明确一节课的重点难点，前后知识才能形成联系，才能成为一个整体。因此掌握学科观念与核心概念对一名高中生物教师来说至关重要。

本专题下设两个单元内容的课程：科学主题与核心概念、高中生物学中的核心概念。

单元内容	课时建议	课程属性
科学主题与核心概念	24	专业必修
高中生物学中的核心概念	40	专业必修

单元内容1：科学主题与核心概念

培训目标：

1. 了解科学主题的内涵及其对生物学教学的指导意义。

2. 理解高中生物学课程标准及教材对核心概念的要求。

3. 理解科学主题与核心概念之间的相互关系。

内容要点：

1. 什么是科学主题

阐述科学主题的内涵，对中学理科阶段涉及的六大科学主题进行解析：系统与相互作用、变化的形式、尺度与结构、稳定性、演化和能量。

2. 科学主题在高中生物学中的体现

六大科学主题在高中生物学知识当中均有体现：

(1)系统与相互作用：主要表现为细胞器之间的相互作用、人与自然的关系、稳态与环境等。

(2)变化的形式：主要体现在生物的遗传、变异与进化、代谢途径等。

(3)尺度与结构：主要体现在分子、细胞、组织、器官、系统、个体、种群、群落、生态系统的组成与功能。

(4)稳定性：主要体现在人体内环境稳态、蛋白质相互作用机制。

(5)演化：生物进化、环境对生物生存与繁衍的影响。

(6)能量：主要体现在细胞呼吸、代谢、光合作用等。

培训方式建议：

讲授与研讨相结合。

培训资源：

《科学主题与核心概念》，贾晓春主编，东北师范大学出版社出版。

单元内容2：高中生物学中的核心概念

培训目标：

1. 掌握生物学核心概念的内涵。

2. 能进行高中教材中核心概念的梳理。

内容要点：

1. 核心概念的内涵

从生物学科角度解析核心概念及其内涵。

2. 分析高中三个必修模块中核心概念的梳理

(1)模块一："分子与细胞"核心概念的梳理

本模块选取了细胞生物学方面的最基本的知识，是学习其他模块的基础。该模块主要阐述了生命的基本组成、细胞的结构与功能等生命科学基本问题。

(2)模块二："遗传与进化"核心概念的梳理

本模块选取的减数分裂和受精作用、DNA分子结构及其遗传基本功能、遗传和变异的基本原理及应用等知识，主要是从细胞水平和分子水平阐述生命的延续性；选取的现代生物进化理论和物种形成等知识，主要是阐明生物进化的过程和原因。

(3)模块三："稳态与环境"核心概念的梳理

本模块选取有关生命活动的调节与稳态的知识、生物与环境的知识，有助于学生理解生命活动的本质，了解系统分析的思想和方法，提高对生命系统与环境关系的认识，并为学生树立人与自然和谐发展的观念，形成生态意识和环境保护意识奠定基础。

培训方式建议：

该单元内容是成熟期教师培训的核心内容，因此需要教师精讲，并引导学员根据自己的教学经验和对教学内容的理解进行研讨。

培训资源：

《概念为本的课程与教学》，埃里克森著，兰英译，中国轻工业出版社出版。

专题名称：教育学知识解析

专题简要说明：

教育学是以教育现象、教育问题为研究对象，归纳总结人类教育活动的科学理论与实践，探索解决教育活动产生、发展过程中遇到的实际教育问题，从而揭示出一般教育规律的一门社会科学。教育学是通过对各种教育现象和问题的研究揭示教育的一般规律。因此成熟期的教师应该学习一些教育学的知识。本专题下设两个单元内容的课程：现代教育理论与科学教学、教育评价选讲。

单元内容	课时建议	课程属性
现代教育理论与科学教学	8	专业限选
教育评价选讲	8	专业限选

单元内容1：现代教育理论与科学教学

培训目标：

1. 了解现代教育理论的发展。

2. 了解教育理论对科学教学的指导意义。

内容要点：

1. 现代教育理论及其发展

现代教育理论认为，教育是培养人的一种社会活动，它广泛地存在于人类社会生活之中。人们为了有效地进行教育工作，需要对教育规律进行研究，总结教育经验，认识教育教学发展的现状及客观规律。在高中生物教学中，教师应该善于运用教育学的基本理论解决学生的认知、实践及情感态度价值观方面的诸多问题，促进学生的全面发展。

2. 现代教育理论对科学教学的指导意义

科学教育与人的发展和社会发展的关系是科学教育的基本问题。现代教育理论对科学教学的指导意义主要表现在：

(1)为科学教育课程体系提供了理论框架。

(2)为科学教育的研究提供了明确的目标。

与其他教育领域研究一样，科学教育的主旨是人的教育，其形式是以教师为主导、学生为主题的教学活动，这与现代教育学理论是一致的。因此，现代教育理论能够为科学教育研究提供完整的思想框架和科研范式，有力地推进科学教育的发展。

(3)为科学教育的形式提供了丰富的借鉴。

在逻辑层面上，现代教育理论是科学教育的"上位"学科，其理论体系框架对于科学教育课程而言是"包容"的关系。因此，现代教育领域的一切创新型的课程开发案例与教学形式，都可以应用到科学教育当中，为科学教育教学创新提供了丰富的案例。

培训方式建议：

讲授与案例分析相结合。

培训资源：

1.《教育学》，王道俊、王汉澜主编，人民教育出版社出版。

2.《教育学》，王彦才、郭翠菊主编，北京师范大学出版社出版。

3.《教育学概论》，金林祥主编，华东师范大学出版社出版。

单元内容2：教育评价选讲

培训目标：

1. 了解教育评价的内涵与方法。

2. 掌握高中生物教学教育评价方法与策略。

内容要点：

1. 教育评价的内涵与方法

教育评价是根据一定的教育价值观或教育目标，运用可行的科学手段，通过系统地收集信息资料和分析整理，对教育活动、教育过程和教育结果进行价值判断，为提高教育质量和教育决策提供依据的过程。作为高中教师，应该掌握教育评价的基本方法，提高自身的课堂观察及教学研究水平。

教育评价所涉及的范围很广泛。在中学教学阶段，可以分为：

(1)终结性评价

终结性评价指对一堂课、一个学科教学的最终评价，以测试成绩为标准。终结性评价简单易行，为大多数教师所接受，能够最直观地反映学生的学习状况，得到的数据能够在一定程度上说明教学质量。

(2)过程性评价

过程性评价指对一堂课的教学进行实时评价。评价的指标比较复杂，一般包括教案与学案、课堂教学形式、教师教学行为、学生学习动机、课堂活动、计算机辅助教学技术的使用等。过程性评价能够从多元的角度评价教育教学的客观状况，更加准确而深入。

2. 教育评价在高中生物教学中的应用

生物学教学评价是指依据教学目标，运用可行的测量技术对生物教学活动中所涉及的主要因素及其教学效果做出科学判定或给出价值判断。高中生物教学评价的依据和标准是高中生物教学目标，高中生物教学评价的对象是高中生学习生物课程的过程及其结果。生物教学评价的目的是为了改进生物教育教学，促进学生的学业进步和全面发展，实现生物教学目标。在当前的生物学教学中，仍以终结性评价为主，主要涉及的方面有：

(1)生物学知识的学习与反馈。

(2)概念的建构、外化与应用。

(3)实验与实习技能的掌握程度。

(4)情感、态度与价值观的培养。

培训方式建议：

建议采取理论讲授与学员研讨及学员实践相结合的方式进行教学。

培训资源：

1.《心理与教育测量》，顾海根主编，北京大学出版社出版。

2.《生物学教育测量与评价》，项伯衡、郑春和著，广西教育出版社出版。

专题名称：心理学知识解析

专题简要说明：

心理学是一门研究人的心理活动规律的科学。心理学者只是在尽可能地按照科学的方法，间接地观察、研究或思考人的心理过程（包括感觉、知觉、注意、记忆、思维、想象和言语等过程）是怎样的，人与人有什么不同，为什么会有这样和那样的不同，即人的人格或个性，包括需要与动机、能力、气质、性格和自我意识等，从而得出适用人类的、一般性的规律，继而运用这些规律，更好地服务于人类的生产和实践。

教育心理学是研究教育过程中的心理活动规律，揭示教育过程和心理发展的关系，把发展心理学的研究成果应用到教育实践中去。教育心理学的主要研究内容包括：受教育者知识和技能的掌握，心理的个别差异，道德品质的形成，教育者应有的心理品质等。

高中生物教师在教学过程中要应用生理学原理进行教学，了解学生的学习障碍、学习兴趣和学习动机，只有这样才能更好地完成生物教学任务。因此在成熟期教师培训课程中设立了该专题的内容，包括以下两个单元内容：认知心理学理论及其在高中生物教学中的应用和高中学生学习动机的形成与保持。

单元内容	课时建议	课程属性
认知心理学理论及其在高中生物教学中的应用	12	专业限选
高中学生学习动机的形成与保持	12	专业限选

单元内容1：认知心理学理论及其在高中生物教学中的应用

培训目标：

1. 了解认知心理学理论的基本内容。

2. 掌握高中学生学习生物学的学习特点。

内容要点：

1. 认知心理学的主要内容及发展现状

认知心理学是20世纪50年代中期在西方兴起的一种心理学思潮，是作为人类行为基础的心理机制，其核心是输入和输出之间发生的内部心理过程。它与西方传统哲学也有一定联系，其主要特点是强调知识的作用，认为知识是决定人类行为的主要因素。运用神经生物学的观点解释认知心理学的现象，是当前认知心理学发展的前沿。

2. 认知心理学在高中生物教学中的应用

以往很长时间内，中学生物课程的教学内容中描述性内容居多，原理和规律性内容较少，这就容易导致学生的学习以识记为主，思维得不到应有的锻炼，对知识的记忆也难以持久。自20世纪90年代以来，这一状况正在逐步改变，主张"生物课程是理科课程，理科应讲理"的呼声越来越高，这里所说的"理"其实就是逻辑和逻辑联系。

从认知心理学的角度看，高中生物教师在教育教学当中的关注点应该是：

(1)概念建构与应用

建构主义认为，概念是学生在对知识的不断同化与顺应过程当中，通过认知图示而与原有知识结构建立平衡，从而达到认知新问题、习得新技能的目的。这一过程就是概念结构与应用的过程。

(2)问题解决与创新思维的培养

高中生物课程标准明确强调问题解决在生物学教学当中的重要意义，指出一切知识的传授与技能的习得，其根本目的是为了建构以中学生物学知识框架为基础的核心概念体系，并以此为基础培养迁移的能力，培养学生的创新思维。教育心理学的经典理论为这一过程提供了理论保障。

(3)学习评价与反思

评价与反思式教学的外化过程，包括科学事实的简单反应、知识之间的联系、概念的学习及应用。

培训方式建议：

建议采取讲授结合案例分析的方式进行教学。

培训资源：

《认知心理学》，汪安圣著，北京大学出版社出版。

单元内容2：高中学生学习动机的形成与保持

培训目标：

1. 了解学习动机的内涵。

2. 能够使用恰当的方法培养学生的学习动机。

内容要点：

1. 学习动机的内涵

学习动机是推动学生进行学习活动的内在原因，是激励、指引学生学习的强大动力。学习动机指的是学习活动的推动力，又称"学习的动力"。学生的学习活动是由各种不同的动力因素组成的整个系统所引起的。学习动机理论对于高中生物学教学设计有着重要的指导作用。

2. 怎样在课堂中培养高中学生的学习动机

以高中生物课堂教学案例为载体，分析怎样在高中生物课堂教学中培养学生的学习动机。内容主要包括：

(1)新课程理念与学习动机理论的结合

高中生物课程标准指出，概念教学应作为教学的首要任务，要教给学生"有用"的知识。按照教育心理学的理论，"有用"的知识即可迁移的、上位的知识，即各个章节的重要概念。概念教学能够促使学生建立概念体系，理清知识脉络，从而发展学生自学的能力，激发学生的学习动机。

(2)实验教学是生物学教学的重要组成部分

实验是生物学科的特点，也是提高学生生物学素养、培养科研能力、激发学习兴趣的必要途径。实验能够直观地展示生物学学科知识及思想，对于学生深入理解生物学内涵、激发学生学习动机具有不可替代的重要作用。

培训方式建议：

建议采取讲授结合学员的实践活动的教学方式进行教学。

培训资源：

《学习动力》，李红玉、何一粟著，湖北教育出版社出版。

专题名称：教学设计技能

专题简要说明：

教学设计是教师的基本功，是面向教学系统，解决教学问题的一种特殊的设计活动。它既具有设计的一般性质，又必须遵循教学的基本规律。教学设计主要是以促进学习者的学习为根本目的，运用系统方法，将学习理论与教学理论等的原理转换成对教学目标、教学内容、教学方法和教学策略、教学评价等环节进行具体计划、创设有效的教与学系统的过程或程序。

单元内容：基于单元的高中生物教学设计

培训目标：

1. 学习系统分析高中生物教材的方法。

2. 能够根据学情进行基于单元的教学设计。

内容要点：

1. 高中生物教材的整体把握

教材是课程的集中表现。高中生物成熟期教师要善于审视教材，以教材为基础，达成课程标准中所要求的内容。

学生通过高中生物课程的学习，将在以下各方面得到发展：获得生物科学和技术的基础知识，了解并关注这些知识在生活、生产和社会发展中的应用；提高对科学和探索未知的兴趣；养成科学态度和科学精神，树立创新意识，增强爱国主义情感和社会责任感；认识科学的本质，理解科学、技术、社会的相互关系，以及人与自然的相互关系，逐步形成科学的世界观和价值观；初步学会生物科学探究的一般方法，具有较强的生物学实验的基本操作技能、搜集和处理信息的能力、获取新知识的能力、批判性思维的能力、分析和解决实际问题的能力，以及交流与合作的能力；初步了解与生物科学相关的应用领域，为继续学习和走向社会做好必要的准备。

为了达成以上目标，教师必须深入研究、整体把握高中生物教材。

2. 高中学生认知特点及教学设计策略

在对高中学生认知特点有总体认识的前提下，研讨高中生物教学设计的策略。

高中生认知结构的完整体系已基本形成。高中生认知结构的各种要素迅速发展，各种认知能力不断完善，思维能力更加成熟，基本上完成了向理论思维的转化。抽象逻辑思维占据了优势地位，辩证思维和创造思维有了很大的发展。认知系统各种因素基本上趋于稳定状态，智力的品质和个别差异基本定型。认知系统的完整结构已经形成，其功能更加完善。高中生认知活动的自觉性明显增强。由于理性思维趋于成熟和自我意识的发展。高中生有意识的记忆能力、有意识的想象能力迅速发展，思维的目的性、方向性更加明确，认知系统的自我评价和自我控制能力明显增强。在学习上的自觉性会有明显的增强。

　　了解和研究学生的认知特征，从他们认知特征出发、采用有效策略，不但可以增强学生的学习信心，使他们从学习中获得满足感和成就感，从而扩大他们的知识面，以更好地指导他们的学习。一旦形成良性的循环，学生会自觉参与生物学习，使教师课堂教学和学生课外自学有机地结合起来，使学生学习的整体水平得到提高，激发他们学习的动机和兴趣。

　　3. 基于单元的教学设计的策略

　　小学科学教师(成熟期)应该能够全面掌握基于单元的教学设计及策略。中学生物学课程通常包括十大主题，其中，生物多样性、生殖和发育等主题侧重在初中阶段完成，而像细胞、物质与能量、遗传与进化、生物与环境等较为抽象且对学生认知能力要求高的主题，则安排在初、高中两个学段完成。这样，生物学的知识体系在两个学段的分布既各有侧重，又在整体上实现互补；既能实现初中阶段的内容相对完整，又能使高中阶段的内容相对集中，以保证核心内容的教学能较为深入。在教学当中，要注意各个模块的知识体系以及模块之间的联系，从而提高教学的有效性。

　　培训方式建议：

　　讲授与讨论相结合。

　　培训资源：

　　《教学设计原理》，加涅等著，王小明等译，浙江教育出版社出版。

　　专题名称：教学实施技能

　　专题简要说明：

　　教学实施是实现教学目标的中心阶段，教学实施策略的选择既要符合教学内容、教学目标的要求和教学对象的特点，又要考虑在特定教学环境中的必要性和可能性。教学实施是课堂教学的关键环节，对成熟期的高中生物教师来说，教学实施技能主要体现在正确分析高中生物课堂、整体把握教材内容、深入了解学生学情等。

单元内容：高中生物课堂分析技术

培训目标：

系统掌握高中生物课堂分析技术。

内容要点：

本单元主要介绍高中生物课堂分析的两个方面，一是分析学习者，即分析高中生与学习生物学课程有关的一般特征，如年龄特征、整体知识水平、能力水平等；分析高中生与学习生物学课程有关的差异性，如个性差别、知识水平差异、不同的学习态度等；二是分析教科书，即根据课程标准和教科书的编写特点，研究教学内容在教科书中的地位和作用，对生物学教学内容进行合理的选择组织，明确教学内容的相互关系和呈现顺序。

培训方式建议：

该单元内容的教学应以学员的实践为主，在简单介绍理论的基础上，动员学员进行课堂分析的实践，拿出案例进行现场分析。

培训资源：

《改善学生课堂表现的 50 个方法》，安奈特·布鲁肖、托德·威特克著，于涵译，中国青年出版社出版。

专题名称：教学评价技能

专题简要说明：

评价是生物学教学中一个基本的反馈机制，是教学过程中不可缺少的环节，是教师了解教学过程，调控教学行为的重要手段。教学评价的目的不仅在于评定学生的学业成绩，更重要的作用在于诊断学生是否有错误概念和有何学习困难、鉴别教学上可能存在的缺陷以及为改进教学设计提供依据。成熟期教师的教学评价不同于适应期和熟练期教师，要在整体把握教材内容的基础上进行基于单元的教学评价。

单元内容：基于单元的高中生物教学评价

培训目标：

系统掌握基于单元的高中生物教学评价的技术。

内容要点：

1.明确高中生物教学中教学单元的划分依据，整体把握教学单元的教学内容。高中生物教材按照从宏观到微观、从现象到本质的顺序，将知识体系划分为"分子与细胞"、"遗传与进化"和"稳态与环境"三个主要部分，旨在引导学生从生命的物质属性出发，从分子、细胞、组织、器官、个体、种群、群落、生态系统各个层面了解生物世界的结构，总结生物的共同属性，从而建构知识体系。

2.以教学单元为教学评价的单位进行诊断性评价、形成性评价和总结性评价。纵观整个高中教学，评价共有两种取向：

(1)理论取向

在三个必修模块中，主要对学生知识的掌握、概念的建构进行评价，借以促进学生对生物学基本理论的学习。

(2)实践取向

在三个选修模块中，主要对学生的实验实习技能、对生物技术发展前沿的掌握程度进行评价，以了解学生对知识迁移应用的能力，促使学生提高生物学素养，培养学生的创新能力。

3.介绍高中生物教学评价时常用的评价工具。

4.进行单元的教学评价实践活动。

对一个单元的教学而言，不仅要落实知识点的学习，更要结合高中生物知识体系，落实三位目标，切实提高学生生物学素养。因此，单元教学评价的指标有如下几个方面：

(1)学生理解生物学基本现象、事实、规律，以及生物学原理是如何用于生物技术领域之中的。

(2)学生能够解释发生在身边的生物学现象。

(3)学生能够形成正确的情感、态度、价值观和科学的世界观，并以此来指导自己的行为。

(4)学生应掌握一系列的相关技能，包括操作技能、科学探究一般技能，对比较、判断、分析和推理等思维技能，以及创造性和批判性的思维方式。

(5)学生应在学习生物课程的过程中，形成终身学习的基本能力和习惯。

培训方式建议：

讲授与讨论相结合。

培训资源：

1.《课堂评价》，沈玉顺编著，北京师范大学出版社出版。

2.《高中新课程：更有效的评价细节》，李淑华主编，西南师范大学出版社出版。

专题名称：实验操作技能

专题简要说明：

实验操作技能是小学科学教师(成熟期)要重点突破的教学内容。高中生物课程标准明确指出，教师应尽可能多地让学生参与实验和其他实践活动；在同时拥有现实环境的实验条件和虚拟环境的模拟条件时，教师应首选现实环境，使学生身临其境，亲自动手。通过实验和其他实践活动，不仅可以帮助学生更好地理解和掌握相关的知识，有利于他们在观察、实验操作、科学思维、识图和绘图、语言表达等方面能力的发展，也能促进学生形成尊重事实、坚持真理的科学态度。成熟期的高中生物教师在实验方面不仅要能掌握常规实验的操作技术，还要掌握特殊疑难实验的方法与操作。

单元内容：高中生物特殊疑难实验方法与操作

培训目标：

掌握特殊疑难实验方法。

内容要点：

在现行的高中生物各个版本的教材中找出疑难实验，分析这些实验的要点，进行实践操作。

培训方式建议：

本单元内容是实践性质的课程，建议在实验室中完成教学。

培训资源：

1.《高中生物实验图解》，周莜芳主编，广西师范大学出版社出版。

2.《生物实验室常用仪器的使用》，王鹏主编，中国环境科学出版社出版。

专题名称：教育科研方法与论文写作

专题简要说明：

成熟期教师的教育科研方法主要是在原有的教学经验的基础上进行提炼，形成科研成果，因此重点是掌握研究方法，掌握科研论文写作的规范。

单元内容：生物教育科研方法与论文写作

培训目标：

1. 了解行动研究的一般步骤。

2. 掌握教育科研论文写作的基本方法。

内容要点：

1. 行动研究的内涵与步骤

行动研究是一种适合于广大教育实际工作者的研究方法，特别适用于高中生物教学与研究。行动研究既是一种方法技术，也是一种新的科研理念、研究类型。行动研究是从实际工作需要中寻找课题，在实际工作过程中进行研究，由实际工作者与研究者共同参与，使研究成果为实际工作者理解、掌握和应用，从而达到解决问题，改变社会行为的目的的研究方法。它是一种沟通了教育理论与实践的研究模式。

2. 教育科研论文的写作

教育论文是高中生物教师进行课堂反思、固化成果的主要形式。教育论文涉及的范围较广，在教育科学这个辽阔的领域中，站在一定的理论高度观察和分析有重要价值的现象和问题。对高中生物教师的科研论文写作，应注意以下三个问题：

(1)选题明确

要选择与一线教学密切相关的课题，结合教师本身的思考进行写作。切记盲目引用教材、教参或其他文献、言之无物。

(2)论证有力

作为教育科研论文，一定要解决某一问题、指导一线教育教学活动。因此，教师的论证过程无比结合自身的教学经验，提出切实可行的行动方案，以便与广大读者交流学习。

(3)格式规范

教师必须严格按照论文格式要求书写论文，题目、摘要、关键字、小结、参考文献要准确无误，并保证论文为作者原创，无抄袭或二次引用。

培训方式建议：

本单元建议采用讲座与研讨和实践结合的方式进行教学。

培训资源：

1.《教育科研论文写作导引》，王工一编著，中国水利水电出版社出版。

2.《教育学专业：学士学位论文写作新编》，李志厚主编，广东省语言音像电子出版社出版。

四、高中生物成熟期教师培训的课程实施建议

由于高中生物熟练期教师已经从事生物教学 6～10 年，能够较为全面、准确地驾驭高中教材，对高中生物教学有了自己的理解与教学风格，因此在课程实施中要将理论学习与学员的教学实践结合起来，将专题讲座与交流研讨结合起来，充分发挥学员的主题作用。

要注重培训方式的创新，采取案例式、参与式、情境式等多种培训方式开展培训，增强培训的吸引力和感染力。

要充分利用现代教育技术手段，加强对学员学习期间的网络学习的指导和培训后的继续跟踪指导。

授课教师要为学员提供学习讲义、参考资料等资源并为学员搭建经验分享平台，为学员的后续学习提供有效支持。

五、评价建议

采取定性与定量评价相结合、学员与专家评价相结合、即时与后续评价相结合、自评与他评相结合的多种评价方式，对学员的学习情况进行评价。

第四套 高中生物教师(发展期)培训课程指南

一、高中生物教师(发展期)的特征与培训目标

高中生物教师(发展期)一般是指本学科教龄在 10 年以上的高中生物教师,他们多数具有高级职称。他们熟悉高中生物课程标准和教材,能从单元的角度理解高中生物学科的概念和教材,但对整体把握学科概念和教材能力、教学设计和实施的能力还有待提高;熟练掌握高中生物教学中的实验技能,但还不能从培养学生创新能力的角度设计实验;有了一定课题研究的经验,但在固化成果方面还有待提高。本期培训侧重点是从学科思想方法的视角看待高中生物及其教学,在此基础上促进他们教学水平的进一步提升,同时帮助他们积极提炼教学经验,在教学研究上有所突破。

培训目标:

1. 提高对学科本质和学科思想的理解。

2. 理解教材内容的教育价值,学会挖掘教材内容的教育价值。

3. 教学设计能基于对学科知识的整体思考。

4. 开展教育研究实验,总结反思教学经验,提炼教学特色。

二、高中生物教师(发展期)培训的课程体系结构及说明

问题模块	专题构成 名称	总学时	单元内容	课程属性	课程形态	课时建议
怎样深刻理解生物学学科本质和思想?	对生物学科本质的研究	24	生物学科史选讲与应用研究	专必	讲座＋研讨	24
	对生物学科思想的研究	48	生物学科思想的应用研究	专必	讲座＋研讨	24
			生物科学技术与社会	专限	网络课	24
怎样将教育学理论有效的应用于生物教学中?	教育理论知识解析	16	现代教育理论选讲	专限	讲座＋实践	16
	心理学理论知识	16	实证性反思技能	专限	讲座＋实践	16

续表

问题模块	专题构成		单元内容	课程属性	课程形态	课时建议
	名称	总学时				
在高中生物课程实施中怎样把握学科知识的整体性？	生物学科的知识结构研究	32	生物学科的知识结构研究	专必	讲座＋研讨＋实践	32
	生物学科教学策略研究	32	概念教学策略研究	专必	讲座＋实践	16
			问题连续体理论在教学中的应用	专必	讲座＋实践	16
	评价研究	32	生物教学评价研究	专必	讲座＋实践＋研讨	32
	实践研究	24	创新实验设计	专必	实践	24
怎样进行教学反思？	教学反思的研究	12	教学反思的方法	专必	讲座＋研讨	12
	教师教学案例分析与研究	24	教学案例的呈现与分析	专限	讲座＋研讨	24
	高中生物教育科研方法	32	开展高中生物教育科研的途径	专任	讲座＋实践	24
			生物教学论文写作指导	专任	实践＋指导	8

注：课程属性中"专必"为专业必修；"专限"为专业限选；"专任"为专业任选。

三、高中生物教师(发展期)培训的课程说明

专题名称：对生物学科本质的研究

专题简要说明：

高中生物学是通过由生物学实验不断研究和探索过程的体现。科学家对生命现象的研究是对生命现象的解释。在教学过程中，要掌握生物学的本质，了解生物学科史中的每一次转折和突破，每一个关键事件的突破对人类发展的意义。

单元内容：生物学科史选讲与应用研究

培训目标：

1. 了解生物学科史中重要的事件，描述科学探索的过程和方法。

2. 掌握生物学科史与高中生物教学的关系，提高对生物学科史认识水平。

3. 尝试在高中生物教学中应用生物学科史提高学生科学素养。

内容要点：

1. 生物学科史中的重要事件和人物

生物学科是一门不断前进和发展的学科。在生物学科不断解决生产和生活实际问题的过程中，有一些非常关键的事件和人物对生物学科的发展起到了至关重要的作用。通过对这些人物和事件的介绍，可以培养学生对生物学科本质的认识。

2. 生物学科史中核心内容的教育价值分析

生物学科史中生物学家对问题的提出、研究对象的选择、研究方法和论证过程，是学习生物学科史的核心。

3. 生物学科史内容之间的联系

生物学的每一个分支学科的发展都是回答生物学本质的问题，是相互关联的，每个领域的研究成果也都是相互影响、相互支持、相互促进的。对遗传物质特点的研究补充了生物进化理论的证据，分子生物学的研究为遗传物质的结构理论奠定了基础。一个生物学分支内容研究的前进，都直接或间接地推动着其他分支的研究。

4. 教学案例分析与实践

通过对教学设计的分析和讨论，把相应的生物学事件、研究方法和研究结果之间的关系有机地结合并融合在学科知识的教学中。

培训方式建议：

采取讲授、练习、实践等方式结合起来进行教学。

培训资源：

《生命科学史》，玛格纳著，上海人民出版社出版。

专题名称：对生物学科思想的研究

专题简要说明：

学科的思想是思考和解决学科问题的核心，是指发现和解释其他同类生物学事物和现象的观念与推断法则，是分析、处理和解决生物学问题的根本想法。因此，对学科教学有着重要的指导作用，发展期的教师应该对学科思想进行学习和研究。

单元内容	课时建议	课程属性
生物学科思想的应用研究	24	专业必修
生物科学技术与社会	24	专业限选

单元内容1：生物学科思想的应用研究

培训目标：

1. 了解生物学思想的内涵及对高中生物教学的指导作用。

2. 掌握生物学思想在高中生物课堂中渗透策略。

内容要点：

1. 生物学思想形成历程。

2. 生物学思想在高中生物课堂中渗透策略。

通过分析和讨论，把相应的生物学思想和研究方法有机地融合在学科知识的教学中。经过小组对教学设计的讨论和修改，领悟生物学思想在知识性教学中的渗透策略。

(1)高中教学中体现生物学思想课程的案例分析。

(2)设计体现生物学思想的课堂教学设计。

(3)模拟教学实践。

(4)讨论并修改教学设计。

培训方式建议：

教学是课堂讲授、小组讨论形式。

培训资源：

《生物学思想发展的历史》，恩斯特·迈尔著，四川教育出版社出版。

单元内容2：生物科学技术与社会

培训目标：

1. 了解生物科学技术与社会的关系。

2. 尝试在高中生物学教学中进行生物科学技术与社会教育。

内容要点：

1. 生物科学技术与社会的关系

生物科学产生于人类的生产、生活等社会活动中，在人类发展过程中推动社会进步；技术是对生物学知识应用的表现形式，技术水平的提高推动人类社会生产力水平的提高。但是，生物科学技术对人类社会的发展存在正反两方面的作用。

(1)生物科学产生与人类社会活动的关系。

(2)生物科学技术对人类社会的作用。

2.STS教育理念与教育方法

高中生物选修课程内容与STS联系最为紧密，是研究生物科学、技术对社会产生效应的体现。要求学员在理解生物科学、技术和社会三者关系的基础上，认识到生物学科及其应用的技术对人类社会发展的作用。

3.教学案例分析与实践

培训方式建议：

以教学理论、课例分析和小组讨论相结合，专家指导和同伴互助学习相结合的原则。

培训资源：

《生物科技与当代社会——科学技术与社会丛书》，朱圣庚主编，广东教育出版社出版。

专题名称：教育理论知识解析

专题简要说明：

教育理论包括教育观念、教育思想、教育模式和教学方法。现代教育理论认为：教育的目的是促进学生发展；强调学生在教育中的中心地位。教学观念支配教师的教学行为，并表现在课堂中。因此，正确的教学观念是高中教师的教学基础。本专题设置的目的是为了让高中生物学教师学会利用新的教学理论指导其学科教学。

单元内容：现代教育理论选讲

培训目标：

1.了解现代教育学理论的基本内容。

2.能将现代教育学理论的相关内容应用于高中生物学教学中。

内容要点：

1.教育学理论发展及各阶段的主要观点

在教育学脱离了哲学的体系形成了一门学科之后，具有了自身的概念和学科理论。在教育学发展的不同阶段，出现了具有代表性的教育学观点。了解在教育理论各发展阶段的主要观点，尤其是现代教育学理论的特征，对生物教学有指导性意义。

2. 现代教育学理论对高中生物教学的指导作用

在高中生物教学过程中，学习目标的确定、学习内容的选择与教学方式的制定等都需要现代教育学理论的指导和引领。

3. 进行基于现代教育学理论指导下的教学设计与教学实践

培训方式建议：

采取教学理论和实践相结合、专家指导和同伴互助学习的教学方式。

培训资源：

《现代教育理论》，扈中平主编，高等教育出版社出版。

专题名称：心理学理论知识

专题简要说明：

处于发展期阶段的高中生物教师应该注重的是实证性的研究和反思。因为研究教学的过程是一个主体性教育思想研究的方法，由规范性研究逐渐发展为分析式研究与规范性研究相结合的实践过程。生物学教学中使用实证性研究有利于教师由规范性教学逐渐发展成研究型教学的教育人员。

本专题是通过基于实证性反思的教学实践和诊断研修活动，拓展高中生物学教师自身对课堂反思的途径，提高自我教学评价的水平，促进其在课堂教学发展水平的提升。

单元内容：实证性反思技能

培训目标：

1. 了解实证性分析法的内涵和意义。

2. 能运用实证性分析法的理论进行教学实践诊断。

内容要点：

1. 实证性分析法的内涵

实证性分析法是通过对研究对象大量的观察、实验和调查，获取客观材料，从个别到一般，归纳出事物的本质属性和发展规律的一种研究方法。

2. 实证性分析法对教学反思的指导作用

运用实证性分析法对单个教学过程进行分析，并对不同个体的同一个教学内容进行分析。由对一个教学内容的静态分析形成对整体教学模块的动态分析，从对不同教学方式的定性分析到某个教学模式的定量分析，运用逻辑演绎或经验归纳方法分析教师教学的实效性。

3. 教学中实证性反思案例的分析

4. 运用实证性分析法进行课程教学设计

5. 修改教学设计并实施反思

培训方式建议：

采用以课堂讲授结合课堂教学实践的方式。

培训资源：

1.《反思性教学》，熊川武主编，华东师范大学出版社出版。

2.《我们如何思维 》，约翰·杜威著，新华出版社出版。

3.《教师反思的方法》，吕洪波著，教育科学出版社出版。

专题名称：生物学科的知识结构研究

专题简要说明：

处于发展期阶段的高中生物教师对学科课程标准和教材都有了深入的了解，对教材中涉及的概念和框架也有了自己的认识。教师如何把握教学内容的整体性、发掘教学内容的价值，如何帮助高中学生构建出概念之间的关系还需进一步探讨。本专题的主要目的是帮助发展期的高中生物教师在"从单元角度进行教学内容的整体分析，引导学生把握概念的内涵与外延以及概念之间的关系，构建出比较合理的、基于核心概念的知识结构体系"方面进行研究与实践。

单元内容：生物学科的知识结构研究

培训目标：

掌握高中生物学各个模块的基本知识结构。

内容要点：

高中生物学是从组成生物的分子和细胞、遗传与进化、稳态与环境、生物技术、现代生物科技专题等方面，较为全面地介绍了生物学的基本内容。涉及的知识内容较多，且较为抽象。这就要求教师对各个模块的内容有一个整体的认知，能够整体把握高中生物学知识，最终帮助高中学生建构完整的学科知识体系。

培训方式建议：

采取以理论学习和教学实践相结合、专家指导和骨干引领共存的原则进行教学。

培训资源：

《生物新课程教学与教师成长》，胡玉华主编，中国人民大学出版社出版。

专题名称：生物学科教学策略研究

专题简要说明：

学科教学策略是教师在课堂上为达到课程目标而采取的一套特定的方式或方法，是教师保证顺利进行课堂教学的基础。教学策略的使用要根据教学情境的要求和学生的需要随时发生变化。本专题设置的目的是让高中生物教师针对自身所处的教学环境，研究、制定可操作且灵活的教学策略方案。

本专题下设两个单元内容的课程：概念教学策略研究和问题连续体理论在教学中的应用。

单元内容	课时建议	课程属性
概念教学策略研究	16	专业必修
问题连续体理论在教学中的应用	16	专业必修

单元内容1：概念教学策略研究

培训目标：

1. 了解概念教学的理论。

2. 了解概念教学的一般策略。

3. 掌握概念教学的策略。

内容要点：

1. 概念教学设计的特点

生物概念是生物学基础知识的重要组成部分。生物学是一门概念性很强的学科，任何一部分内容的教学，都离不开概念教学。在概念教学设计中，概念形成、同化是重要的内容。理解概念教学的设计特点，分析教材中概念之间的关系，注重高中学生对分散概念的汇总，概念之间的联系，建构完整的生物学概念体系，对高中学生以后的学习和其他学科的认识，以及对世界观的形成都会有重要的影响。

（1）概念教学的特点。

（2）概念教学设计需关注的问题。

2. 概念教学设计策略分析

梳理教材中的事实、概念及规律，分析和研究适合的概念教学设计策略。针对一个典型教学案例做分析，讨论教学设计策略的合理性，提出自己的意见或改进方案。

培训方式建议：

采取以课堂讲授和教学实践与反思相结合的教学方式。

培训资源：

1.《概念为本的课程与教学》，兰英译，中国轻工业出版社出版。

2.《生物教师学科知识结构评价研究》，胡玉华编著，北京出版社出版。

单元内容2：问题连续体理论在教学中的应用

培训目标：

1. 了解问题连续体理论的基本含义。

2. 掌握将问题连续体理论应用于课堂教学的方法。

内容要点：

具体内容可参照初中生物教师（发展期）培训课程"问题连续体理论在教学中的应用"。

专题名称：评价研究

专题简要说明：

构建发展性的教学评价体系对发展期生物学教师提高课堂教学实效性有重要作用。学习评价的意义、特点、确立开放式的评价内容、运用多样化的评价方法和研究教学评价的适宜形式是本专题的内容。具体内容可参照初中生物教师（发展期）培训课程"初中生物课堂教学评价研究"专题。

专题名称：实践研究

专题简要说明：

发展期高中生物学科教师的实验研究是基于对课程教学的总体把握和

理解生物学教学思想，设计研究型实验，进行研究性学习。本专题针对如何利用材料设计、组织和实施实验研究。

单元内容：创新实验设计

培训目标：

1. 了解创新实验的内涵和特点。

2. 了解创新实验在生物学教育中的作用和意义。

3. 尝试进行创新实验的设计。

内容要点：

具体内容可参照初中生物教师（发展期）培训课程"创新实验设计"。

专题名称：教学反思的研究

专题简要说明：

教学反思以解决教学问题为基本点，在具体操作中，学员可以根据自身情况有针对性的提高自己的薄弱环节，也可以通过各方面的反思训练提升自己的教学水平。在不断尝试反思的过程中，对教学过程进行修正，提高学员教学控制的方法和技能，对教学活动的自我评价的习惯和能力也相应提高，最终能够自如地应对教学过程中的各种问题。具体内容可参照初中生物教师（发展期）培训课程"教学反思的研究"专题。

专题名称：教师教学案例分析与研究

专题简要说明：

掌握教学案例的类型和特点，选择和分析教学案例，并对教学案例做正确的评价，有助于把先进教学理念落实到具体的课堂教学行为之中，提高实践反思能力，促使学员的专业成长。具体内容可参照初中生物教师（发展期）培训课程"教师教学案例分析与研究"专题。

专题名称：高中生物教育科研方法

专题简要说明：

本专题下设两个单元内容的课程：开展高中生物教育科研的途径、生物教学论文写作指导。具体内容可参照初中生物教师（发展期）培训课程"初中生物教育科研方法"专题。

单元内容	课时建议	课程属性
开展高中生物教育科研的途径	24	专业任选
生物教学论文写作指导	8	专业任选

四、高中生物教师(发展期)培训的课程实施建议

由于高中生物教师(发展期)已经从事生物教学 10 年以上,熟悉高中生物课程标准和教材,能从单元的角度理解高中生物学科的概念和内容,具备一定的教学经验,因此在课程实施中要将理论学习与学员的教学实践结合起来,将专题讲座与交流研讨结合起来,充分发挥学员的主体作用。

要注重培训方式的研讨与产出,通过案例分析、情境创建、小组讨论、跟踪指导、交流互评等多种方式开展培训,保证培训后形成具有一定推广性的研究成果。

授课教师要为学员提供学习讲义、参考资料等资源并为学员搭建经验分享平台,为学员的后续学习提供有效支持。

五、评价建议

采取定性与定量评价相结合、学员与专家评价相结合、即时与后续评价相结合、自评与他评相结合的多种评价方式,对学员的学习情况进行评价。

第五套　高中生物教师(创造期)培训课程指南

一、高中生物教师(创造期)的特征与培训目标

高中生物教师(创造期)一般为北京市认定的学科带头人及骨干教师，他们都具有高级职称。学科基础理论和技能扎实，对高中生物课程标准和学科内容理解深入，精通教材。有教学经验和教学研究成果，但研究成果不系统，需要找到一个途径使自己的研究系统化，提升自己的专业化发展能力，另外创造期教师之间缺乏深层次交流，没有形成比较明显的群体优势，示范引领作用没有充分发挥。需要在形成研修共同体的基础上进行个性化的研修培训，将实践和研究结合起来，在交流和发挥作用中激发继续成长和主动思考的动力，形成具有一定教学领导力的教学研究型的骨干教师团队。

培训目标：

1. 提高对学科本质和学科思想的理解。

2. 理解教材内容的教育价值，引导他们总结教学经验。

3. 提升教学改革能力和教学领导力。

4. 发挥辐射作用，带动其他教师的成长。

二、高中生物教师(创造期)培训的课程体系结构及说明

问题模块	专题构成		单元内容	课程属性	课程形态	课时建议
	名称	总学时				
如何开展教育研究？	创新教育理论	16	创新教育理论与实践	专任	讲座＋案例	16
	生物教育科研方法与论文写作	36	高中生物教育科研论文写作方法与实践	专限	讲座＋实践	36
如何形成教学风格？	提炼教学艺术的方法与实践	36	提炼教学艺术的方法与实践	专必	讲座＋实践＋案例＋指导	36
	教学特色的总结	24	总结教学特色的方法	专任	讲座＋实践＋案例＋指导	24

问题模块	专题构成		单元内容	课程属性	课程形态	课时建议
	名称	总学时				
如何理解学科教育思想？	高中生物课程的核心思想	24	高中生物课程核心概念体系的建构	专限	讲座＋实践	24
	高中生物课程的教育价值	24	高中生物教材内容教育价值的分析	专任	讲座＋案例	24
如何提升教学改革能力？	学科热点与学科前沿	24	学科热点与学科前沿	专限	网络学习	24
如何提升教师的领导力？	发挥名师的辐射作用	24	名师课堂实践观摩与研讨	专任	实践＋研讨	24

注：课程属性中"专必"为专业必修；"专限"为专业限选；"专任"为专业任选。

三、高中生物教师(创造期)培训的课程说明

专题名称：创新教育理论

专题简要说明：

创新教育就是以培养人们创新精神和创新能力为基本价值取向的教育。其核心是在普及九年义务教育的基础上，在全面实施素质教育的过程中，为迎接知识经济时代的挑战，着重研究与解决在基础教育领域如何培养高中学生的创新意识、创新精神和创新能力的问题。创造期的教师应该在学习创新教育理论的基础上学习进行创新教育的方法，以把握新的时代背景下教育发展的方向，培养高中学生的创新精神和创新能力。

单元内容：创新教育理论与实践

培训目标：

1. 了解创新教育的内涵及意义。

2. 理清创新教育与素质教育的关系。

3. 掌握创新教育的核心。

内容要点：

具体内容可参照初中生物教师(创造期)培训课程"创新教育理论专题讲座"。

专题名称：生物教育科研方法与论文写作

专题简要说明：

教育科研是一种相当复杂的思维活动，并且又需要用文字把思考的问题、研究的成果，进行加工、整理、提炼，记录下来，使创造性的思考一层层展开，一步步深入，并在纸面上视觉化，以使课题得到解决。教育科研论文，简称教育论文，它是用来进行教育科学研究描述教育科学研究成果的文章。

单元内容：高中生物教育科研论文写作方法与实践

培训目标：

1. 了解教育科研论文的写作方法。

2. 进行教育科研论文的写作实践。

内容要点：

对创造期的高中生物教师来说，已经积累了丰富的教学经验，也经历过多次的教师继续教育培训，关于教育科研方法不陌生，但是怎样将自己的教学经验进行提升，形成可供他人借鉴的科研成果，对他们来说是一个挑战，因此，本专题重点介绍两个方面的内容，第一是关于教育科研论文写作的常规模式和方法；第二是学员的实践练习，每位学员拿出自己的一篇论文，教师进行点评和面批，最后形成一篇合格的教育论文。

培训方式建议：

本单元内容以学员的实践活动为主，但也需理论的支撑，在理论讲授的同时建议用案例做支撑，进行具体案例的分析。

培训资源：

《生物科学文献信息获取与写作》第 2 版，蒋悟生主编，高等教育出版社出版。

专题名称：提炼教学艺术的方法与实践

专题简要说明：

教学艺术是教师在长期的一线教学当中，从经验当中提取规律性的东西，形成的个人教学风格。在教学当中，往往需要用文字把思考的问题、研究的成果，进行加工、整理、提炼，记录下来，使创造性的思考一层层展开，一步步深入，并在纸面上视觉化，以使课题得到解决。这需要教师一定的学科和教学积淀，以此为基础上升为教学风格与艺术。创造期的高中生物教师具备提炼教学艺术的基础，能形成自己的教学风格。

单元内容：提炼教学艺术的方法与实践

培训目标：

1. 了解教学艺术的内涵及意义。

2. 掌握提炼教学艺术的方法。

3. 进行教学艺术提炼的实践活动。

内容要点：

1. 教学艺术的内涵

教学艺术一般指教师在课堂上遵照教学法则和美学尺度的要求，灵活运用语言、表情、动作、心理活动、图像组织、调控等手段，充分发挥教学情感的功能，为取得最佳教学效果而施行的一套独具风格的创造性教学活动。把教学艺术看成是某种高超的教学技巧、某种创造性教学设计、某种教师的动人表演都是不全面的。教学艺术是一种高度综合的事物，属于教学实践活动的范畴。教学艺术具有形象性，运用生动、鲜明、具体的形象来达到教学目的。

2. 提炼教学艺术的方法

3. 开展教学艺术的提炼实践活动

培训方式建议：

本单元内容以创造期教师的实践活动为主，辅以理论讲授，在理论讲授的同时建议用案例做支撑，进行具体案例的分析。

培训资源：

《生物教师学科知识结构评价研究》，胡玉华编著，北京出版社出版。

专题名称：教学特色的总结

专题简要说明：

创造期的教师已经形成了自己的教学特色，教学特色的形成是一名高中教师最终升华达到的阶段。创造期的教师如同各式各样的建筑不分伯仲，都有自己的教学特色。在教学实施过程中以及教育教学研究中，都应该时刻总结教学心得，不断摸索，不断开拓，最终拧成一股属于自己的绳——

教学特色的形成。教学特色主要包括课堂实施的教学特色，其次是教学研究的特色，两者的实现都离不开第三面，教学管理特色的实现。本专题着重介绍高中生物创造期教师的教学特色的形成与总结策略。

单元内容：总结教学特色的方法

培训目标：

1. 了解总结教学特色的意义。

2. 掌握总结教学特色的方法。

内容要点：

1. 教学特色对创造期教师的重要性

教师教学特色是教师在教学过程中表现出的独特之处，是教师实施教学过程的个性的具体体现。教师教学特色不是一种外在的形象包装，而是教师内在教育力量的综合体现。教师任何教学特色，既包含教学思想，又凝聚着教师的智慧和力量；既体现了教师教育的某种优势，又表现出学校教师特有的文化气息。教师教育特色是学校多样化办学的必然体现，它是对标准化教育的一种超越。在当前深化教育改革的宏观背景中，努力塑造教育的教育特色，尤其是发挥统领作用的创造期教师都是至关重要的。同时教学特色的形成也是提高学校的教育品位，提升办学质量，促进建设学校教育特色的重要举措。

2. 教学特色形成的途径和方法

请具有教学特色的优秀高中生物教师现场讲解形成教学特色的路径，学员自我剖析怎样形成自己的教学特色。

培训方式建议：

本单元内容以学员与教师之间的直接对话为教学形式，在对话中形成认识。

培训资源：

1.《生物新课程教学与教师成长》，胡玉华主编，中国人民大学出版社出版。

2.《新理念生物教学论》，刘晓蕙主编，北京大学出版社出版。

专题名称：高中生物课程的核心思想

专题简要说明：

创造期的高中生物教师对高中生物课程的理解应该站在哲学思考的高度，能整体看待高中生物课程，而高中生物课程的核心就是高中生物的核心概念体系，因为抓住了核心概念体系就等于抓住了学科本质，能从本质上理解生物学科是一名中学生物教师的顶级要求，因此本专题以高中生物课程核心概念体系的建构为单元内容。

单元内容：高中生物课程核心概念体系的建构

培训目标：

1. 了解核心概念及其教育价值。

2. 掌握高中生物课程的核心概念体系。

内容要点：

1. 认识核心概念及其教育价值

核心概念是人们对客观事物的属性进行的一般性的归纳和总结，是人们认识客观世界的基础。从一定意义上说，学生学习知识主要是掌握概念和由概念组成的系统，通过对概念的学习加深了客观事物之间的联系。而核心概念是指对于本节课乃至整个高中生物教学起到一个统领、主导作用的概念。抓住了核心概念就等于抓住了高中生物教学的命脉，掌握了核心概念就等于掌握了高中生物知识的精华。因此，核心概念教学就显得至关重要。这需要教师要有一个全局意识，教师在备课前首先对全书有一个整体的认识，做到了然于胸，这样在备每一节课时就能对每节课在全书中的位置有了一个清晰的定位。只有有了全局意识，才能明确一节课的重点难点，前后知识才能形成联系，才能成为一个整体。下面如种群、群落、生态系统、细胞器、呼吸作用、光合作用、细胞周期、基因、等位基因、染色体、基因频率、种群密度等就是一些核心概念。

2. 掌握高中生物课程的核心概念体系

按照高中新课程的模块，进行高中生物学核心概念体系的梳理，建构起高中生物学核心概念体系。

培训方式建议：

建议采取理论讲授与学员研讨相结合的方式进行教学。

257

培训资源：

1.《生物教师学科知识结构评价研究》，胡玉华编著，北京出版社出版。

2.《新理念生物教学论》，刘晓蕙主编，北京大学出版社出版。

专题名称：高中生物课程的教育价值

专题简要说明：

生物课程是高中阶段重要的科学课程。在当代科学技术领域中，生物科学和技术的发展尤为迅速，成果显著，影响广泛而深远。例如，DNA 分子结构和功能的揭示、体细胞克隆哺乳动物技术的突破、人类基因组计划的实施、干细胞研究的进展、脑科学的深入发展、生物工程产业的兴起等，正在改变人类的生活。尤其是生物科学技术和信息科学技术正在逐渐融合并显示出强大的经济力量，已成为科学发展和技术革命的世纪标志。生物科学和技术不仅影响人类的生活、社会文明和经济活动，还深刻影响着人们的思想观念和思维方式。高中生物课程应当与时俱进，以适应时代的需要。

高中生物课程是普通高中科学学习领域中的一个科目。高中生物课程将在义务教育基础上，进一步提高学生的生物科学素养。尤其是发展学生的科学探究能力，帮助学生理解生物科学、技术和社会的相互关系，增强学生对自然和社会的责任感，促进学生形成正确的世界观和价值观。针对高中生物课程的教育价值创造期的教师重点是对高中教材内容教育价值的分析。

单元内容：高中生物教材内容教育价值的分析

培训目标：

理解高中生物教材内容的教育价值。

内容要点：

1. 分析高中生物教材体现的教育价值

(1)提高每个高中学生的生物科学素养是本课程标准实施中的核心任务。

(2)着眼于学生全面发展和终身发展的需要。

(3)重视培养创新精神和实践能力。

(4)能运用生物学的原理和方法参与公众事务的讨论或作出相关的个人

决策；同时注意帮助学生了解相关的职业和学习方向，为他们进一步学习和步入社会做准备。

2. 剖析几个典型案例，引导创造期教师分析高中教材中主要内容的教育价值。

培训方式建议：

本单元内容以案例分析为主要教学方式。

培训资源：

《生物教师学科知识结构评价研究》，胡玉华编著，北京出版社出版。

专题名称：学科热点与学科前沿

专题简要说明：

自 20 世纪 50 年代以来，生物科学在微观和宏观两方面都迅速发展，并产生了现代生物技术产业，深刻影响人类社会的生活、生产和发展。学科热点和学科前沿层出不穷，作为创造期的教师应该关注学科热点和学科前沿，并将其融入教学中。

单元内容：学科热点与学科前沿

培训目标：

1. 了解生命科学的发展前沿。

2. 了解生命科学的研究热点。

内容要点：

1. 生命科学的发展前沿

随着生命科学基础研究的深入，必然与应用科学相结合。因为生命科学本身就与医学农学、环境科学有着不可分割的联系，它既是应用科学的基础，也能从应用学科中获取基础研究的源头活水，为理论研究提出重大的研究课题。例如，"人类基因组计划"的实施和深入发展，将有可能从更深层次上了解人体生长、发育、正常生理活动以及各种疾病的病因和发病机理，并为医学提供防治策略、途径和方法。

2. 生命科学的研究热点

生命科学的研究热点主要分布在生态学、分子生物学、胚胎学、脑科学等领域，向微观和宏观两个方向发展。

培训方式建议：

本单元内容以网络学习为主，学员根据需要查找网上资源，拓宽学科视野。

培训资源：

《陈阅增普通生物学》，吴湘玉主编，高等教育出版社出版。

专题名称：发挥名师的辐射作用

专题简要说明：

创造期教师，常被称为"名师"，指在教育教学的某一方面(主要是学科教学或学术研究领域)有专长的教师。创造期教师首先应具备一般教师所具有的素质，同时创造期教师要参与教育科研工作，要成为研究者，不能只是停留在"知识传递者"的角色上，而是自己在实践中进行研究和探索。因此名师一方面要继续学习其他人的课堂教学智慧；另一方面也应敢于把自己的课呈现出来供大家评点，在评点中提升。

单元内容：**名师课堂实践观摩与研讨**

培训目标：

在课堂观摩与研讨中进一步提升自己的教学水平。

内容要点：

1. 认识和改变自己

通过对思想的追本溯源达到认识自我和改变自我的目的。名师间集体反思学习最终改变思想、行为和性格。从无意识到有意识，从有意识到潜意识和下意识，这个过程本身就是认知、理解、学习、行动、习惯的过程。集体反思学习的方法可以实现这个过程，让优秀变成一种习惯。

2. 培养良好思维模式

集体探讨是打破思维定式、突破思维局限的有效方法。创造期的教师容易出现发展的瓶颈，通过名师间的相互课堂观摩、研讨是突破该瓶颈的一个有效方法。

培训方式建议：

以课堂教学实践为载体，学员们相互研讨、共同提升。

培训资源：

1.《艺术哲学》，丹纳著，人民文学出版社出版。

2.《艺术中的精神》，康定斯基著，中国人民大学出版社出版。

3.《艺术与艺术家论》，康定斯基著，重庆大学出版社出版。

四、高中生物创造期教师培训的课程实施建议

高中生物创造期教师基本都是市级学科带头人或者学科骨干教师，具备丰富的教学经验和扎实的教学功底，并且对高中生物教学形成了自己独到的见解，不仅能在自己的课堂教学中很好地实施，同时能较好地发挥名师带头作用和影响力，让身边更多的教师同仁一起成长和发展。

创造期教师的基础很好，对他们的培训不能仅仅局限于提高课堂质量，在培训课程设置前一定要认真，谨慎调研他们的真正需求和想法，这样在培训过程中才能有的放矢地高质量进行。要注重培训方式的创新，采取案例式、参与式、情境式等多种培训方式开展培训，增强培训的吸引力和感染力。

作为培训者，我们还要关注到每个骨干学员的优势，给学员提供共同研讨共同学习的平台和机会，让大家充分展示自己的优点和想法，这样有助于骨干教师们在头脑风暴中寻求自己需要的资源。

五、评价建议

采取定性与定量评价相结合、学员与专家评价相结合、即时与后续评价相结合、自评与他评相结合的多种评价方式，对学员的学习情况进行评价。

后 记

《小学科学、中学生物教师培训课程指南》是北京教育学院在小学科学、初中生物教师培训和高中生物教师培训工作中的经验总结与课程集成，对今后各级各类的教师培训都有十分重要的指导作用。

当代教学理论认为，教师不仅要有过硬的本学科专业功底、对本学科理论有较为全面、深入地理解，并能设计、实施相关实验，而且还要掌握教育学、心理学的一般原理，将本学科的内容以适当的方式传递给特定年龄阶段、具有特定认知特点的学生。在这种思想的指导下，本指南不但对小学科学、中学生物学的理论与技术发展十分关注，而且也涉及教育教学理论与实践发展的最前沿。特别是讨论了核心概念在小学科学、中学生物学科中的应用，并作为课程列入了课程指南当中。

希望广大教师培训者、一线教师以本指南为指导，全面审视教师专业发展，深刻关注一线教学，将教师培训与科研工作做新、做实。

本指南的编写，汇集了各个学科、各个领域专家、教师的心血与智慧。北京教育学院生物学科、地理学科、化学学科和小学科学学科的教师作为本指南编写的骨干，不但积极参与了一系列课程说明的写作工作中，而且还就相关问题认真地查阅资料、与一线教师交流，为编写工作做出了很大贡献。北京教育学院西城分院张怡、海淀教师进修学校周然、中关村中学高俊英、北京 101 中学安军等老师积极参与编写工作，在教学、教研活动十分繁忙的情况下，仍然利用休息、节假日的宝贵时间，完成了部分章节的写作。一线教师、教研员的参与，使我们的指南更具针对性和实效性。本指南在编写过程中钟祖荣教授、李晶教授、郭友教授、林静教授给予悉心指导，提出了很多宝贵意见，保证了本指南的科学性与实用性。

在本指南成书之际，我们向以上专家和所有参与编写的人员表示衷心的感谢！并以此为契机，希望能够更加广泛、更加密切地与一线教师、教研员以及一切关注教师培训的人士进行合作与交流，共同将教师培训工作推向更高的发展阶段，为我国的基础教育事业做出新的、更大的贡献！